KB096868

인생에 한 번은 읽어야 할

서경

옛글의
향기 10

인생에 한 번은 읽어야 할

서경

書經

최상용 옮김

수천 년간 동아시아 지식인과 리더의 필독서

서경書經
완역본

일상이상

상서 商書

요순부터 하·은·주까지의 역사기록
『서경』을 읽기 위해

사서삼경(四書三經) 중의 하나인 『서경(書經)』은 총 58편으로 구성
되었습니다. 요순 시대를 기록한 『우서(虞書: 5편)』를 필두로 하나라
시대의 『하서(夏書: 4편)』와 상나라, 즉 은나라의 『상서(商書: 17편)』와
주나라의 주요한 사건을 기록한 『주서(周書: 32편)』로 이루어졌습니
다. 58편 중 33편을 『금문상서(今文尙書)』라고 하며 25편을 『고문상
서(古文尙書)』라고 부르고 있습니다. 대부분의 학자들은 이 모든 역
사기록이 적어도 기원전 4세기 이전에 작성된 것으로 보고 있습니
다.

『상서(尙書)』는 상고시대의 책이기 때문에 '높이고 높여 숭상해
야 한다'는 의미를 함축하고 있습니다. 이에 따라 이제삼왕(二帝三
王: 이제는 요임금과 순임금, 삼왕은 하나라의 우왕禹王·은나라의 탕왕湯王·주
나라의 문왕文王과 무왕武王)의 정치와 교육 등을 기록하였습니다. 이
러한 자료는 고대의 역사적 사실이나 사상을 파악하는 데 매우 중

요한 역할을 하고 있습니다.

『우서(虞書)』는 요임금과 순임금은 물론 치수를 관장한 우임금, 병권과 형벌을 관장한 고요, 산과 못을 관장한 익(益)과 농사를 관장하는 직(稷)의 업적 등에 관한 기록입니다.

『하서(夏書)』는 우왕(禹王)을 비롯한 그의 자손들이 중화 지역을 다스리던 하나라의 역사를 기록했습니다. 하왕조는 중국 역사상 최초의 왕조로서 14대에 걸쳐 17명의 임금이 400여 년 동안 왕업을 유지했는데, 대략 기원전 2183년에서 기원전 1752년으로 상정합니다. 중국 민족을 화하(華夏)라고 칭하게 된 것도 하왕조의 이하(夏) 자에서 비롯하였다고 본답니다.

『상서(商書)』는 상나라 시대의 역사적 사실들을 기록한 것입니다. 탕왕은 폭군 걸왕을 멸망시키고 국호를 '상(商)'이라 하였습니다. 상나라는 기원전 1751년에서 기원전 1111년까지 중화 지역을 통치했는데 탕왕으로부터 360여 년을 전기로 보고, 제17대 임금인 반경에 이르러 은(殷)땅으로 천도한 기원전 1384년부터 멸망할 때까지를 후기로 봅니다. 그래서 흔히 '은나라'라고 칭하기도 합니다.

『주서(周書)』는 주나라의 사관들이 기록한 역사를 엮은 것입니다. 주나라의 시조는 순임금 때 지금의 산시성(陝西省) 우궁현(武功縣) 태(邰)땅의 봉지를 받아 후직(后稷)에 책봉된 기(棄)입니다. 그로부터 9대째인 고공단보(古公亶父: 태왕) 때에 서융과 북적의 침략을 피해 부족을 이끌고 지금의 치산현(岐山縣) 주원(周原)땅으로 이주했는데, 나라 명을 주(周)라고 한 연유입니다. 기원전 770년 평왕(平王)이 도읍을 낙양으로 천도한 후 거의 모든 권력을 제후들에게 넘기고 새로운 시대, 즉 춘추전국시대가 전개됩니다. 천도 이전을 서주(西周)라 하며, 그 이후를 동주(東周)라 합니다.

중원의 고대사를 담아낸 『서경』을 보다 쉽게 읽을 수 있도록 앞서 출간한 '옛글의 향기' 시리즈인 『노자도덕경하상공장구(老子道德經河上公章句)』, 『장자(莊子)-내편(內篇)·외편(外篇)·잡편(雜篇)』, 사서(四書)인 『대학(大學)·중용(中庸)』, 『논어(論語)』, 『맹자(孟子)』와 삼경(三經)인 『시경(詩經)』, 『역경(易經)=周易(주역)』 등과 마찬가지로 쉬운 우리말로 원전을 완역하였기에, 번역문만 읽어도 그 의미를 쉽게 이해할 수 있습니다. 이 책 역시 각주나 해설 등을 과감히 생략했습니다. 각주와 해설을 읽느라 정작 중요한 원전의 핵심내용을 놓칠 수도 있기 때문이랍니다. 원전을 그대로 읽고자 하는 독자를 위해 한자원문을 병기했고, 한자원문을 소리 내어 읽는 음독(音讀)을 선호하는 독자를 위해 한자원문 옆에 한글표기를 병행했습니다.

『서경(書經)』을 곁에 두고 요순 시대는 물론 하·은·주의 역사적 사실들을 우리가 살고 있는 오늘날과 비교하면서 읽는다면 큰 교훈을 얻을 수 있으리라 생각됩니다.

2023년 8월

휴심재(休心齋)에서 죽곡(竹谷) 최상용(崔桑溶)

우서
虞書

요전(堯典)

요임금의 빼어난 업적을 기록함

1-1 요임금의 빼어난 업적

[우서(虞書) · 요전(堯典)/서경(書經)]

옛 삼황오제 중의 한 분이었던 요임금에 대해 살펴봅시다. 『사기(史記)』의 기록에 따르면 그 이름을 '방훈(放勳)'이라 하였습니다. 공손히고 밝고 의젓히며 사려 깊으면서도 평온한 모습이었죠. 진실로 공손하셨고 겸양하시어 그 광채가 사방에 두루 퍼져 위로는 하늘, 아래로는 땅에 이르기까지 감동의 물결이 이어졌답니다. 크고 높은 덕을 밝히시어 9대에 걸쳐 집안사람들이 의좋게 지냈습니다. 9대에 걸친 친족이 화목하였으니 백성들도 올바르게 다스려졌습니다. 백성들이 밝게 다스려지니 온 세상이 협력하여 평화를 누리게 되었고, 여타 족속들인 여민들도 변화의 시기에 화합하게 되었답니다.

日若稽古帝堯(왈약계고제요). 曰放勳(왈방훈), 欽明文思安安(흠명문사안안). 允恭克讓(윤공극양), 光被四表(광피사표), 格于上下(격우상하). 克明俊德(극명준덕), 以親九族(이친구족). 九族旣睦(구족기목), 平章百姓(평장백성). 百姓昭明(백성소명), 協和萬邦(협화만방). 黎民於變時雍(여민어변시옹).

1-2 희씨와 화씨에게 명함

[우서(虞書) · 요전(堯典)/서경(書經)]

그리하여 희씨와 화씨에게 명하여 넓고 큰 하늘을 공경하게 하였으며, 해와 달과 별들을 관찰하여 사람들에게 바르고 정확한 때를 알려주게 하였습니다. 희중에게 명하여 우이(동방)에 살게 한 곳이 양곡으로, 공경하는 마음으로 해 뜨는 것을 맞이하여 봄 농사를 두루 다스리게 하였습니다. 낮과 밤의 길이가 같고 남방칠수의 칠수인 성조가 나타난 것으로 보아 봄이 한창인 때인 중춘을 바로잡았습니다. 백성들은 농토로 나가고 새와 짐승들은 교미를 하여 새끼를 쳤습니다. 또 희숙(羲叔)에게 명하여 남교땅에 살게 하니 여름 농사를 잘되게 하였답니다. 낮이 길어지고 대화성이 정남 쪽에 나타나니 이로써 하지를 정했습니다. 이때 백성들은 옷을 걷어붙이고 농사일을 하고, 새와 짐승들은 털갈이를 하였답니다.

乃命羲和(내명희화), 欽若昊天(흠약호천), 歷象日月星辰(역상일월성진), 敬授人時(경수인시). 分命羲仲(분명희중), 宅嵎夷(댁우이), 曰暘谷(왈양곡). 寅賓出日(인빈출일), 平秩東作(평질동작). 日中(일중), 星鳥(성조), 以殷仲春(이은중춘). 厥民析(궐민석), 鳥獸孶尾(조수자미). 申命羲

叔(신명희숙), 宅南交(댁남교). 平秩南訛(평질남와), 敬致(경치). 日永(일영), 星火(성화), 以正仲夏(이정중하). 厥民因(궐민인), 鳥獸希革(조수희혁).

1-3 희씨와 화씨여

[우서(虞書)·요전(堯典)/서경(書經)]

요임금은 분명하게 화중에게 명하여 서쪽에서 살게 하니 곧 해가 지는 매곡(昧谷)이었답니다. 해가 지는 것을 공손하게 지켜보며 가을철 수확을 고루 다스리게 하였습니다. 밤의 길이가 낮과 같고 북방칠수(北方七宿)의 하나인 허성(虛星)이란 별이 제 위치에 나타나자 가을철이 한창임을 백성들에게 알림으로써 일에 지장이 없도록 하였습니다. 그 결과 백성들은 풍성한 가을철을 맞아 기뻐하고, 새와 짐승들은 털을 갈아 윤기가 났습니다. 거듭하여 화숙에게 명하여 북쪽에서 살게 하니 해가 짧아 빨리 어두워지는 유도(幽都)였답니다. 겨울철에 밭과 들을 가꾸는 백성들을 지도하고 고루 살피게 하였습니다. 해의 길이가 짧아지고 이십팔수 중 북방칠수의 히니인 묘성(昴星)이 제 자리에 나타나자 겨울철이 한창임을 백성들에게 알려 추운 겨울철에 대비하게 하였습니다. 그리하여 백성들은 집 안으로 들어가 추위를 피했고, 새와 짐승들은 부드러운 솜털로써 자기 몸을 보호했습니다.

이에 요임금께서 말씀하셨습니다.

"오! 그대 희씨와 화씨 형제여! 1년은 366일이니 윤달이 있음으로써 네 계절인 사시가 정해지고 1년이 이루어진다오. 그러니 온갖 장인들인 백공을 잘 다스려 많은 공적이 다 함께 빛나게 하시오."

分命和仲(분명화중), 宅西(댁서), 曰昧谷(왈매곡). 寅餞納日(인전납일), 平秩西成(평질서성). 宵中(소중), 星虛(성허), 以殷仲秋(이은중추). 厥民夷(궐민이), 鳥獸毛毨(조수모선). 申命和叔(신명화숙), 宅朔方(댁삭방), 曰幽都(왈유도). 平在朔易(평재삭역). 日短(일단), 星昴(성묘), 以正仲冬(이정중동). 厥民隩(궐민욱: '隩'은 거처할 욱), 鳥獸氄毛(조수용모).

帝曰(제왈): 咨(자)! 汝羲暨和(여희기화)! 朞三百有六旬有六日(기삼백유육순유육일), 以閏月定四時(이윤월정사시), 成歲(성세). 允釐百工(윤리백공), 庶績咸熙(서적함희).

1-4 누가 홍수를 다스릴까!

[우서(虞書) · 요전(堯典)/서경(書經)]

요임금께서 말씀하셨습니다.

"이와 같은 때에 등용할 만한 사람이 있겠소?"

그러자 신하인 방제(放齊)가 말했습니다.

"큰아들이신 단주(丹朱)가 총명합니다."

그러자 요임금께서 되물었습니다.

"아아! 그 녀석은 어리석게도 말다툼이나 일삼는데 가능하겠소?"

요임금께서 좌우를 살피며 다시 묻습니다.

"그 누가 나의 일을 받들 수 있겠소?"

이에 요임금의 다른 신하인 환도(驩兜)가 말했습니다.

"아아! 있답니다. 백공을 관장하고 있는 공공(共工)이 백성들의 신망도 두터울 뿐 아니라 많은 공로도 세웠답니다."

그러자 요임금이 탐탁해하지 않은 듯 다시 말씀하셨습니다.

"음! 귀에 솔깃한 말은 잘하지만 실제의 행동은 도리에 어긋나고, 외모는 공손하고 반듯하지만 오만한 마음은 하늘 높은 줄도 모른단 말이오."

요임금은 여러 신하들을 향해 다시 말씀하셨습니다.

"아! 제후들을 통치하는 이여! 넘실거리는 홍수는 넓은 땅을 뒤덮고, 흥건한 물결은 산을 집어삼킬 듯하고 구릉이 낮다는 듯 불어나기만 하오. 거센 물결은 하늘이 낮다는 듯 출렁거리니, 아래로 저 백성들의 탄식이 커져만 가는데, 그 누가 이 홍수를 다스릴 수 있겠소?"

그러자 모두가 이구동성으로 말했습니다.

"오오! 곤(鯀)이라면 어떻습니까!"

이에 요임금께서 손을 내저으며 말씀하셨습니다.

"아아! 아니 될 거요. 그 사람은 그런 그릇이 못 되어 명을 어기게 되고, 끝내는 일을 그르쳐 백성을 노란에 빠뜨릴 것이오."

이에 사악이 나서서 요청했습니다.

"먼저 등용해 놓고, 시험 삼아 일을 맡겼다가 홍수를 다스릴 수 있으면 되지 않겠습니까?"

그리하여 이윽고 요임금의 윤허가 내려졌답니다.

"그럼 가서 일해 보시오. 삼가 정성을 다해 홍수를 다스려 주시오!"

후에 우임금이 될 우(禹)의 아버지인 곤(鯀)은 9년에 걸쳐 공을 들였지만 끝내 성공하지 못했답니다.

帝曰(제왈): 疇咨若時登庸(주자약시등용)?

放齊曰(방제왈): 胤子朱啟明(윤자주계명).

帝曰(제왈): 吁(우)! 嚚訟可乎(은송가호)?

帝曰(제왈): 疇咨若予采(주자약여채)?

驩兜曰(환도왈): 都(도), 共工方鳩僝功(공공방구잔공).

帝曰(제왈): 吁(우)! 靜言庸違(정언용위), 象恭滔天(상공도천).

帝曰(제왈): 咨(자)! 四岳(사악), 湯湯洪水方割(탕탕홍수방할), 湯湯懷山襄陵(탕탕회산양릉), 浩浩滔天(호호도천). 下民其咨(하민기자), 有能俾乂(유능비예)?

僉曰(첨왈): 於(어)! 鯀哉(곤재).

帝曰(제왈): 吁(우)! 咈哉(불재), 方命圮族(방명비족).

岳曰(악왈): 异哉(이재)! 試可乃已(시가내이).

帝曰(제왈): 往(왕), 欽哉(흠재)!

九載(구재), 績用弗成(적용불성).

1–5 요임금이 두 딸을 순에게 시집보내다

[우서(虞書) · 요전(堯典)/서경(書經)]

요임금께서 말씀하셨습니다.

"아! 사악이여! 짐이 제위에 올라 나라를 다스린 지도 어언 70여 년이 되었구려. 그동안 그대들은 나의 명을 받들어 잘 따라주었소. 내 그대에게 짐의 자리를 넘겨줄까 한다오."

이에 사악이 당황해하며 말했습니다.

"아닙니다. 저는 덕이 없어 제위를 욕되게 할 겁니다."

그러자 요임금께서 좌중을 둘러보며 말씀하셨습니다.

"덕성이 밝고 어진 이를 천거하되 세상을 피해 숨어 사는 자와 천한 자를 가리지 마시오!"

이에 여러 신하들이 이구동성으로 말했습니다.

"백성들 가운데 홀아비 한 사람이 있는데, 유우씨(有虞氏)의 사람으로 이름은 순(舜)이라 한답니다."

그러자 요임금께서 밝게 미소를 머금고 말씀하셨습니다.

"아하! 짐도 일찍이 들은 적이 있다오. 그의 사람됨은 어떠하오?"

이에 사악이 아뢰었습니다.

"장님과도 같은 못난 자의 아들입니다. 그의 아비는 완고하면서도 어리석고, 어미는 악독하고 간사하답니다. 또한 이복동생인 상은 오만하여 모두가 순을 괴롭혔다 합니다. 그러나 순은 오직 효성으로 부모를 봉양했고, 우애와 양보로써 동생을 보살폈다 합니다. 지극한 정성으로 집안을 다스리니 간악했던 식구들 모두가 감동했다 합니다."

그러자 요임금께서 말씀하셨습니다.

"짐이 그를 시험하겠소! 내 두 딸인 아황(娥皇)과 여영(女英)을 그에게 시집보내어 그 애들을 통해 그의 행동과 덕성을 관찰하리다!"

이리하여 요임금은 두 딸을 유우씨의 며느리 감으로 순이 살고 있는 산시성 영제현 규수(嬀水)의 물굽이로 보내며 타일러 말씀하셨답니다.

"가서 잘 받들어 모시거라!"

帝曰(제왈): 咨(자)! 四岳(사악). 朕在位七十載(짐재위칠십재), 汝能庸命(여능용명), 巽朕位(손짐위).

岳曰(악왈): 否德忝帝位(부덕첨제위).

曰(왈): 明明揚側陋(명명양측루).

師錫帝曰(사석제왈): 有鰥在下(유환재하). 曰虞舜(왈우순).

帝曰(제왈): 俞(유)! 予聞(여문), 如何(여하)?

岳曰(악왈): 瞽子(고자), 父頑(부완), 母嚚(모은). 象傲(상오), 克諧以孝(극해이효), 烝烝乂(증증예), 不格姦(불격간).

帝曰(제왈): 我其試哉(아기시재)! 女于時(여우시), 觀厥刑于二女(관궐형우이녀).

釐降二女于嬀汭(이강이녀우규예), 嬪于虞(빈우우).

帝曰(제왈): 欽哉(흠재)!

순전(舜典)

순임금의 선양받기 전의 업적과
즉위 후의 공적

1-1 순의 공적

[우서虞書 · 순전舜典/서경書經]

그 옛날 순임금의 치적을 헤아리려보면, 그 이름은 중화(重華)로 일
컬어졌으며 요임금을 받들어 많은 업적을 남겼습니다. 순은 신중
하면서도 어질었고 의젓하고 명식하였답니다. 온화하고 공손하였
으며 진지하고 착실하기까지 했습니다. 이와 같은 보기 드문 덕행
에 대한 소문은 요임금의 귀에까지 들어가게 되었고, 결국엔 벼슬
길에 오르라는 명을 받게 됩니다.

曰若稽古帝舜(왈약계고제순), 曰重華協于帝(왈중화협우제). 濬哲文明
(준철문명), 溫恭允塞(온공윤새), 玄德升聞(현덕승문), 乃命以位(내명이
위).

요임금께서 조심스러운 마음으로 오륜(군신유의君臣有義, 부자유친 父子有親, 부부유별夫婦有別, 장유유서長幼有序, 붕우유신朋友有信)을 펴도 록 명하자 순은 모든 백성이 그것을 지킬 수 있도록 만들었습니다. 요임금이 그에게 백규(百揆: 영의정)의 직책을 맡기니 모든 일을 시 의에 맞게 질서정연하게 처리하였습니다. 궐의 사대문에서 각 지 방의 제후들을 영접하자 거기엔 화기애애함이 넘쳐흘렀고, 큰 숲 속에 들여놓았으나 뜨거운 열풍과 우레와 폭우 속에서도 길을 잃 지 않았답니다.

이를 지켜본 요임금께서 말씀하셨습니다.

"오오! 그대 순이여! 그대에게 일을 맡기고 언행을 살펴보며 언 행이 공적을 이룰 수 있다고 보아온 지 3년이 되었구려. 이제 그대 가 임금의 자리인 제위에 오르도록 하시오."

순은 겸양의 미덕을 발휘하면서 제위에 오르지 않았습니다.

慎徽五典(신휘오전), 五典克從(오전극종). 納于百揆(납우백규), 百揆 時敘(백규시서). 賓于四門(빈우사문), 四門穆穆(사문목목), 納于大麓(납 우대록), 烈風雷雨弗迷(열풍뢰우불미).

帝曰(제왈): 格(격)! 汝舜(여순). 詢事考言(순사고언), 乃言底可績(내 언지가적), 三載(삼재). 汝陟帝位(여척제위).

舜讓于德(순양우덕), 弗嗣(불사).

1-2 여러 규정의 정비

[우서虞書 · 순전舜典/서경書經]

요임금 대신 정사를 돌보기 위해 그해 정월 첫날, 요임금의 조상을 모신 종묘에 나아가 선위(禪位)의 의식을 가졌습니다. 그리고 천체의 관측기구인 혼천의 등을 살피고 일월오성(일·월·화·수·목·금·토)인 칠정(七政)의 운행을 바로잡았습니다. 그리고 천신인 상제에게 제사를 올리고 천지와 춘하추동인 사시의 신에게도 제사를 지냈으며, 산천에도 제사를 지내는 등 여러 신들에게도 두루 제사를 올렸습니다. 그리고 순은 제후들의 다섯 가지 홀을 거두었다가 좋은 달과 좋은 날을 받아 사악 및 주목관(州牧關)들을 접견한 후에 홀을 제후들에게 나누어주었답니다.

正月上日(정월상일), 受終于文祖(수종우문조). 在璿璣玉衡(재선기옥형), 以齊七政(이제칠정). 肆類于上帝(사류우상제), 禋于六宗(인우육종), 望于山川(망우산천), 徧于群神(편우군신). 輯五瑞(집오서), 旣月乃日(기월내일), 覲四岳群牧(근사악군목), 班瑞于群后(반서우군후).

그해 2월에는 동쪽으로 민정을 살피는 순수(巡狩)를 나서서 태산에 이르러 시제(柴祭)를 지냈고, 차례로 산천의 신들에게도 제사를 올렸답니다. 이어 동쪽의 제후들을 섭견하고 사계설인 사시와 날과 날짜를 맞추어 바로잡았으며, 음률과 도량형을 통일시켰습니다. 그리고 오례(五禮: 길례吉禮·흉례凶禮·빈례賓禮·군례軍禮·가례嘉禮), 신분을 상징하는 다섯 가지 홀인 오옥(五玉: 공公은 환규桓圭, 후侯는 신규信圭, 백伯은 궁규躬圭, 자子는 곡벽穀璧, 남男은 포벽蒲璧), 세 가지 비단인 삼백(三帛), 경대부들이 드는 어린 양과 기러기인 이생(二生), 병형(兵刑)을 관장하는 관리들이 들고 있는 꿩인 일사(一死) 등과 같은 의식 때 사용하는 물건 등을 정비하였습니다. 신분을 나타내는 다섯 가지 규(圭)와 같이 제후들이 항상 휴대해야 하는 물건 등은 일이 끝나면 곧 돌려주었답니다.

歲二月(세이월), 東巡守(동순수), 至于岱宗(지우대종), 柴(시). 望秩于山川(망질우산천), 肆覲東后(사근동후). 協時月正日(협시월정일), 同律度量衡(동률도량형). 修五禮(수오례), 五玉(오옥), 三帛(삼백), 二生(이생), 一死贄(일사지). 如五器(여오기), 卒乃復(졸내복).

1-3 순행과 제천의례

[우서虞書 · 순전舜典/서경書經]

5월에 순은 남쪽으로 순행하여 남악인 형산(衡山)에 이르러 태산에서 그랬듯이 제천의식을 거행하였답니다. 8월에는 서쪽으로 순행하여 서악인 화산(華山)에 이르러 태산에서 그랬듯이 천제를 지냈습니다. 그리고 11월에는 북쪽으로 순행하여 북악인 항산(恒山)에 이르러 서악인 화산에서 그랬듯이 제사를 올렸습니다. 순행을 마치고 돌아와서는 종묘에서 고제(告祭)를 올렸는데, 황소 한 마리를 제물로 바쳤답니다.

五月南巡守(오월남순수), 至于南岳(지우남악), 如岱禮(여대례). 八月西巡守(팔월서순수), 至于西岳(지우서악), 如初(여초). 十有一月朔巡守(십유일월삭순수), 至于北岳(지우북악), 如西禮(여서례). 歸(귀), 格于藝祖(격우예조), 用特(용특).

5년마다 한 번씩 이와 같은 순행을 하였고, 여러 제후들에게는 4년마다 조정을 알현케 하였습니다. 그때 제후들에게 관할구역의 일들을 두루 상주게 했으며, 실제 시행여부를 밝혀 공적이 있으면 수레와 의복을 하사했습니다. 그리고 9개였던 주를 12주로 확대 설치했으며, 또 12산을 정하여 토단(土壇)을 쌓아 제천의식을 거행 케 하였고, 또 하천을 준설(濬渫)하여 홍수에 대비하게 하였습니다.

五載一巡守(오재일순수), 群后四朝(군후사조). 敷奏以言(부주이언), 明試以功(명시이공), 車服以庸(거복이용). 肇十有二州(조십유이주), 封 十有二山(봉십유이산), 濬川(준천).

1-4 형벌로써의 유배와 사형

[우서虞書 · 순전舜典/서경書經]

법으로써 일정한 형벌을 내리고, 유배형으로써 신체에 가하는 오형(묵형墨刑·의형劓刑·비형剕刑·궁형宮刑·대벽大辟)을 너그럽게 완화하 였답니다. 채찍으로써 관아에서 내리는 형벌로 삼았고, 종아리를 내리치는 것을 교화의 형벌로 하였으며, 벌금을 내는 것으로 신체 에 가하는 체형을 대신하기도 하였습니다. 부주의로 인한 과실과 천재지변과 같은 재난으로 지은 죄는 용서해 주었으나, 지은 죄를 끝까지 뉘우치지 않을 때는 사형에 처해 버렸답니다. 그러면서도 순임금은 백성들에게 다음과 같은 당부를 잊지 않았답니다.

"가능한 한 형벌 내리는 것을 삼가고 삼가야 하느니, 오직 형벌 을 내릴 때는 사랑으로 그 사람을 구제하겠다는 마음으로 해야 하 느니라."

그리고 순은 공공을 지금의 허베이성 동북쪽인 유주(幽洲)로 유 배 보내고, 환도는 지금의 후난성 서남쪽의 숭산(崇山)에서 귀양살

이를 시켰습니다. 또한 항상 말썽을 일으킨 묘족을 지금의 간쑤성 남쪽 삼위산의 벽지로 몰아내고, 홍수의 범람을 다스리지 못한 곤(鯀)을 우산에서 처형하였답니다. 이와 같이 네 사람의 죄과를 다스리자 천하의 백성들이 모두 승복하여 순임금을 받들었습니다.

象以典刑(상이전형/象는 '법, 법제'를 뜻함), 流宥五刑(유유오형), 鞭作官刑(편작관형), 扑作教刑(복작교형), 金作贖刑(금작속형). 眚災肆赦(생재사사), 怙終賊刑(호종적형). 欽哉(흠재), 欽哉(흠재), 惟刑之恤哉(유형지휼재). 流共工于幽洲(유공공우유주), 放驩兜于崇山(방환두우숭산), 竄三苗于三危(찬삼묘우삼위), 殛鯀于羽山(극곤우우산), 四罪而天下咸服(사죄이천하함복).

1-5 요임금의 붕어

[우서虞書 · 순전舜典/서경書經]

순임금이 섭정한 지 28년째 되던 해에 요임금이 돌아가셨습니다. 백성들은 마치 자기 부모가 돌아가신 듯 슬퍼하였고, 상례기간인 3년 동안 온 나라에서는 음악을 연주할 때 악기에서 나는 팔음(八音: 금金·석石·사絲·죽竹·포匏·토土·혁革·목木으로 만든 악기의 소리)의 소리가 끊어졌답니다. 요임금의 삼년상을 치른 다음 정월 초하룻날 순임금은 문조의 묘를 참배하며 정식으로 제위에 오른 것을 알렸답니다. 그 후 사악과 의논하여 궁궐의 사방 문을 개방하고 현자를 초빙하여 임금의 눈을 밝게 하였고, 귀 또한 사방의 일을 잘 들을 수 있도록 하였답니다.

二十有八載(이십유팔재), 帝乃殂落(제내조락). 百姓如喪考妣(백성여

상고비), 三載(삼재), 四海遏密八音(사해알밀팔음). 月正元日(월정원일),
舜格于文祖(순격우문조). 詢于四岳(순우사악), 闢四門(벽사문), 明四目
(명사목), 達四聰(달사총).

그리고 순임금은 12주의 목사들과 협의하여 말씀하셨습니다.

"곡식을 가꾸는 것은 오직 그 철이 중요하니 백성들을 잘 일깨워
주고, 멀리 변방의 백성들을 편안하게 하면 가까이 있는 자들도 안
정되는 법이라오. 제후들이 덕과 신의를 두터이 하여 참됨을 믿고
간사한 자를 막으면 사방의 이민족(남만南蠻, 북적北狄, 서융西戎, 동이
東夷)들도 다 같이 와서 복종할 것이오."

咨(자), 十有二牧(십유이목).

曰(왈): 食哉惟時(식재유시), 柔遠能邇(유원능이). 惇德允元(돈덕윤
원), 而難任人(이난임인), 蠻夷率服(만이솔복).

1-6 신하들에게 직책을 내리다
[우서虞書 · 순진舜典/서경書經]

순임금께서 말씀하셨습니다.

"아! 사악이여! 그 누가 힘써 일하여 요임금의 업적을 더욱 빛나
게 할 수 있겠소? 만일 그러한 사람이 있다면 백관을 다스리는 백
규(百揆)의 자리에 등용하여 여러 가지 일을 돕고 이끌어 나가게 하
고 싶소!"

모든 신하들이 이구동성으로 아뢰었습니다.

"백우를 물과 땅에 관한 일을 관장하는 사공의 자리에 임명함이

좋을 것 같습니다."

이에 순임금께서 말씀하셨습니다.

"오! 우여! 그대는 물과 땅을 다스리는 데 큰 공을 세웠소. 이번에는 백관을 다스리는 일에 힘써 주시오."

우는 머리를 숙여 예를 갖추고는, 농사를 관장하는 후직과 제곡의 아들인 설 그리고 현신인 고요에게 양보하고 그들 세 사람을 천거하였습니다.

그러자 순임금께서 말씀하셨습니다.

"좋소! 그대는 가시오!"

舜曰(순왈): 咨(자), 四岳(사악)! 有能奮庸熙帝之載(유능분용희제지재)? 使宅百揆亮采(사댁백규량채), 惠疇(혜주)!

僉曰(첨왈): 伯禹作司空(백우작사공).

帝曰(제왈): 俞(유), 咨(자)! 禹(우), 汝平水土(여평수토). 惟時懋哉(유시무재).

禹拜稽首(우배계수), 讓于稷(양우직), 契暨皐陶(설기고요: '陶요'는 '사람이름 요').

帝曰(제왈): 俞(유), 汝往哉(여왕재)!

순임금께서 기를 불렀습니다.

"기여! 백성들이 굶주림에 허덕이고 있을 때, 그대는 농사를 맡은 후직(后稷)이었는데, 이제 농사짓는 시기를 놓치지 말고 제때에 백 가지 곡식을 파종토록 하시오!"

帝曰(제왈): 棄(기), 黎民阻飢(여민조기), 汝后稷(여후직), 播時百穀

(파시백곡).

순임금께서 설을 불렀습니다.

"설이여! 백성들이 서로 화목하지 못하고 오륜을 잘 받들지 않으니, 그대는 사도로서 오륜의 가르침을 널리 펼쳐 인심을 안정시키도록 하시오!"

帝曰(제왈): 契(설), 百姓不親(백성불친), 五品不遜(오품불손). 汝作司徒(여작사도), 敬敷五教(경부오교), 在寬(재관)!

순임금께서 고요를 불렀습니다.

"고요여! 사방 오랑캐들이 중원을 소란스럽게 하고 온갖 도둑들이 노략질을 일삼고 있소. 그대를 병역과 사법을 관장하는 사(士)의 직책에 임명하니 오형(五刑)을 바르게 시행하여 인심을 복종케 하시오. 죄에 굴복한 자의 오형을 세 곳에서 행하고, 오형을 완화하여 유배 시에는 그 장소를 정하여 다섯 종류의 죄인을 세 곳에 거처하게 하시오. 오직 공명정대하게 하여 모든 백성들이 승복할 수 있게 하시오!"

帝曰(제왈): 皋陶(고요), 蠻夷猾夏(만이활하), 寇賊姦宄(구적간귀). 汝作士(여작사), 五刑有服(오형유복), 五服三就(오복삼취), 五流有宅(오류유택), 五宅三居(오택삼거). 惟明克允(유명극윤)!

1-7 직책과 업무를 부여하다

[우서虞書 · 순전舜典/서경書經]

순임금께서 말씀하셨습니다.

"누가 내가 하려는 공사를 잘 수행할 수 있겠소?"

그러자 모두가 아뢰었습니다.

"손재주 좋은 수(垂)가 있습니다."

이에 순임금께서는 미소를 머금으며 말씀하셨습니다.

"좋다! 수여, 그대가 백공을 이끄는 수장의 직책을 맡으시오!"

수는 머리를 숙여 예를 갖추며 수장(殳斨)의 직책을 백여(伯與)에게 양보하자, 순임금께서 말씀하셨습니다.

"좋다! 가서 모두가 협력하도록 하라."

帝曰(제왈): 疇若予工(주약여공)?

僉曰(첨왈): 垂哉(수재).

帝曰(제왈): 俞(유), 咨(자)! 垂(수), 汝共工(여공공).

垂拜稽首(수배계수), 讓于殳斨暨伯與(양우수장기백여).

帝曰(제왈): 俞(유), 往哉(왕재), 汝諧(여해).

순임금께서 말씀하셨습니다.

"누가 나의 뜻에 따라 위로는 산에서, 아래로는 늪지대에서 서식하고 있는 풀과 나무와 새나 짐승들을 잘 다스릴 수 있겠소?"

이에 모든 신하들이 아뢰었습니다.

"익이라면 잘해낼 것으로 사료됩니다."

그러자 순임금께서 말씀하셨습니다.

"좋도다. 익이여! 그대는 산과 택지를 관장하는 짐의 우(虞)가 되어 주시오."

익은 머리를 숙여 예를 갖추고는 각 부족의 우두머리인 주·호·웅·비에게 양보하였습니다.

이에 순임금께선 선언하셨습니다.

"좋소! 가서 서로 잘 협조하여 일해 주시길 바라오!"

帝曰(제왈): 疇若予上下草木鳥獸(주약여상하초목조수)?

僉曰(첨왈): 益哉(익재).

帝曰(제왈): 俞(유), 咨益(자익), 汝作朕虞(여작짐우).

益拜稽首(익배계수), 讓于朱虎熊羆(양우주호웅비).

帝曰(제왈): 俞(유), 往哉(왕재), 汝諧(여해).

1-8 기와 용에게 직책을 내리다

[우서虞書 · 순전舜典/서경書經]

순임금께서 말씀하셨습니다.

"오! 사익이여! 누가 짐의 친지인(하늘과 땅과 조상)에 제사 지내는 삼례(三禮)를 맡을 수 있겠소?"

모두가 이구동성으로 아뢰었습니다.

"강씨의 선조인 백이랍니다."

이에 순임금께서 말씀하셨습니다.

"좋소! 그대 백이여! 그대를 왕실의 의례를 관장하는 질종(秩宗)에 임명하노니, 이른 아침부터 늦은 밤까지 오직 공손하고 강직하면서도 맑은 마음을 유지토록 하시오!"

백이 머리를 숙여 예를 갖추고서 기(夔)와 용(龍)에게 양보하니 순임금께서 당부말씀을 하셨습니다.

"좋소! 가서 공경히 받들도록 하시오!"

帝曰(제왈): 咨(자), 四岳(사악)! 有能典朕三禮(유능전짐삼례)?

僉曰(첨왈): 伯夷(백이).

帝曰(제왈): 俞(유), 咨(자)! 伯(백)! 汝作秩宗(여작질종), 夙夜惟寅(숙야유인), 直哉惟淸(직재유청).

伯拜稽首(백배계수), 讓于夔龍(양우기룡).

帝曰(제왈): 俞(유), 往(왕), 欽哉(흠재)!

순임금께서 말씀하셨습니다.

"기여! 그대를 악교(樂敎)를 관장하는 전악에 임명하노니, 귀족의 자제들인 주자(胄子)들을 가르치되 강직하면서도 온화한 태도로써, 또 너그러우면서도 위엄을 갖추고, 강직하면서도 모질지는 않으며, 간결하지만 오만스럽지는 않게 교육해 주시오. 시(詩)는 그 사람의 의지와 함께 포부를 말한 것이며, 노래(歌)는 할 말을 길게 읊조린 것이니, 소리는 가락을 따라야 하고 음률은 소리와 조화를 이룬 것이오. 그러니 여덟 음인 팔음이 조화를 이루어 서로 간의 음계를 지켜 혼란스럽지 않으면 신과 인간도 이로써 조화를 이룰 것이오."

帝曰(제왈): 夔(기)! 命汝典樂(명여전악), 敎胄子(교주자), 直而溫(직이온), 寬而栗(관이률), 剛而無虐(강이무학), 簡而無傲(간이무오). 詩言志(시언지), 歌永言(가영언), 聲依永(성의영), 律和聲(율화성). 八音克諧

(팔음극해), 無相奪倫(무상탈륜), 神人以和(신인이화).

이에 기가 아뢰었습니다.

"아아! 그렇습니다. 제가 경쇠를 두드리자 많은 짐승들도 이에 호응하여 군무를 추었답니다."

순임금이 용에게 말씀하셨습니다.

"용이여! 짐은 남을 모함하는 말과 잔인한 행동으로 나의 백성들을 놀라게 하는 걸 몹시 싫어한다오. 내 그대를 백성과 신하들에게 내 뜻을 알리고 진언하는 직책인 납언(納言)에 임명하노니, 이른 아침부터 밤늦게까지 짐의 명령을 전달하고 뭇 사람들의 언행을 내게 알리도록 하시오. 오직 진실만을 알려야 하오."

夔曰(기왈): 於(어)! 予擊石拊石(여격석부석), 百獸率舞(백수솔무).

帝曰(제왈): 龍(용), 朕聖讒說殄行(짐즐참설진행), 震驚朕師(진경짐사). 命汝作納言(명여작납언), 夙夜出納朕命(숙야출납짐명), 惟允(유윤)!

순임금께서 좌중을 둘러보며 말씀하셨습니다.

"오! 그대들 스물두 사람은 삼가 공경하면서 오직 하늘의 은공을 빛내는 데 힘쓰기를 바란다오!"

帝曰(제왈): 咨(자)! 汝二十有二人(여이십유이인), 欽哉(흠재), 惟時亮天功(유시량천공).

1-9 순임금이 돌아가시다

[우서虞書 · 순전舜典/서경書經]

순임금께서는 3년마다 신하들의 공적을 고찰하시고, 세 번을 고찰한 끝에 백성을 다스리는 데 어두운 관리는 내쫓고 명철한 관리는 승진시키니 모든 공적이 모두 함께 빛났습니다. 이에 중원의 주요 세력이었던 삼묘족이 흩어져 달아났답니다.

三載考績(삼재고적), 三考(삼고), 黜陟幽明(출척유명), 庶績咸熙(서적함희). 分北三苗(분북삼묘).

순임금은 태어난 지 30년 만에 벼슬길에 올라 30년간이나 재위에 올랐습니다. 재위에 오른 지 50년 만에 제후국들을 둘러보는 순행 길에 오르셨다가 돌아가셨답니다.

舜生三十徵庸(순생삼십징용), 三十在位(삼십재위). 五十載(오십재), 陟方乃死(척방내사).

대우모(大禹謨)

순임금과 우임금의
정치론을 논함

1-1 요임금의 치적

[우서虞書 · 대우모大禹謨/서경書經]

그 옛날 대우(大禹)를 살펴보면 이름은 문명이라 하였으며, 널리 사해를 다스렸고 삼가 순임금을 받들어 모셨답니다. 그는 말하였죠.

"임금님께서 임금 노릇의 어려움을 아시고, 신하가 신하된 자의 어려움을 알면 나라의 일들이 잘 다스려질 것이고, 백성이 덕에 기민하게 반응할 겁니다."

曰若稽古大禹(왈약계고대우), 曰文命(왈문명), 敷於四海(부어사해), 祇承于帝(지승우제).

曰(왈): 后克艱厥后(후극간궐후), 臣克艱厥臣(신극간궐신), 政乃乂(정내예), 黎民敏德(여민민덕).

이에 순임금께서 말씀하셨습니다.

"옳소이다! 진실로 그와 같으면 선한 말(言)이 숨겨질 리가 없고, 초야에 묻혀 있던 현자들도 은둔을 끝내고 나타나 온 나라가 모두 편안해질 것이오. 뭇 대중에게 모든 일을 묻고 의논하여 자기주장을 접고 여러 사람의 의견을 좇으며, 외로운 사람을 학대하지 않고 곤궁한 처지에 놓인 사람을 외면하지 않은 분은 오직 요임금뿐이었다오."

帝曰(제왈): 兪(유)! 允若玆(윤약자), 嘉言罔攸伏(가언망유복), 野無遺賢(야무유현), 萬邦咸寧(만방함녕). 稽于衆(계우중), 舍己從人(사기종인), 不虐無告(불학무고), 不廢困窮(불폐곤궁), 惟帝時克(유제시극).

그러자 익(益)이 말했습니다.

"아아! 요임금의 덕은 넓고 널리 운영되었으니, 곧 성스럽고도 신령스러웠으며 무운과 문치로 하셨답니다. 하늘인 황천이 돌보시고 명하시어, 온 세상을 다스리는 천하의 군주가 되셨습니다."

益曰(익왈): 都(도), 帝德廣運(제덕광운), 乃聖乃神(내성내신), 乃武乃文(내무내문). 皇天眷命(황천권명), 奄有四海爲天下君(엄유사해위천하군).

우가 말했습니다.

"올바른 길을 따르면 길할 것이고 이를 거슬러 역행한다면 흉할 겁니다. 이는 사물에는 그림자가 따르고 소리가 메아리쳐 되돌아오는 이치와도 같은 거랍니다."

禹曰(우왈): 惠迪吉(혜적길), 從逆凶(종역흉). 惟影響(유영향).

1-2 우의 공로

[우서虞書 · 대우모大禹謨/서경書經]

익이 말했습니다.

"오! 경계하셔야 합니다. 근심걱정이 없음을 경계하시어 항상 법도를 잃지 않으셔야 됩니다. 편안하다고 유유자적하지 마시고 즐겁다 하여 지나치지 않아야 합니다. 현명한 이를 등용하실 때는 간사한 무리의 말을 들어 두 마음을 갖지 마시고, 사악한 이를 내칠 때에는 의심치 않아야 합니다. 의심스러운 도모를 이루려 하지 않으시면 모든 뜻이 이루어질 겁니다. 도를 어기면서까지 백성들의 칭송을 얻고자 하지 마시고, 백성들의 뜻을 어기면서까지 자신의 욕심을 추구하지 않으셔야 됩니다. 정사에 게으르지 않고 소홀하지 않으시면 사방의 오랑캐들도 와서 왕으로 받들 겁니다."

益曰(익왈): 吁(우), 戒哉(계재)! 儆戒無虞(경계무우), 罔失法度(망실법도). 罔遊于逸(망유우일), 罔淫于樂(망음우락). 任賢勿貳(임현물이), 去邪勿疑(거사물의). 疑謀勿成(의모물성), 百志惟熙(백지유희). 罔違道以干百姓之譽(망위도이간백성지예), 罔咈百姓以從己之欲(망불백성이종기지욕). 無怠無荒(무태무황), 四夷來王(사이래왕).

그러자 우(禹)가 말하였습니다.

"오! 제왕이시여, 생각해 보세요! 오직 덕행으로만 참된 정치를 펼칠 수 있고, 그 참된 정치란 백성을 잘 길러낸 데 있습니다. 수

(水)·화(火)·금(金)·목(木)·토(土)·穀(곡)을 오직 잘 다스리고, 바른 덕인 정덕(正德)과 기구들을 잘 활용하는 이용(利用)과 백성들의 삶이 보다 나아지는 후생(厚生)으로써 오직 조화롭게 해주어야 합니다. 앞의 육부(수·화·금·목·토·곡)와 삼사(정덕·이용·후생)인 구공의 질서가 잘 잡히면 이를 백성들이 노래 부르게 하소서. 계도하실 때는 아름다운 말을 쓰시고, 감독하실 때는 위엄을 갖추시며, 권장하실 때는 이들 아홉 가지 노래인 구공으로써 하시어 더 이상 나빠지지 않도록 해야 합니다."

禹曰(우왈): 於(어), 帝念哉(제념재)! 德惟善政(덕유선정), 政在養民(정재양민). 水(수), 火(화), 金(금), 木(목), 土(토), 穀(곡), 惟修(유수), 正德(정덕), 利用(이용), 厚生(후생), 惟和(유화). 九功惟敍(구공유서), 九敍惟歌(구서유가). 戒之用休(계지용휴), 董之用威(동지용위), 勸之以九歌俾勿壞(권지이구가비물괴).

이를 경청한 순임금께서 말씀하셨습니다.

"옳도다! 땅 위의 홍수를 잘 다스려 하늘의 뜻을 이루어냈고, 육부(수·화·금·목·토·곡)와 삼사(정덕·이용·후생)를 잘 다스려 자손만대에 이르도록 길이길이 의지할 수 있게 된 것은 이 모두가 그대의 공로라 할 것이오."

帝曰(제왈): 俞(유)! 地平天成(지평천성), 六府三事允治(육부삼사윤치), 萬世永賴(만세영뢰), 時乃功(시내공).

1-3 고요의 공덕

[우서虞書 · 대우모大禹謨/서경書經]

순임금께서 말씀하셨습니다.

"그대, 우는 들어보시오! 짐이 제위에 오른 지도 33년이 되었고, 이미 늙어 백 살을 바라보게 되니 나랏일에도 지쳐 고달파지는구려. 그러니 그대가 게을리하지 말고 짐의 백성들을 잘 이끌어 주시오."

帝曰(제왈): 格(격), 汝禹(여우)! 朕宅帝位三十有三載(짐댁제위삼십유삼재), 耄期倦于勤(모기권우근), 汝惟不怠(여유불태), 總朕師(총짐사).

이에 우가 아뢰었습니다.

"그러기엔 저의 덕이 미치지 못하여 백성들이 따르지 않을 겁니다. 그러나 고요는 애써 덕을 쌓아 그 덕이 아래까지 미치니 백성들이 가슴에 품고 있습니다. 제왕께서는 생각해 보십시오. 그를 생각하는 건 그에게 공덕이 있기 때문이며, 그를 생각에서 떨쳐버린다 해도 그의 공덕은 남아 있을 겁니다. 그의 이름을 **부르고** 그를 언급하는 것도 그의 공덕 때문이고, 그에 대한 믿음이 우러나는 것도 그의 공덕 때문이니, 오직 제왕께서는 그의 공덕을 유념하셔야합니다."

禹曰(우왈): 朕德罔克(짐덕망극), 民不依(민불의). 皐陶邁種德(고요매종덕), 德乃降(덕내강), 黎民懷之(여민회지). 帝念哉(제념재), 念茲在茲(염자재자), 釋茲在茲(석자재자), 名言茲在茲(명언자재자), 允出茲在茲(윤출자재자), 惟帝念功(유제념공).

1-4 순임금의 덕행과 고요의 진실함

[우서虞書 · 대우모大禹謨/서경書經]

그러자 순임금께서 말씀하셨습니다.

"고요여! 이 나라의 신하들과 백성들이 나의 올바른 정치에 거역하지 않고 따른 것은 그대에게 병형(兵刑)을 다스리는 사(士)라는 직책을 맡겨 오형을 밝히고 오륜으로써 짐을 보필했기 때문이라오. 나의 정치를 도와 책임을 완수했고, 형벌로써 다스리되 형벌이 없도록 그 목적을 이루었으며, 백성들을 도와서 바른길로 인도한 것은 그대의 공로였으니 더욱 힘써 일해 주시오."

帝曰(제왈): 皐陶(고요), 惟茲臣庶(유자신서), 罔或于予正(망혹우여정). 汝作士(여작사), 明于五刑(명우오형), 以弼五教(이필오교). 期于予治(기우여치), 刑期于無刑(형기우무형), 民協于中(민협우중), 時乃功(시내공), 懋哉(무재).

이에 고요가 아뢰었습니다.

"임금님의 덕행에는 조금의 허물도 없었고, 아랫사람을 대할 때에는 대범하셨으며, 뭇 대중에게는 관대함으로써 통치하셨고, 죄를 내리실 때도 자손에게까지 미치지 않게 하셨으며, 상을 주실 때는 그 후손에게까지 내리셨습니다. 과실로 지은 죄는 비록 크다 할지라도 너그러이 처벌하셨으며, 고의로 지은 죄는 비록 작다 할지라도 큰 벌을 내리셨습니다. 지은 죄가 의심스러우면 가볍게 벌하셨고, 공로를 이룬 사람에게는 그 공이 의심스럽더라도 크게 상을 내리셨습니다. 무고한 사람을 죽이기보다는 차라리 법을 지키지 않았다는 비난을 받았습니다. 이와 같이 삶을 소중히 여기시는 덕행은 백성들을 마음 깊이 감동시켰고, 이로 인하여 백성들은 관리들을 거스르지 않아도 되었답니다."

皐陶曰(고요왈): 帝德罔愆(제덕망건), 臨下以簡(임하이간), 御衆以寬(어중이관), 罰弗及嗣(벌불급사), 賞延于世(상연우세). 宥過無大(유과무대), 刑故無小(형고무소). 罪疑惟輕(죄의유경), 功疑惟重(공의유중). 與其殺不辜(여기살불고), 寧失不經(영실불경). 好生之德(호생지덕), 洽于民心(흡우민심), 茲用不犯于有司(자용불범우유사).

그러자 순임금께서 말씀하셨습니다.
"나로 하여금 내 소신껏 정치를 실행하여 천하의 민심이 바람을 따르듯 기울게 한 것은, 오로지 그대가 진실했기 때문이라오."

帝曰(제왈): 俾予從欲以治(비여종욕이치), 四方風動(사방풍동), 惟乃之休(유내지휴).

I-5 순임금의 당부 말씀
[우서虞書 · 대우모大禹謨/서경書經]
순임금께서 말씀하셨습니다.
"오시오! 우여! 큰 홍수가 나를 불안케 하였으나 그대가 힘써 홍수를 다스려 공을 세우는 데 성공했으니, 이는 오로지 현명했기 때문이라오. 나라에는 충성을 다하여 맡은 바 임무를 다하고 집안 살림은 검소하게 하였을 뿐 아니라 스스로 교만하지 않고 뽐내지 않았으니, 오직 그대가 현명하게 대처했기 때문이라오. 그대가 오직 뽐내며 자랑하지 않아도 천하에 그대와 능력을 다툴 자는 없을 것이오. 그대가 애오라지 자랑하지 않아도 천하에 그대와 더불어 공덕을 견줄 자는 없을 것이오. 나는 그대의 공덕이 큼을 알고 있으며, 그대의 크나큰 공적을 기쁘게 여기고 있다오. 하늘의 운행 도수를 지닌 역수(曆數)가 그대의 몸에 나타나 있듯이 그대는 끝내 제왕의 자리에 오를 것이오.

帝曰(제왈): 來(래), 禹(우)! 降水儆予(강수경여), 成允成功(성윤성공), 惟汝賢(유여현). 克勤于邦(극근우방), 克儉于家(극검우가), 不自滿假(부자만가), 惟汝賢(유여현). 汝惟不矜(여유불긍), 天下莫與汝爭能(천하막여여쟁능). 汝惟不伐(여유불벌), 天下莫與汝爭功(천하막여여쟁공). 予懋乃德(여무내덕), 嘉乃丕績(가내비적), 天之歷數在汝躬(천지역수재여궁), 汝終陟元后(여종척원후).

사람의 마음은 불안하고 도를 향한 마음은 미약하기만 하니, 오직 정신을 통일하여 진실한 마음으로 중정의 도리를 지켜야 한다오. 황당무계한 말은 경청하지도 말고, 의논하지도 않는 계책은 수용하지도 마시오. 백성이 사랑하는 이가 임금이 아니면 그 누구이며, 두려워하는 바가 민심이 아니면 그 무엇이겠소? 모든 백성들이 제왕을 받들어 모시지 않고 누구를 옹호하겠소? 임금은 백성들이 아니면 그 누가 나라를 지켜주겠소? 백성들을 공경할 줄 알아야 한다오! 삼가 그대가 이을 제위를 지켜 백성들이 바라는 바를 경건한 마음으로 닦도록 하시오. 온 천하의 백성들이 곤경에 빠진다면 하늘이 그대에게 내린 제위는 영영 끝장나고 말 것이오. 좋은 말도

입으로부터 나오지만 전쟁 역시 입에서부터 촉발되는 것이니, 짐은 다시는 더 이상 말하지 않겠소."

人心惟危(인심유위), 道心惟微(도심유미), 惟精惟一(유정유일), 允執厥中(윤집궐중). 無稽之言勿聽(무계지언물청), 弗詢之謀勿庸(불순지모물용). 可愛非君(가애비군)? 可畏非民(가외비민)? 衆非元后(중비원후), 何戴(하대)? 后非衆(후비중), 罔與守邦(망여수방)? 欽哉(흠재)! 慎乃有位(신내유위), 敬修其可願(경수기가원), 四海困窮(사해곤궁), 天祿永終(천록영종). 惟口出好興戎(유구출호흥융), 朕言不再(짐언부재).

1-6 우임금의 등용

[우서虞書 · 대우모大禹謨/서경書經]

그러자 우가 말했습니다.

"모든 공신들을 하나하나 점을 쳐보시어 하늘이 선택하는 길한 사람에게 제위를 물려주어 나라를 다스리게 하소서."

禹曰(우왈): 枚卜功臣(매복공신), 惟吉之從(유길지종).

이에 순임금께서 말씀하셨습니다.

"우여! 나라의 복관이 치는 관점(官占)은 먼저 확고히 뜻을 정한 후에야 큰 거북에게 점을 쳐 묻는 것이라오. 짐의 의지는 이미 결정되었을 뿐만 아니라 여러 사람에게 물어 의논하였더니 모두 그대가 제위에 오르는 걸 찬성했다오. 신령도 짐의 뜻에 따랐으며 거북점과 시초점도 마찬가지라오. 점이란 한 번 쳐서 길하다면 그만이지, 다시 치는 게 아니라오."

우는 머리를 숙여 절을 하며 애써 사양하였습니다.

帝曰(제왈): 禹(우)! 官占惟先蔽志(관점유선폐지), 昆命于元龜(곤명우원귀). 朕志先定(짐지선정), 詢謀僉同(순모첨동), 鬼神其依(귀신기의), 龜筮協從(귀서협종), 卜不習吉(복불습길). 禹拜稽首(우배계수).

固辭(고사).

그러자 순임금께서 다시 말씀하셨습니다.

"이제 사양치 마시오. 오직 그대만이 제위에 올라 뜻한 바를 이룰 수 있다오."

이리하여 우는 제위에 오른 첫날 신종의 묘 앞에서 명을 받고 문무백관을 거느리게 되었는데, 그 의식은 순임금께서 처음 제위에 오르실 때와 같이 하였답니다.

帝曰(제왈): 毋(무), 惟汝諧(유여해).

正月朔旦(정월삭단), 受命于神宗(수명우신종), 率百官若帝之初(솔백관약제지초).

1-7 묘족의 항거

[우서虞書 · 대우모大禹謨/서경書經]

순임금께서 말씀하셨습니다.

"오, 우여! 오직 묘족만이 우리를 따르지 않고 분란을 일으키고 있으니, 그대가 출정하여 평정토록 하시오."

帝曰(제왈): 咨(자), 禹(우)! 惟時有苗弗率(유시유묘불솔), 汝徂征(여조정).

우는 곧 제후들과 의논하기 위해 회합을 갖은 후 군사들 앞에서 일장 훈시를 했습니다.

"여러분, 모두 나의 명을 들으시오. 어리석기 짝이 없는 묘족이 있는데 사리분별이 어려워 공경할 줄 모르면서 남을 경멸하고 오만방자하기까지 하며 스스로를 현명하다 하고 있소. 여기에 도를 그르치면서 덕을 패퇴시키고 있소. 그러니 그곳의 군자들은 초야에 은둔하고 소인배들이 벼슬자리를 꿰차고 있으니, 백성들은 그곳을 포기한 채 보호받지도 못하고 있다오. 이에 하늘이 천벌을 내리신 것 같소. 드디어 이 사람이 그대들 모든 군사들과 함께 임금님의 명을 받들어 그 죄인들을 정벌하려고 하오. 그대들은 이제 마음과 힘을 하나로 뭉쳐 이 난국을 극복하고 공훈을 세웁시다."

禹乃會群后(우내회군후).

誓于師曰(서우사왈): 濟濟有衆(제제유중), 咸聽朕命(함청짐명). 蠢茲有苗(준자유묘), 昏迷不恭(혼미불공), 侮慢自賢(모만자현), 反道敗德(반도패덕). 君子在野(군자재야), 小人在位(소인재위), 民棄不保(민기불보), 天降之咎(천강지구). 肆予以爾衆士(사여이이중사), 奉辭伐罪(봉사벌죄). 爾尚一乃心力(이상일내심력), 其克有勳(기극유훈).

30일이 지나도록 묘족들이 명을 거역하며 거세게 항거하자, 익이 나서서 우를 돕겠다며 조언을 했습니다.

"오로지 덕행만이 하늘의 뜻을 움직일 수 있으며, 아무리 먼 곳이라도 미치지 않음이 없습니다. 스스로 자만에 떨면 손실을 자초하고 겸손하면 이익을 받는 것, 이것이 곧 하늘의 도리인 천도입니다. 순임금께서 처음 역산으로 농사를 지으러 가셨을 때, 매일같이 하늘을 우러르며 부모님이 계신 곳을 향해 울부짖으며 우셨답니다. 모든 것은 자신으로 인해 발생한 잘못이라며 죄업을 짊어졌답니다. 그리고 맹인과도 같이 무지한 자기 아비를 공손히 받들면서 엄숙하고도 조심스레 대하니, 아비인 고수도 믿고 따르게 되었습니다. 지성이면 감천이라고 지극한 정성에 신도 감동하였거늘 하물며 이들 묘족이야 더 말할 게 있겠습니까!"

三旬(삼순), 苗民逆命(묘민역명).

益贊于禹曰(익찬우우왈): 惟德動天(유덕동천), 無遠弗屆(무원불계). 滿招損(만초손), 謙受益(겸수익), 時乃天道(시내천도). 帝初于歷山(제초우력산), 往于田(왕우전). 日號泣于旻天(일호읍우민천), 于父母(우부모), 負罪引慝(부죄인특). 祗載見瞽瞍(지재견고수), 夔夔齋慄(기기재률), 瞽亦允若(고역윤약). 至誠感神(지성감신), 矧茲有苗(신자유묘).

우는 이렇듯 훌륭한 말에 고개를 숙이며 말했습니다.

"맞습니다."

그리고 군대를 정돈하고는 군사를 거느리고 되돌아왔습니다. 순임금은 부드러운 문덕을 크게 펴시고 방패와 깃을 들고 두 섬돌 사이에서 춤을 추시니, 70여 일 만에 묘족도 감화가 되었답니다.

禹拜昌言曰(우배창언왈): 俞(유).

班師振旅(반사진려). 帝乃誕敷文德(제내탄부문덕), 舞干羽于兩階(무간우우량계), 七旬有苗格(칠순유묘격).

고요모(皐陶謨)

순임금 밑에서
형벌을 관장했던 대신 고요

1-1 고요의 진언

[우서虞書 · 고요모皐陶謨/서경書經]

옛 현자의 한 사람인 고요에 대해 고찰해 봅시다.

고요가 말하였습니다.

"참된 마음으로 덕행을 펼쳐 나아간다면 모색하는 일들이 밝게 입안되고 신하들의 보필도 잘 이루어질 겁니다."

이에 우가 되물었습니다.

"그렇소. 어찌하면 그렇게 되겠소?"

曰若稽古(왈약계고).

皐陶曰(고요왈): 允迪厥德(윤적궐덕), 謨明弼諧(모명필해).

禹曰(우왈): 俞(유). 如何(여하)?

고요가 말했습니다.

"아! 삼가 임금된 자는 먼저 자신의 덕을 닦아야 하고, 또 매사를 깊이 생각해야 합니다. 그래야만 가까운 구족 간의 정이 돈독해지고 가풍이 확립되며, 모든 백성들이 밝아져 힘써 임금을 돕고 호응해 줄 겁니다. 이것이 곧 가까운 곳에서부터 시작하여 먼 곳까지 다스릴 수 있는 길입니다."

우는 이 훌륭한 말을 듣고서 절을 하며 말했습니다.

"옳으신 말씀입니다!"

皐陶曰(고요왈): 都(도)! 慎厥身修(신궐신수), 思永(사영). 惇敍九族(돈서구족), 庶明勵翼(서명려익), 邇可遠(이가원), 在茲(재자). 禹拜昌言曰(우배창언왈): 俞(유)!

고요는 다시 말했습니다.

"그렇습니다. 거기에 사람됨을 알아 적재적소에 임용하고 백성을 편안하게 할 수 있어야 합니다."

皐陶曰(고요왈): 都(도)! 在知人(재지인), 在安民(재안민).

이에 우가 말하였습니다.

"오! 이와 같이 하는 건 순임금께서도 어려웠을 것이오. 사람을 알아보는 것은 곧 명철함이니, 그 사람에게 알맞은 벼슬을 주어 능력을 발휘할 수 있게 하고 백성을 편안히 하는 것이 곧 은혜를 베푸는 겁니다. 그리하면 백성들이 우러러볼 것이고, 이같이 명철하게 인재를 등용하고 백성들에게 은덕을 베푼다면 어찌 악인 환두를 걱정하겠습니까? 또 어찌 묘족을 내쫓아내겠습니까? 또 어찌하여 교언영색으로 아첨만을 일삼았던 공임인 공공과 같은 자를 두려워하겠습니까?"

禹曰(우왈): 吁(우)! 咸若時(함약시), 惟帝其難之(유제기난지). 知人則哲(지인즉철), 能官人(능관인), 安民則惠(안민즉혜). 黎民懷之(여민회지), 能哲而惠(능철이혜), 何憂乎驩兜(하우호환두)? 何遷乎有苗(하천호유묘)? 何畏乎巧言令色孔壬(하외호교언영색공임)?

1-2 아홉 가지의 덕이란

[우서虞書 · 고요모皐陶謨/서경書經]

고요가 말했습니다.

"아! 사람의 행동에도 아홉 가지 덕이 있습니다. 그 사람에게 덕이 있다고 말할 때에는 이런저런 일을 이렇게 저렇게 행했다고 말해야 한답니다."

우가 되물었습니다.

"그 아홉 가지 덕이란 무엇을 가리키는 것이오?"

皐陶曰(고요왈): 都(도)! 亦行有九德(역행유구덕). 亦言其人有德(역언기인유덕), 乃言曰(내언왈), 載采采(재채채).

禹曰(우왈): 何(하)?

이에 고요가 말했습니다.

"너그러우면서도 위엄이 있는 것, 부드러우면서도 꿋꿋한 것, 성실하면서도 공손한 것, 바로잡을 줄 알면서도 공경하는 것, 온순하면서도 굳센 것, 곧으면서도 온화한 것, 대범하면서도 염치가 있는 것, 굳건하면서도 충실한 것, 강하면서도 의로운 것입니다. 이 덕에 항상 밝은 사람은 길하답니다.

皋陶曰(고요왈): 寬而栗(관이률), 柔而立(유이립), 愿而恭(원이공), 亂而敬(난이경), 擾而毅(요이의), 直而溫(직이온), 簡而廉(간이렴), 剛而塞(강이새), 彊而義(강이의), 彰厥有常(창궐유상). 吉哉(길재)!

매일 세 가지 은덕을 베풀며 이른 아침부터 밤늦게까지 깊이 밝힌다면 집안을 잘 다스릴 수 있습니다. 매일 여섯 가지 덕을 엄히 공경하고 받드는 사람이면 나랏일을 잘 처리할 수 있으며, 한 나라를 충분히 다스릴 수 있습니다. 이와 같이 덕을 갖춘 사람들을 받아들이고 등용하여 덕을 펼치게 한다면, 아홉 가지 덕이 모두 임금을 섬기는 결과가 됩니다. 천 사람 백 사람 가운데서 뛰어난 사람들이 벼슬길에 오르게 될 것이고, 모든 관리들이 상대방의 서로 좋은 점을 배우게 된다면, 모든 관리들은 시간에 맞추어 일하고 철을 따라 일하게 될 것이며, 나라의 모든 업적이 결실을 맺게 될 것입니다."

日宣三德(일선삼덕), 夙夜浚明有家(숙야준명유가). 日嚴祗敬六德(일엄지경륙덕), 亮采有邦(양채유방), 翕受敷施(흡수부시). 九德咸事(구덕함사), 俊乂在官(준예재관). 百僚師師(백료사사), 百工惟時(백공유시). 撫于五辰(무우오진), 庶績其凝(서적기응).

1-3 하늘의 질서와 인도

[우서虞書 · 고요모皐陶謨/서경書經]

계속해서 고요가 말을 이었습니다.

"자신의 안일과 욕심을 좇아 나라를 다스리려 하지 마시고, 항상 두려운 마음과 조심스러운 태도로 임하셔야 합니다. 하루이틀 사이에도 만사의 기틀이 마련되는 것이니, 모든 관리들로 하여금 자리를 지켜 공무를 태만하지 않도록 하시고, 하늘의 뜻을 받든 사람, 즉 군신이 하늘 일을 대신하는 겁니다.

無教逸欲(무교일욕), 有邦(유방), 兢兢業業(긍긍업업). 一日二日萬幾(일일이일만기), 無曠庶官(무광서관), 天工人其代之(천공인기대지).

하늘에는 질서를 지키는 상법(常法)이 있어 우리로 하여금 삼가 오륜을 지키도록 하였으니, 오륜을 철저히 시행토록 해야 합니다. 하늘의 질서인 위계에도 예(禮)가 있어 우리로 하여금 다섯 가지 예(천자, 제후, 경대부, 관리, 서민이 지켜야 할 예의)를 지키도록 하였으니, 이 다섯 가지 예를 활용도록 하십시오. 모두가 이를 받들고 서로 공경하도록 하여 화목하고 참된 마음을 지니게 하십시오.

天敍有典(천서유전), 勅我五典(칙아오전), 五惇哉(오돈재). 天秩有禮(천질유례), 自我五禮有庸哉(자아오례유용재). 同寅協恭和衷哉(동인협공화충재).

하늘의 명에도 덕이 깃들어 있으니, 다섯 가지 의복으로써 다섯 가지 직위를 밝히도록 하십시오. 하늘이 벌을 내리는 것 또한 죄가 있기 때문이니, 다섯 가지 형벌로써 다섯 가지의 죄를 물으십시오.
나라의 정사에 힘쓰시고 또 힘쓰셔야 합니다."

天命有德(천명유덕), 五服五章哉(오복오장재). 天討有罪(천토유죄), 五
刑五用哉(오형오용재). 政事懋哉懋哉(정사무재무재).

1-4 고요의 충언

[우서虞書 · 고요모皋陶謨/서경書經]

"하늘이 듣고 보시는 것은 우리 백성들이 듣고 보는 것을 따릅니
다. 하늘이 밝히시고 위엄을 보이시는 것은 우리 백성이 밝히고 위
엄을 보이는 데 따르는 겁니다. 위로 하늘과 아래의 백성은 서로
통하는 것이니, 공경하십시오! 천하의 땅을 지니신 천자시여!"

天聰明(천총명), 自我民聰明(자아민총명). 天明畏自我民明威(천명외
자아민명위). 達于上下(달우상하), 敬哉有土(경재유토).

고요는 계속 말하였습니다.

"제 말은 이치에 맞으니 실행하실 수 있을 겁니다."

이에 우가 말하였습니다.

"맞소! 그대의 말을 실행하면 공적을 이룰 수 있을 것이오."

그러자 고요가 말했습니다.

"저는 아직 아는 것이 없으나 임금님을 돕고 도와 업적을 이룩하
게 할 생각뿐이랍니다."

皋陶曰(고요왈): 朕言惠(짐언혜), 可底行(가지행).

禹曰(우왈): 俞(유)! 乃言底可績(내언지가적).

皐陶曰(고요왈): 予未有知(여미유지), 思曰贊贊襄哉(사왈찬찬양재).

익직(益稷)

순임금 밑에서
벼슬했던 익과 직

1-1 우의 치수와 업적

[우서虞書 · 익직益稷/서경書經]

순임금께서 말씀하셨습니다.

"우여! 그대 또한 훌륭한 말을 해보시오!"

우는 고개를 숙여 절을 하고 말하였습니다.

"아! 제왕이시여! 제가 무슨 말을 하겠습니까? 저는 그저 날마다 부지런히 일할 것만을 생각할 뿐이랍니다."

곁에 있던 고요가 물었습니다.

"오! 무슨 일을 말입니까?"

帝曰(제왈): 來(래), 禹(우)! 汝亦昌言(여역창언).

禹拜曰(우배왈): 都(도)! 帝(제), 予何言(여하언)? 予思日孜孜(여사일자자).

皐陶曰(고요왈): 吁(우)! 如何(여하)?

그러자 우가 말했습니다.

"물길은 홍수를 이루어 하늘에도 닿을 듯 출렁거렸고, 커다란 물줄기는 산을 잠기게 하고 언덕을 뒤덮었습니다. 이러자 백성들은 어찌할 바를 몰라 물에 빠지거나 휩쓸려 떠내려갔답니다. 저는 네가지 탈 것(수레·배·썰매·가마)을 바꾸어가면서 산에 이르면 나무를 베어 길을 내었고, 익(益)과 함께 신선한 물고기와 짐승들을 잡아 요리해 먹는 방법을 백성들에게 가르쳐주었답니다.

禹曰(우왈): 洪水滔天(홍수도천), 浩浩懷山襄陵(호호회산양릉). 下民 昏墊(하민혼점). 予乘四載(여승사재), 隨山刊木(수산간목), 暨益奏庶鮮 食(기익주서선식).

또 나는 아홉 곳의 하천을 터서 네 군데의 바다로 빠지게 하였고, 밭두렁과 논두렁을 깊이 파서 고인 물들이 강으로 빠지게 하였답니다. 또 식(稷)과 너불어 씨앗을 파종케 하였으며, 나물과 같은 거친 음식과 물고기나 짐승들을 잡아먹는 방법들을 백성들에게 가르쳤답니다. 그리고 가지고 있는 물건으로 없는 물건을 교환하도록 장려하였으며, 저장해 둔 물건을 먼 고장과 교역하게 하였습니다. 이에 많은 백성들이 쌀밥을 먹을 수 있었고, 온 나라가 잘 다스려졌답니다."

予決九川(여결구천), 距四海(거사해), 濬畎澮距川(준견회거천). 暨稷 播(기직파), 奏庶艱食鮮食(주서간식선식). 懋遷有無(무천유무), 化居(화

거). 烝民乃粒(증민내립), 萬邦作乂(만방작예).

이를 경청하던 고요가 말하였습니다.

"그랬군요! 그대의 훌륭한 말씀을 본받아야겠습니다."

우가 다시 말했습니다.

"아! 임금이시여! 삼가 제위를 유지하시길 빕니다."

순임금께서 미소를 지으며 말씀하셨습니다.

"옳은 말이오!"

皋陶曰(고요왈): 俞(유)! 師汝昌言(사여창언).

禹曰(우왈): 都(도)! 帝(제), 慎乃在位(신내재위).

帝曰(제왈): 俞(유)!

다시 우가 말하였습니다.

"임금님의 뜻이 머무른 곳을 편안케 하시고 모든 기미를 잘 살피시어 나라를 평온케 하십시오. 보필하는 신하들이 올바르면 오직 이들의 행동에 따라 백성 모두가 크게 호응하여 뜻에 따를 겁니다. 이렇게 함으로써 상제의 뜻을 밝혀 받아들이면 하늘도 거듭 명을 펼쳐 축복을 내릴 겁니다."

禹曰(우왈): 安汝止(안여지), 惟幾惟康(유기유강). 其弼直(기필직), 惟動丕應徯志(유동비응혜지). 以昭受上帝(이소수상제), 天其申命用休(천기신명용휴).

1-2 순임금의 신하들에 대한 당부

[우서虞書 · 익직益稷/서경書經]

순임금께서 말씀하셨습니다.

"오오! 신하여, 곁에 있어주오. 옆에서 보좌하는 그대들이 참된 신하로다!"

이에 우가 말했습니다.

"옳으신 말씀입니다."

帝曰(제왈): 吁(우)! 臣哉鄰哉(신재린재)! 鄰哉臣哉(린재신재)!

禹曰(우왈): 俞(유)!

계속해서 순임금께서 말씀하셨습니다.

"그대들은 짐의 팔다리와 눈과 귀가 되어주어야 합니다. 내가 백성들을 여러모로 도우려 하면 그대들은 힘써 도와주어야 한다오. 내가 온 세상에 짐의 위력을 떨치려 하니 그대들이 대신 해주시오.

帝曰(제왈): 臣作朕股肱耳目(신작짐고굉이목). 予欲左右有民(여욕좌우유민), 汝翼(여익). 予欲宣力四方(여욕선력사방), 汝為(여위).

내가 옛사람들의 의상을 본떠 해·달·별·산·용·꿩을 그려 넣고, 종묘의 제사에 쓰는 그릇에도 마찬가지로 물풀·불·흰 쌀·검은 실과 흰 실로 도끼 머리 모양의 보(黼)와 두 개의 기(己) 자 모양의 불(黻) 무늬를 수놓아 다섯 가지 색채로 분명하게 오색을 나타내어 의복을 짓게 하리니, 그대들은 그 제도를 널리 밝히시오.

予欲觀古人之象(여욕관고인지상), 日(일), 月(월), 星辰(성신), 山(산),

龍(용), 華蟲作會(화충작회), 宗彝(종이), 藻(조), 火(화), 粉米(분미), 黼
(보), 黻(불), 絺繡(치수), 以五采彰施于五色(이오채창시우오색), 作服(작
복), 汝明(여명).

　나는 육률·오성·팔음을 듣고서 다스림의 옳고 그름을 살피고, 음
악을 통하여 인의예지신이라는 오덕(五德)에 합당한 말을 그대들이
경청하기 바란다오. 그리고 내가 도에 어긋날 때는 그대들이 나를
보필해 주고, 또한 그대들은 내 앞에서 따르는 척하다가 뒷전에서
군말하지 마시오.

　予欲聞六律五聲八音(여욕문육률오성팔음), 在治忽(재치홀), 以出納
五言(이출납오언), 汝聽(여청). 予違(여위), 汝弼(여필), 汝無面從(여무면
종), 退有後言(퇴유후언).

　전후좌우의 동료들을 서로 공경하고, 어리석고 남을 헐뜯는 자
들이 어떤 잘못을 저지를 때에는 엄격한 법으로써 이를 밝히고 매
질을 가하고 그 사실을 기록하도록 하시오. 또한 의관을 벗기고 그
의 등에 죄상을 적어 사람들이 알아보게 하는 동시에 죄를 뉘우치
게 하여 남과 더불어 잘 살게 하시오. 관리들은 백성들의 뜻을 나
에게 전달하는 것이 임무이니, 올바른 이치를 세상에 널리 알리도
록 하시오. 잘못을 뉘우쳐 바른 도리에 이른 자는 받아들여 등용하
고, 그렇지 않은 자에게는 형벌을 가해 나라의 위엄을 보이도록 하
시오."

　欽四鄰(흠사린), 庶頑讒說(서완참설), 若不在時(약불재시), 侯以明之

(후이명지), 撻以記之(달이기지), 書用識哉(서용식재), 欲並生哉(욕병생재). 工以納言(공이납언), 時而颺之(시이양지), 格則承之庸之(격칙승지용지), 否則威之(부칙위지).

1-3 우의 치수

[우서虞書 · 익직益稷/서경書經]

우가 말하였습니다.

"맞습니다. 임금이시여! 천하 세상을 빛내시어 바다 끝의 백성들에게까지도 미치게 하시옵소서. 그리하시면 온 세상의 백성들과 현자들 모두가 임금님의 신하가 되려고 할 것이니, 이들을 수시로 등용하십시오. 그리고 그들의 말을 널리 받아들이시고 그 공로를 분명히 밝혀 수레와 의복을 주어 중임하신다면, 그 누가 감히 사양하겠으며 그 누가 감히 삼가 응하지 않겠습니까? 임금님께서 이와 같이 못 하신다면 모두 똑같이 나날이 쌓은 공이 헛될 겁니다.

禹曰(우왈): 俞哉(유재)! 帝光天之下(제광천지하), 至于海隅蒼生(지우해우창생), 萬邦黎獻(만방려헌), 共惟帝臣(공유제신), 惟帝時擧(유제시거). 敷納以言(부납이언), 明庶以功(명서이공), 車服以庸(차복이용), 誰敢不讓(수감불양), 敢不敬應(감불경응)? 帝不時敷(제불시부), 同日奏罔功(동일주망공).

또한 요임금의 아드님인 단주(丹朱)와 같이 오만방자하지 않기를 바라옵니다. 그는 오로지 직무를 소홀히 하고 유희만을 즐겼으며 오만스럽게도 포학한 행위를 일삼았답니다. 게다가 밤낮으로 쉬지 않고 놀이만을 즐기고 물 없는 곳에서도 뱃놀이를 하겠다고 억지를 부렸습니다. 또한 집안으로 온갖 못된 놈들을 끌어들여 음란한 짓을 일삼더니, 그 집안의 후손도 끊기고 말았답니다.

無若丹朱傲(무약단주오), 惟慢遊是好(유만유시호), 傲虐是作(오학시작). 罔晝夜頟頟(망주야액액), 罔水行舟(망수행주). 朋淫于家(붕음우가), 用殄厥世(용진궐세).

저는 이를 교훈으로 삼아 도산(塗山: 지금의 안후이성 회원현)으로 장가를 들었지만, 신일(辛日)·임일(壬日)·계일(癸日)·갑일(甲日), 이렇게 나흘만을 처가에서 함께 지냈을 뿐이며, 아들인 계(啓)가 울어대는 소리를 듣고도 돌보지도 못한 채 오직 치산치수의 큰 사업에 몰두하였답니다. 임금님을 보필하여 다섯 곳의 지역(후侯·전甸·수綏·요要·황荒의 지방)을 나누는 데 성과를 올려 5천 리가 되는 방대한 지역까지 시행토록 했답니다.

予創若時(여창약시), 娶于塗山(취우도산), 辛壬癸甲(신임계갑). 啓呱呱而泣(계고고이읍), 予弗子(여불자), 惟荒度土功(유황도토공). 弼成五服(필성오복), 至于五千(지우오천).

주마다 12사(師)를 두어 3만의 인구가 살게 하였습니다. 그리고 밖으로는 사해(四海)에 이르기까지 세력을 확장하여 다섯 지방을 개척하고 각 지방에 각각 방백을 세워 다스리게 하였답니다. 각기 일하는 데도 법도를 따랐으므로 각각 공로를 세웠답니다. 그러나 묘족의 군주는 완고하고 우둔하여 부득이 제후의 자리에 두지 않고 축출해 버렸답니다. 임금님께서는 이를 유념해 주십시오."

州十有二師(주십유이사), 外薄四海(외박사해), 咸建五長(함건오장). 各迪有功(각적유공). 苗頑弗卽工(묘완불즉공). 帝其念哉(제기념재).

그러자 순임금께서 말씀하셨습니다.

"세상 많은 백성이 짐의 덕을 따르게 된 것은 오로지 그대가 공을 차례대로 이룩해 준 덕분이라오."

고요는 우가 완성한 오복제도에 따라 구덕(九德)을 어김없이 실시하니, 질서가 잡히고 법령과 형벌을 사방에 공명하게 실시할 수 있었답니다.

帝曰(제왈): 迪朕德(적짐덕), 時乃功(시내공), 惟敍(유서).

皋陶方祗厥敍(고요방지궐서), 方施象刑(방시상형), 惟明(유명).

1-4 짐승도 화합하다

[우서虞書 · 익직益稷/서경書經]

순임금의 신하로 악교(樂敎)를 관장하고 있는 기(夔)가 말했습니다.

"가볍게 좀 더 세게 쳐서 옥경을 울리고 거문고와 비파를 두들기고 치면서 노래를 하자, 선조들의 혼백이 강림하시고 순임금의 손님으로 오신 단주가 제자리에 올랐답니다. 여러 제후들은 겸양의 덕을 발휘하며 서로 높은 자리에 오르라며 사양을 했죠. 당하에는 관악기와 작은 북인 소고와 큰북이 있었고, 축을 울려 음악을 합주하게 하고 어를 쳐 음악을 멈추게 하였답니다. 그리고 생황과 용이라는 큰 종을 울리자 새와 짐승들도 춤을 추었습니다. 순임금께서 만드신 소소라는 음악을 아홉 번 연주하자 봉황이 와서 춤을 추며 축복을 내렸답니다."

기가 다시 말했습니다.

"오오! 내가 석경을 치고 두들기니 모든 짐승들이 따라 춤추었고, 여러 우두머리들은 진실로 화합하여 어우러졌답니다."

夔曰(기왈): 戛擊鳴球(알격명구), 搏拊琴瑟以詠(박부금슬이영). 祖考來格(조고래격), 虞賓在位(우빈재위), 群后德讓(군후덕양). 下管鼗鼓(하관도고), 合止柷敔(합지축어), 笙鏞以間(생용이한). 鳥獸蹌蹌(조수창창), 簫韶(소소), 九成(구성), 鳳皇來儀(봉황래의).

夔曰(기왈): 於(어)! 予擊石拊石(여격석부석), 百獸率舞(백수솔무), 庶尹允諧(서윤윤해).

1-5 신하는 임금의 팔다리가 되어야

[우서虞書 · 익직益稷/서경書經]

순임금께서 노래를 지으시고 말씀하셨습니다.

"하늘의 명을 받들어 언제나 그 기미를 잘 살펴야 합니다."

이어 순임금님께서 노래를 불렀답니다.

"팔다리와 같은 신하들이 기쁘게 일하면 임금된 자는 나라를 크게 일으킬 것이니, 모든 관리들도 즐겁게 일할 겁니다."

이에 고요가 양손을 올리고 고개를 숙여 큰절을 하고는 큰 소리로 말했습니다.

"유념하십시오. 신하들을 거느리시고 국사를 발흥시키고 법도를 신중히 하시고 이를 공경하십시오. 그리고 거듭하여 이루신 업적을 성찰하시길 바랍니다."

帝庸作歌(제용작가), 曰(왈): 勅天之命(내천지명), 惟時惟幾(유시유기).

乃歌曰(내가왈): 股肱喜哉(고굉희재), 元首起哉(원수기재), 百工熙哉(백공희재).

皋陶拜手稽首颺言曰(고도배수계수양언왈): 念哉(념재). 率作興事(솔작흥사), 愼乃憲(신내헌), 欽哉(흠재). 屢省乃成(누성내성), 屢省乃成(누성내성).

그러고는 계속하여 노래를 하였습니다.

"원수이신 임금님께 현명하시면 팔다리가 되어 받드는 신하들도 선량해지고 모든 일이 편안해질 겁니다."

또다시 노래했습니다.

"임금님께서 번잡하고 자질구레하게 행동하시면 팔다리와도 같은 신하들도 게을러지고 민사가 무너질 겁니다."

순임금께서 절하며 말씀하셨답니다.

"옳은 말이오. 가서 공경히 하십시오."

乃賡載歌曰(내갱재가왈): 元首明哉(원수명재), 股肱良哉(고굉량재), 庶事康哉(서사강재).

又歌曰(우가왈): 元首叢脞哉(원수총좌재), 股肱惰哉(고굉타재), 萬事墮哉(만사타재).

帝拜曰(제배왈): 俞(유), 往欽哉(왕흠재).

한자어원풀이

太平聖代(태평성대) 란 『열자(列子)』 「강구요(康衢謠)」에서 유래한 것으로 태평성대를 이루었던 요임금이 민심을 살피려고 저잣거리에 나왔을 때 아이들이 "우리 백성이 이렇게 잘살고 있는 것은 모두가 임금의 지극한 덕이라네. 우리는 아무것도 모르지만 임금님이 정하신 대로 살아간다네(立我烝民, 莫匪爾極, 不識不知, 順帝之則)"라고 노래를 부른 데서 유래한 말입니다. 그야말로 요순지절(堯舜之節)은 태평성대(太平聖代)요, 고복격양(鼓腹擊壤)하였으니 그 시절이 부러울 따름입니다.

클 太(태) 는 큰 대(大)와 점 주(丶)로 이루어져 있습니다. 大(대)는 두 팔과 다리를 벌리고 서 있는 사람을 정면에서 바라본 모양을 본뜬 상형글자로 '크다'는 뜻을 지니고 있답니다. 여기에 점(丶)을 첨가하였는데, 그 점은 大(대)의 약칭으로 보고 '크고도 크다'는 뜻으로 해석하기도 합니다. 또 일부에서는 클 泰(태)의 약자로 보기도 하죠.

평평할 平(평) 은 방패 간(干)과 땅 위에 널려 있는 흙덩이나 돌멩이를 뜻하는 두 개의 점(丶)으로 이루어졌답니다. 干(간)은 상대의 공격을 막아주는 방패의 모양을 상형한 것으로, 갑골문에 그려진 자형상부의 'ㅡ' 모양은 양쪽 끝이 뾰족한 찌르개로 되어 있으며 하부는 손잡이(十)를 나타낸 것이지만, 여기서는 땅을 평평하게 고를 때 쓰는 도구랍니다. 즉 땅을 고를 때 활용하는 요즘의 불도저와 같이 방패 모양의 도구(干)로 울퉁불퉁한 땅(좌우 두 점)을 고른다는 데서 '평평하다', '고르다', '다스리다' 등의 뜻을 지니게 되었답니다.

성스러울 聖(성) 은 귀 이(耳)와 입 구(口) 그리고 오뚝할 임(壬)으로 이루어져 있습니다. 상대방의 말을 잘 들어주고(耳) 좋은 말씀(口)으로 잘 다독이는 데 뛰어난(壬) 사람을 옛사람들은 성인이라 추앙하였답니다. 즉 사람들의 마음을 잘 헤아려 가르침을 펼치는 데 뛰어난 사람이라는 의미를 담고 있죠.

대신할 代(대) 는 사람 인(人)과 주살 익(弋)으로 이루어져 있습니다. 亻(인)은 서 있는 사람을 옆에서 본 모양을 본뜬 人(인)의 변형자이며, 다른 부수의 좌변에 주로 놓인답니다. 弋(익)은 화살의 꽁지 부위에 줄을 묶어 쏘아도 잃지 않도록 한 '주살'을 뜻하며 줄을 묶는다 하여 '표시', '푯말'이란 의미도 지니고 있답니다. 여기서 사람이 끈처럼 연결되어 있다는 것은 세대(世代)가 지속해서 이어지고 있다는 뜻뿐만 아니라 '대신하다'나 '교체하다'라는 뜻으로도 확장되었답니다.

하서
夏書

우공(愚貢)

우가 홍수를 다스리고
중원을 9주로 나눈 업적

1-1 우공의 치적

[하서夏書 · 우공愚貢/서경書經]

후에 임금이 될 우는 땅을 다스렸으며 산에 이르러서는 나무들을 베어내고, 높은 산과 큰 하천에 임하여서는 제사를 올렸습니다. 기주의 호구산(壺口山)에서 시작하여 양산(梁山)과 기산(岐山)까지 다스렸으며, 태원(太原)을 정리하고는 악산(岳山)의 남쪽 기슭까지 정리정돈하였답니다. 담회(覃懷)를 다스리는 일이 축적되어 이루어지자 장수(漳水)가 가로지르듯 황허강로 흘러 들어가는 곳까지의 땅을 다스렸답니다. 그곳의 토양은 희고 고와서 농사짓기에는 최적이었습니다. 그래서 최상의 1등급에 적용되는 농지에 준하는 세금을 부과했으나 상중급의 땅도 섞여 있었답니다. 그러나 그곳의 밭들은 중중급에 속해 그에 준하는 세금을 부과했죠. 그리고 항수

와 위수가 잘 흐르게 되어 대륙(大陸)이라는 호숫가에서는 농사를
잘 지을 수 있게 되었답니다. 동북지역의 도이(島夷)의 백성들은 털
가죽으로 만든 의복을 가지고 와서 우의 공로에 보답하였으며, 갈
석산(碣石山)을 오른쪽으로 끼고서 황허강을 따라 들어왔답니다.

禹敷土(우부토), 隨山刊木(수산간목), 奠高山大川(전고산대천). 冀州
(기주), 既載壺口(기재호구), 治梁及岐(치량급기), 既修太原(기수태원),
至于岳陽(지우악양), 覃懷底績(담회지적), 至于衡漳(지우형장). 厥土惟
白壤(궐토유백양), 厥賦惟上上錯(궐부유상상착), 厥田惟中中(궐전유중
중). 恒衛既從(항위기종), 大陸既作(대륙기작). 島夷皮服(도이피복), 夾
右碣石入于河(협우갈석입우하).

1-2 치수의 결과

[하서夏書 · 우공愚貢/서경書經]

제수와 황허강 사이에 위치하고 있는 곳에 연주가 있습니다. 여
기에 황허강의 아홉 지류가 모두 잘 다스려져 흘렀는데, 뇌하를 커
다란 호수로 만들어 옹수와 저수가 이곳에서 합류하도록 하였답니
다. 그리하여 주변의 땅을 옥토로 변화시켜 뽕나무를 심고 누에를
치게 하자 언덕 위로 피난했던 백성들이 평지로 내려와 거주하게
되었답니다. 이곳의 흙은 검고 기름져 풀이 우거지고 나무들도 우
뚝우뚝 잘 자랐습니다. 이곳의 밭은 중하의 6등급의 땅이었으나 9
등급의 세금만을 부과하였죠. 그렇게 13년이 지나고 나서야 다른
곳의 땅처럼 비옥해졌답니다. 이곳에서 바치는 공물은 옻칠과 명
주실이었으며, 또 대나무로 만든 바구니에다 비단을 넣어 바쳤습

니다. 이곳 사람들은 제수와 탑수에 배를 띄워 황허강에 이르러 수도에 공물을 바쳤답니다.

濟河惟兗州(제하유연주). 九河旣道(구하기도), 雷夏旣澤(뇌하기택), 灉(옹), 沮會同(저회동). 桑土旣蠶(상토기잠), 是降丘宅土(시강구택토). 厥土黑墳(궐토흑분), 厥草惟繇(궐초유요), 厥木惟條(궐목유조). 厥田惟中下(궐전유중하), 厥賦貞(궐부정), 作十有三載乃同(작십유삼재내동). 厥貢漆絲(궐공칠사), 厥篚織文(궐비직문). 浮于濟漯(부우제탑), 達于河(달우하).

1-3 청주의 생산물목
[하서夏書 · 우공禹貢/서경書經]

바다와 태산 사이에 청주가 위치해 있답니다. 우이라는 동쪽 끝의 땅을 다스리면서 유수와 치수를 다스려 잘 흐르도록 하였습니다. 이곳의 토지는 희고 비옥한 땅이었지만 바닷가와 인접한 광활한 지역은 갯벌을 끼고 있었답니다. 그곳의 밭은 3등급의 상하급이었지만 중상급인 4등급으로 낮추어 세금을 부과하였습니다. 이곳의 공물은 소금과 칡으로 짠 고운 천과 다양한 해산물들이 섞이기도 하였답니다. 태산의 골짜기에서는 명주실과 모시와 납과 소나무 그리고 괴이하게 생긴 괴석들이 생산되었습니다. 내산지역의 이족들에게는 목축법을 가르쳐주자 그들은 산뽕나무 누에고치에서 뽑아낸 명주실을 대바구니에 담아 바쳤답니다. 청주에서 생산된 공물은 문수에 배를 띄워 제수를 거쳐 수도에 거주하는 임금에게 바쳐졌습니다.

海岱惟靑州(해대유청주). 嵎夷旣略(우이기략), 濰淄其道(유치기도).
厥土白墳(궐토백분), 海濱廣斥(해빈광척). 厥田惟上下(궐전유상하), 厥
賦中上(궐부중상). 厥貢鹽絺(궐공염치), 海物惟錯(해물유착). 岱畎(대견),
絲枲鉛松怪石(사시연송괴석). 萊夷作牧(내이작목), 厥篚檿絲(궐비염사).
浮于汶(부우문), 達于濟(달우제).

1-4 다양한 공물

[하서夏書 · 우공愚貢/서경書經]

　바다와 태산 그리고 회수 사이에 위치한 지역이 서주랍니다. 회
수와 기수가 다스려지자 몽산과 우산지역 일대에서도 곡식을 심어
가꿀 수 있었답니다. 대야라는 호수에도 제방을 쌓아 동원땅도 관
계시설의 혜택을 입어 농사를 지을 수 있었습니다. 그곳의 토양은
적색으로 비옥하여 초목이 잘 자랄 수 있었답니다. 그곳의 밭은 2
등급이었지만 부과된 세금은 5등급으로 낮추었죠. 그곳의 공물은
오색의 토양과 우산 골짜기의 꿩, 역산 남쪽의 홀로 서 있는 오동
나무, 사천 물가에 떠 있는 경석 그리고 회수에 살고 있는 이족은
진주와 물고기를 바쳤답니다. 그리고 대바구니에 검은 무늬를 섞
어 짠 흰 비단 또한 공물이었죠. 그곳 사람들은 공물을 바칠 때 회
수와 사수에 배를 띄워 황허강에 이르게 한 다음 수도까지 운반하
였답니다.

　海岱及淮惟徐州(해대급회유서주). 淮沂其乂(회기기예), 蒙羽其藝(몽
우기예), 大野旣豬(대야기저), 東原底平(동원지평). 厥土赤埴墳(궐토적식
분), 草木漸包(초목점포). 厥田惟上中(궐전유상중), 厥賦中中(궐부중중).

厥貢惟土五色(궐공유토오색), 羽畎夏翟(우견하적), 嶧陽孤桐(역양고동), 泗濱浮磬(사빈부경), 淮夷蠙珠暨魚(회이빈주기어). 厥篚玄纖縞(궐비현섬호). 浮于淮泗(부우회사), 達于河(달우하).

1-5 양주사람들의 공물

[하서夏書 · 우공愚貢/서경書經]

회수와 바다 사이에 위치한 곳이 양주라는 지역입니다. 지금의 파양호 기슭에 제방을 쌓아 물이 넘치는 것을 막자 철새들이 날아와 둥지를 틀고 서식했습니다. 세 갈래의 강물을 바다로 흐르게 하자 태호의 물이 일정한 수위를 유지하면서 호숫가는 작은 대나무와 왕대 등이 잘 자라 대나무밭을 이루었답니다. 또한 그곳의 풀과 나무들도 무성하게 자라났습니다. 그곳의 토양은 대체로 진흙이었습니다. 그곳의 농토는 9등급 정도였으나 세금을 낮추어 7등급으로 하였고 간혹 6등급으로 부과하기도 하였답니다. 그곳의 공물은 금·은·동, 세 가지의 금속류와 아름다운 구슬들과 작은 대와 왕대, 상아의 기죽, 새의 깃털과 깃대를 장식하는 소 꼬리털 그리고 목재 등이었답니다. 섬에 사는 이족은 온갖 풀로 만든 옷을 입고 있었는데, 그들은 바구니에 조개무늬의 비단을 넣고 보자기에는 귤과 유자를 잘 포장하여 공물로 바쳤답니다. 그들은 양쯔강을 따라 바다로 나아갔다가는 다시 강을 따라 회수와 사수에 이를 수 있었습니다.

淮海惟揚州(회해유양주). 彭蠡旣豬(팽려기저), 陽鳥攸居(양조유거). 三江旣入(삼강기입), 震澤底定(진택지정). 篠簜旣敷(소탕기부), 厥草惟

夭(궐초유요), 厥木惟喬(궐목유교). 厥土惟塗泥(궐토유도니). 厥田唯下下(궐전유하하), 厥賦下上(궐부하상), 上錯(상착). 厥貢惟金三品(궐공유금삼품), 瑤琨篠簜齒革羽毛惟木(요곤소탕치혁우모유목). 鳥夷卉服(조이훼복). 厥篚織貝(궐비직패), 厥包橘柚錫貢(궐포귤유석공). 沿于江海(연우강해), 達于淮泗(달우회사).

1-6 뱃길을 이용한 공물

[하서夏書 · 우공愚貢/서경書經]

현재 후베이성 남장현의 형산(荊山)과 후난성 형산현의 형산(衡山) 남쪽 기슭 사이에 위치한 곳을 형주(荊州)라고 합니다. 양쯔강과 한수를 합류시켜 바다로 흘러가게 하니 아홉 곳의 지류가 잘 소통되어 홍수로 인한 범람이 없어졌습니다. 타수와 잠수를 다시 잘 흐르게 하자 운택에 고였던 물이 빠져 바닥이 드러나고 몽택의 못물역시 잘 다스려졌답니다. 그 지역의 토양은 진흙탕이었습니다. 그곳의 밭은 하중의 8등급이었으나 부과된 세금은 상하인 3등급이었답니다. 그 지역의 공물은 새의 깃털과 소 꼬리털이었으며, 상아와 가죽과 금·은·동의 세 가지 금속류가 있었습니다. 그리고 참나무·산뽕나무·향나무·잣나무 등과 거친 숫돌 및 고운 숫돌, 살촉돌과 단사 등이었답니다. 그리고 화살대로 쓰이는 균과 노라는 조릿대와 호나무를 동정호 주변의 세 제후국에서 바쳐 그 명성이 자자했답니다. 가시 달린 띠 풀을 궤 속에 넣고는 보자기로 싸맸고, 그 대나무바구니에는 검붉은 비단과 모난 구슬을 넣었답니다. 아홉 지류의 백성들은 큰 거북을 구해 공물로 바치기도 했습니다. 이 지역의 백성들은 양쯔강·타수·잠수·한수에 배를 띄워 낙수를 거쳐 남쪽의 황허강에 도달할 수 있었답니다.

荊及衡陽惟荊州(형급형양유형주). 江漢朝宗于海(강한조종우해), 九江孔殷(구강공은), 沱潛旣道(타잠기도), 雲土夢作乂(운토몽작예). 厥土惟塗泥(궐토유도니), 厥田惟下中(궐전유하중), 厥賦上下(궐부상하). 厥貢羽毛齒革惟金三品(궐공우모치혁유금삼품), 杶榦栝柏礪砥砮丹(춘간괄백려지노단), 惟箘簵楛(유균로고), 三邦底貢厥名(삼방지공궐명). 包匭菁茅(포궤청모), 厥篚玄纁璣組(궐비현훈기조), 九江納錫大龜(구강납석대귀). 浮于江沱潛漢(부우강타잠한), 逾于洛(유우락), 至于南河(지우남하).

1-7 호수의 다스림

[하서夏書 · 우공愚貢/서경書經]

남쪽에 위치한 형산에서부터 북쪽의 황허강에 이르는 땅이 바로 예주입니다. 후에 임금이 될 우(愚)는 이수와 낙수의 전수와 간수를 다스려 이들 물들이 황허강로 빠지게 하자 형파라는 호수가 범람하는 일이 없게 되었답니다. 그리고 가택의 못물을 유노하여 맹서라는 호수를 채워지게 하였습니다. 그 지역의 흙은 부드러우면서도 낮은 지대의 흙은 비옥하면서 검고 딱딱하였답니다. 그곳의 밭은 중상인 4등급 정도였으나 부과된 세금은 2등급이었으며 간혹 1등급의 세금을 내는 곳도 있었습니다. 이 고장의 공물은 옻칠과 삼베 그리고 칡베와 모시 옷감이었는데, 공물바구니에는 가는 무명실도 들어 있었답니다. 간혹 나라의 요구가 있을 때는 경석을 가는 숫돌을 바치기도 하였습니다. 이곳 사람들은 낙수에 배를 띄워 황허강에 이를 수 있었답니다.

荊河惟豫州(형하유예주). 伊洛瀍澗旣入于河(이락전간기입우하), 滎波旣豬(형파기저). 導菏澤(도하택), 被孟豬(피맹저). 厥土惟壤(궐토유양), 下土墳壚(하토분로). 厥田惟中上(궐전유중상), 厥賦錯上中(궐부착상중). 厥貢漆枲絺紵(궐공칠시치저), 厥篚纖纊(궐비섬광), 錫貢磬錯(석공경착). 浮于洛(부우락), 達于河(달우하).

1-8 뱃길을 이용한 공물
[하서夏書 · 우공愚貢/서경書經]

서악인 화산의 남쪽 기슭에서부터 흑수까지가 양주입니다. 민산과 파산 일대를 다스려 농사를 지을 수 있게 하였으며, 그곳의 타수와 잠수를 잘 다스려 물이 잘 흐르도록 하였답니다. 그리고 채몽산 일대도 잘 정리하여 경작할 수 있게 하였으며, 화수가에 사는 이족들을 귀화시키는 공적도 이룩하였습니다. 그곳의 토양은 푸른빛에 검은빛이 감돌았으며, 밭은 하상의 7등급이지만 7등급과 8등급 및 9등급이 섞인 세 가지로 나누었답니다. 그 지역에서 바치는 공물은 아름다운 옥·은·강철·화살촉·경석에 곰·말곰·여우·너구리 등의 털가죽으로 짠 융단이었답니다. 서경산 인근에 사는 백성들은 환수를 이용할 수 있었죠. 그리하여 잠수에 배를 띄워 면수를 지나 위수로 들어온 다음 황허강을 가로지를 수 있었답니다.

華陽黑水惟梁州(화양흑수유량주). 岷嶓旣藝(민파기예), 沱潛旣道(타잠기도). 蔡蒙旅平(채몽려평), 和夷底績(화이지적). 厥土靑黎(궐토청려), 厥田惟下上(궐전유하상), 厥賦下中(궐부하중), 三錯(삼착). 厥貢璆鐵銀

鏤砮磬熊羆狐狸織皮(루공구철은루노경웅비호리직피), 西傾因桓是來(서경인환시래), 浮于潛(부우잠), 逾于沔(유우면), 入于渭(입우위), 亂于河(난우하).

1–9 하천의 정비와 땅의 개간
[하서夏書 · 우공愚貢/서경書經]

서쪽의 흑수로부터 동쪽의 서하까지가 옹주라는 지역이랍니다. 익수를 서쪽으로 흐르게 하고 경수를 모아 위수가 굽이치는 곳으로 흘러들게 하였답니다. 칠수와 저수도 잘 다스려 범람하지 않게 하였으며, 풍수도 이와 같이 다스려 위수로 흘러들게 하였습니다. 형산과 기산 일대를 정비하고 종남산과 돈물산을 거쳐 조서산까지 이르렀답니다. 평야와 습지를 개간하여 옥토로 만들고 저야호까지 다스렸답니다. 삼위산 일대에도 사람이 살게 되어 삼묘족도 크게 질서가 잡혔습니다. 이곳의 토양은 누렇고 부드러웠으며, 상상인 2등급이었지만 부과된 세금은 중하인 3등급이었답니다. 이곳의 공물은 옥경과 아름다운 옥과 옥돌들이었습니다. 저서산 기슭에서 배를 띄우면 용문산의 서하에 이를 수 있었고, 위수가 굽이치는 곳에 다다를 수 있었답니다. 짐승의 털가죽으로 짠 융단은 곤륜과 석지 그리고 거수라는 세 군데 지방에서 생산되었고, 서쪽의 민족인 서융도 질서가 잡혔답니다.

黑水西河惟雍州(흑수서하유옹주). 弱水旣西(약수기서), 涇屬渭汭(경속위예), 漆沮旣從(칠저기종), 灃水攸同(풍수유동). 荊岐旣旅(형기기려), 終南惇物(종남돈물), 至于鳥鼠(지우조서). 原隰底績(원습지적), 至于豬

野(지우저야). 三危旣宅(삼위기택), 三苗丕敍(삼묘비서). 厥土惟黃壤(궐
토유황양), 厥田惟上上(궐전유상상), 厥賦中下(궐부중하). 厥貢惟球琳琅
玕(궐공유구림랑간). 浮于積石(부우적석), 至于龍門西河(지우룡문서하),
會于渭汭(회우위예). 織皮崑崙析支渠搜(직피곤륜석지거수), 西戎即敍
(서융즉서).

1-10 우의 광범위한 정비사업

[하서夏書 · 우공愚貢/서경書經]

우는 옹주의 견산과 기산으로부터 시작하여 동으로 형산까지 다
스려 나갔습니다. 여기서 다시 황허강을 건너서 기주의 호구산과
뇌수산을 휘돌아보고 태악까지 갔습니다. 그리고 지주산과 석성산
을 거쳐 왕옥산에 이르렀으며, 태행산과 항산을 거쳐 갈석산에 이
르러서는 바닷가에 다가갈 수 있었답니다. 그는 계속해서 옹주의
서경산에서 시작하여 동쪽으로 주어산과 조서산을 거쳐 양주의 화
산까지 다스려 나갔답니다. 여기에 예주의 웅이산과 숭산 그리고
동백산을 포함하여 청주의 배미산까지 정비해 나갔답니다. 그러고
는 양주의 파총산을 시작으로 형주의 형산을 거쳐 대별산까지 다
스려 나갔습니다. 여기에 민산의 남쪽 기슭에서 시작하여 동남쪽
으로 형주의 형산에 이르러 이곳을 정비하고 구상을 지나 양주의
부천원산까지 정비하였답니다.

導岍及岐(도견급기), 至于荊山(지우형산). 逾于河(유우하), 壺口雷首
至于太岳(호구뢰수지우태악). 底柱析城至于王屋(지주석성지우왕옥), 太
行恆山至于碣石(태행긍산지우갈석), 入于海(입우해). 西傾朱圉鳥鼠至

于太華(서경주어조서지우태화), 熊耳外方桐柏至于陪尾(웅이외방동백지우배미). 導嶓冢(도파총), 至于荊山(지우형산), 內方(내방), 至于大別(지우대별). 岷山之陽(민산지양), 至于衡山(지우형산), 過九江(과구강), 至于敷淺原(지우부천원).

1-11 우의 거듭된 치수사업
[하서夏書 · 우공愚貢/서경書經]

후에 임금이 될 우는 옹주의 약수를 다스려 합려산 쪽으로 흐르게 하고 나머지의 물길은 간쑤성 정신현 동쪽의 사막으로 유입되게 하였습니다. 또 흑수의 물길을 유도하여 삼위산 쪽으로 흘러 남쪽바다인 남해로 빠지게 하였답니다. 여기에 황허강의 물길을 유도하여 적석산을 거쳐 용문산에 이르게 하였습니다. 그러고는 남으로 화산의 북쪽 기슭으로 이르게 하였으며, 동으로는 지주산에 이르게 하고 다시 동쪽의 맹진으로 흐르게 하였습니다. 이어 동으로 낙수의 물굽이를 지나 대비산에 이르도록 하였고, 북으로는 강수를 지나 대륙이라는 호수에 이르도록 하였답니다. 여기에 북쪽으론 아홉 줄기로 나뉘었다가 황허강로 합류케 하여 바다로 빠지게 하였답니다. 또 파총산의 양수를 유도하여 동쪽으로 흘러 한수가 되게 하였고, 다시 동쪽으로 흘러 형주의 창랑지수가 되게 하였답니다. 그리하여 삼서수를 지나 양주의 대별산에 이르도록 하였답니다. 여기서 다시 남으로 흘러 장강으로 흘러들게 하였습니다. 동으로 흘러 물이 고여 호수가 되니 바로 팽려호이며, 여기서 동으로 흘러 북강이 되어 바다로 유입되게 하였답니다.

導弱水(도약수), 至于合黎(지우합려), 餘波入于流沙(여파입우류사).
導黑水(도흑수), 至于三危(지우삼위), 入于南海(입우남해). 導河積石(도
하적석), 至于龍門(지우룡문). 南至于華陰(남지우화음), 東至于厎柱(동
지우지주), 又東至于孟津(우동지우맹진). 東過洛汭(동과락예), 至于大伾
(지우대비), 北過降水(북과강수), 至于大陸(지우대륙), 又北(우북). 播爲
九河(파위구하), 同爲逆河(동위역하), 入于海(입우해). 嶓冢導漾(파총도
양), 東流爲漢(동류위한), 又東(우동), 爲滄浪之水(위창랑지수). 過三澨
(과삼서), 至于大別(지우대별), 南入于江(남입우강). 東匯澤爲彭蠡(동회
택위팽려), 東爲北江(동위북강), 入于海(입우해).

1-12 여러 지류들을 황허강로 흘러들게 함

[하서夏書 · 우공愚貢/서경書經]

우는 양주의 민산으로부터 양쯔강을 다스리기 시작하여 동쪽으
로 별도로 타수라는 지류를 흐르게 하였고, 다시 동으로 흘러 형주
의 풍수에 이르도록 하였답니다. 여기에 아홉 개의 지류로 이루어
진 구강을 지나 동릉에 이르도록 물길을 다스렸으며, 동쪽으로 흐
르게 하였다가 북으로 물길을 돌려 파양호의 흐름과 합류하도록
하였습니다. 그러고는 동으로 흘러 양주의 중강을 이루어 바다로
흘러들게 하였답니다.

이어 연수를 이끌어 동으로 흘러 연주의 제수를 이루게 하고, 황
허강로 흘러들게 하였습니다. 그리고 연수가 흘러넘쳐 형파호를
이루도록 하였으며, 동으로 흘러 예주땅 도구 북쪽에 이르도록 하
면서 다시 동으로 흘러 가택에 이르도록 하였답니다. 또 동북으로

흘러 문수와 합류케 하고, 다시 동으로 흘러 바다로 유입되게 하였습니다. 그리고 회수를 다스려 동백산으로부터 동으로 흘러 사수와 기수를 합류시켜 동으로 바다에 흘러들게 하였답니다. 위수를 다스려 조서동혈산으로부터 동쪽으로 흘러 풍수와 합류케 하고, 다시 동으로 흘러 경수와 합치게 하였답니다. 그러고는 또다시 동쪽으로 흘러 칠수와 저수를 지나 황허강에 유입되도록 하였습니다. 낙수를 다스려서 웅이산으로부터 동북쪽으로 흘러 간수와 전수와 합류하도록 하고, 다시 동쪽으로 흘러 이수와 합류토록 하였답니다. 그리고 다시 동북쪽으로 흘러 황허강로 흘러들게 하였답니다.

岷山導江(민산도강), 東別爲沱(동별위타), 又東至于澧(우동지우례). 過九江(과구강), 至于東陵(지우동릉), 東迆北(동이북), 會于匯(회우회). 東爲中江(동위중강), 入于海(입우해). 導沇水(도연수), 東流爲濟(동류위제), 入于河(입우하), 溢爲滎(일위형), 東出于陶丘北(동출우도구북), 又東至于菏(우동지우하). 又東北(우동북), 會于汶(회우문), 又北(우북), 東入于海(동입우해). 導淮自桐柏(도회자동백), 東會于泗沂(동회우사기), 東入于海(동입우해). 導渭自鳥鼠同穴(도위자조서동혈), 東會于澧(동회우풍), 又東會于涇(우동회우경), 又東過漆沮(우동과칠저), 入于河(입우하). 導洛自熊耳(도락자웅이), 東北(동북), 會于澗瀍(회우간전), 又東(우동), 會于伊(회우이). 又東北(우동북), 入于河(입우하).

1-13 구주의 산과 하천의 정비

[하서夏書 · 우공愚貢/서경書經]

구주가 이와 같이 잘 다스려지자 사방의 오지는 물론 바닷가까지 사람들이 집을 짓고 살 수 있었답니다. 구주의 산들은 나무들을 베어내고 정비를 하고, 구주의 하천들도 수원지로부터 잘 유동할 수 있도록 하였고, 구주의 호수들도 제방을 쌓아 올렸습니다. 사해의 제후들은 임금을 받들었답니다. 그러자 여섯 물자(물·불·철·나무·흙·곡식)들도 잘 관리되고 다스려져 모든 지방들이 바로잡혔답니다. 이에 재물과 세금을 부과하는 것을 신중하게 다루어서 세 등급의 토지에 따라 중앙정부의 부세제도를 확립하였습니다. 그리고 백성들에게 농토를 나누어주며 농사를 짓도록 하고 덕행을 우선하여 공경케 하니 임금이 "짐이 행하는 일에 거역하는 사람이 없구나!" 라고 할 정도에 이르렀답니다.

九州攸同(구주유동), 四隩旣宅(사오기댁). 九山刊旅(구산간려), 九川滌源(구천척원), 九澤旣陂(구택기피), 四海會同(사해회동). 六府孔修(육부공수), 庶土交正(서토교정). 底愼財賦(지신재부), 咸則三壤(함칙삼양), 成賦中邦(성부중방). 석토성(錫土姓), 祇台德先(지태덕선), 不距朕行(불거짐행).

1-14 우가 업적을 아뢰다

[하서夏書 · 우공愚貢/서경書經]

임금이 계신 수도를 중심으로 하여 사방 500리의 땅을 경기지역을 뜻하는 전복(甸服)이라 했답니다. 해당지역의 첫 100리 안쪽에 사는 백성들에게는 부세로 볏단을 묶어 바치게 했습니다. 두 번째 100리 안에 사는 백성은 이삭을 그대로 바치게 했고, 세 번째 100리 안에 사는 백성에게는 짚과 수염을 딴 곡식을 바치게 했죠. 네 번째 100리 안에 사는 사람들에게는 찧지 않은 낟알을 부과했고, 다섯 번째 100리 안에 사는 백성에게는 곡식을 찧어 바치게 했습니다.

경기에 해당하는 전복지방 밖의 사방 500리 땅은 제후들이 다스리게 했는데, 첫 100리 안쪽의 땅은 경대부들의 봉지이며, 두 번째 100리 안의 땅은 남작계급의 봉지이고, 이 밖의 300리 땅은 제후들이 다스리는 영지로 규정하였답니다. 이 밖의 500리가 나라를 평안히 하는 데 필요한 수복이라는 땅인데, 첫 300리 안의 땅은 백성들의 학문적 교육을 위해 쓰였고 나머지 200리 안의 토지는 무술을 연마하여 나라를 지키기 위하는 데 쓰였답니다. 이 밖의 500리는 나라의 위엄을 위한 요복의 땅으로, 첫 300리 안의 땅은 이족(夷族)이 살게 하였고 나머지 200리 땅은 가벼운 죄를 지은 사람들의 귀양지로 활용했답니다. 그리고 이곳 밖의 500리는 잘 다스려지지 않은 땅으로 황복이라 하였는데, 첫 300리는 만족(蠻族)을 살게 하였고, 나머지 200리 땅은 중죄인들의 귀양지로 삼았답니다. 이렇다 보니 동쪽으로는 바다와 맞닿았고, 서쪽으로는 사막에까지 이르렀습니다. 그리고 북녘으로부터 남녘에 이르기까지 명성과 교화가 일어나 사해에 그 영향을 끼쳤습니다. 이에 우는 임금에게 검은빛 홀을 바치고 이러한 공로가 이루어졌음을 아뢰었답니다.

五百里甸服(오백리전복). 百里賦納總(백리부납총). 二百里納銍(이백리납질), 三百里納秸服(삼백리납갈복), 四百里粟(사백리속), 五百里米(오백리미). 五百里侯服(오백리후복), 百里采(백리채), 二百里男邦(이백리남방), 三百里諸侯(삼백리제후). 五百里綏服(오백리수복), 三百里揆文教(삼백리규문교), 二百里奮武衛(이백리분무위). 五百里要服(오백리요복), 三百里夷(삼백리이), 二百里蔡(이백리채). 五百里荒服(오백리황복), 三百里蠻(삼백리만), 二百里流(이백리류). 東漸于海(동점우해), 西被于流沙(서피우류사), 朔南暨聲教(삭남기성교), 訖于四海(흘우사해). 禹錫玄圭(우사현규), 告厥成功(고궐성공).

감서(甘誓)

전쟁에 앞서
감땅에서의 맹서

전과에 대한 상벌

[하서夏書 · 감서甘誓/서경書經]

지금의 산시성 감이라는 지역에서 큰 전투에 앞서 하나라 왕인
계는 육경의 장졸들을 소집하고 훈시를 하였습니다.

"오! 모든 진사들이여! 내 이제 그대들에게 군령을 내리고자 하
노라! 저 북쪽 땅의 유호씨는 인의예지신이라는 다섯 가지 행동규
범을 해치고 업신여겼으며 천지인의 올바른 길을 가벼이 여겨 저
버렸으니, 하늘이 그의 명을 끊어 죽이려 하고 있다오. 오늘 나는
삼가 하늘이 내리는 벌을 시행하고자 하노라. 좌군이 좌측의 적군
을 공격하지 않으면 그대들은 군령을 따르지 않는 것이며, 우군이
우측의 적군을 공격하지 않으면 이 또한 명을 따르지 않는 것이니
라. 그리고 전차의 말을 모는 사람이 올바로 몰지 않는 것도 명을

받들지 않는 것이니라. 그러나 명을 잘 받들어 공을 세우면 조상의 위패 앞에서 후한 상을 내릴 것이며, 명을 받들지 않는다면 지신을 모신 위패 앞에서 도륙을 하는 것은 물론 나는 곧 그대들의 처자식까지도 죽일 것이니라."

大戰于甘(대전우감), 乃召六卿(내소육경).

王曰(왕왈): 嗟(차)! 六事之人(육사지인), 予誓告汝(여서고여). 有扈氏威侮五行(유호씨위모오행), 怠棄三正(태기삼정), 天用剿絶其命(천용초절기명), 今予惟恭行天之罰(금여유공행천지벌). 左不攻于左(좌불공우좌), 汝不恭命(여불공명), 右不攻于右(우불공우우), 汝不恭命(여불공명). 御非其馬之正(어비기마지정), 汝不恭命(여불공명). 用命(용명), 賞于祖(상우조), 弗用命(불용명), 戮于社(육우사), 予則孥戮汝(여즉노륙여).

오자지가(五子之歌)

계왕의 다섯 아들이 모여
큰형의 실정을 한탄하다

1-1 다섯 형제의 원망

[하서夏書 · 오자지가五子之歌/서경書經]

계의 아들인 태강은 헛되이 왕위에 올라 안일과 유희로 그 덕을 잃어가고 있었습니다. 이에 백성들 모두가 두 마음을 지녔거늘, 여진히 왕이런 직자는 법도도 없이 싸돌아다니며 놀이에민 급급하였답니다. 낙수의 남쪽으로 사냥을 떠나더니 100일이 지나도록 되돌아올 줄 몰랐죠. 그러자 유궁국의 제후인 예가 백성들이 이를 견디지 못한다는 사실을 내세우며 황허강에서 그 정권을 막아섰답니다. 태강의 다섯 아우는 그들의 어머니를 모시고 따라나섰다가 낙수의 후미진 곳에서 기다렸답니다. 이들 다섯 형제는 형 태강의 부덕함을 원망하며, 그들의 조부인 우의 훈계를 들어 서술하면서 노래를 지어 불렀답니다.

太康尸位(태강시위), 以逸豫滅厥德(이일예멸궐덕). 黎民咸貳(여민함이), 乃盤遊無度(내반유무도), 畋于有洛之表(전우유락지표), 十旬弗反(십순불반). 有窮后羿因民弗忍(유궁후예인민불인), 距于河(거우하). 厥弟五人御其母以從(궐제오인어기모이종), 徯于洛之汭(혜우락지예). 五子咸怨(오자함원), 述大禹之戒以作歌(술대우지계이작가).

1-2 임금의 품격

[하서夏書 · 오자지가五子之歌/서경書經]

이들 다섯 형제 중 첫째가 노래를 불렀습니다.

"임금이신 할아버지께서 훈계하시길, 백성은 가까이해도 괜찮지만 얕잡아보면 안 된다고 하셨지. 백성이야말로 나라의 근본이며 뿌리가 튼튼해야 나라를 편안케 할 수 있다고 말이지. 어리석어 보이는 남정네와 여인네들이 나보다도 낫더라고 하셨지. 한 사람이 세 번 정도는 실수할 수 있지만 한 나라의 임금으로서 어찌 그 원망이 밖으로 드러나게 하겠는가! 원망은 드러나지 않을 때 원성이 없게 도모해야 한다고 말이지. 내 억조창생을 대함에 있어 두려워하기를 썩어빠진 고삐로 여섯 필의 마차를 몰게 하였나니, 백성들의 임금된 자로서 어찌 공경받지 않을 수 있겠는가?"

其一曰(기일왈): 皇祖有訓(황조유훈), 民可近(민가근), 不可下(불가하). 民惟邦本(민유방본), 本固邦寧(본고방녕). 予視天下(여시천하), 愚夫愚婦(우부우부). 一勝予(일승여), 一人三失(일인삼실), 怨豈在明(원기재명), 不見是圖(불견시도). 予臨兆民(여림조민), 懍乎若朽索之馭六馬(늠호약후색지어육마), 爲人上者(위인상자), 奈何不敬(내하불경)?

1-3 우임금의 훈계

[하서夏書 · 오자지가五子之歌/서경書經]

다음으로 다섯 형제 중 둘째가 노래를 지어 불렀습니다.

"할아버지이신 우임금께서 훈계하시기를, 안으로 여색에 미혹되고 밖으로 사냥하는 재미에 빠지거나, 술의 감미로움을 즐기고 음악을 지나치게 좋아하거나, 집을 으리으리하게 드높이고 담장을 화려함으로 꾸미는 등의 일들 가운데 한 가지라도 저지른다면 아직까지 망하지 않는 자가 없었다고 하셨답니다."

이어서 셋째가 노래를 불렀답니다.

"저 도당의 요임금 때부터 기주지방을 다스려 왔건만, 오늘날엔 그 도리를 잃고 나라의 법도인 기강이 어지러워졌으니, 이는 곧 멸망의 길에 이른 것이라네."

其二曰(기이왈): 訓有之(훈유지), 內作色荒(내작색황), 外作禽荒(외작금황). 甘酒嗜音(감주기음), 峻宇彫牆(준우조장). 有一于此(유일우차), 未或不亡(미혹불망).

其二曰(기삼왈): 惟彼陶唐(유피도당), 有此冀方(유차기방). 今失厥道(금실궐도), 亂其紀綱(난기강), 乃底滅亡(내지멸망).

1-4 후손의 후회

[하서夏書 · 오자지가五子之歌/서경書經]

이번에는 넷째가 노래를 불렀습니다.

"밝은 덕을 밝히신 우리 할아버지께서는 온 세상의 임금으로서 나라의 법과 규율을 갖추고서 우리 자손들에게 물려주셨답니다.

그리고 백성들이 필요로 하는 온갖 물품을 고르게 유통시키셨으며, 나라의 창고에는 여유롭게 비축하고 있었답니다. 그러나 후손인 우리가 유업을 함부로 다루어 조부님의 성덕을 실추시켰으며, 종가를 망쳐 제사를 지낼 후사마저 끊기게 하였구나."

이어서 다섯째가 노래를 불렀답니다.

"아아! 돌아갈 곳이 어디란 말인가? 이내 가슴에 맺힌 서글픔이여! 만백성은 우리를 원수처럼 여기니, 우리는 앞으로 누구를 믿고 의지해야 한단 말인가? 답답하고 우울한 내 마음, 부끄러움에 얼굴이 달아오르는구나. 삼가 조부님의 성덕을 받들지 못하였으니, 후회한들 이제 와서 돌이킬 수 있겠는가?"

其四曰(기사왈): 明明我祖(명명아조), 萬邦之君(만방지군). 有典有則(유전유칙), 貽厥子孫(이궐자손). 關石和鈞(관석화균), 王府則有(왕부즉유). 荒墜厥緒(황추궐서), 覆宗絶祀(복종절사).

五曰(오왈): 塢呼曷歸(오호갈귀)? 予懷之悲(여회지비). 萬姓仇予(만성구여), 予將疇依(여장주의)? 郁陶乎予心(욱도호여심), 顔厚有忸怩(안후유뉴니). 弗愼厥德(불신궐덕), 雖悔可追(수회가추)?

윤정(胤征)

윤후에게 희씨와
화씨를 정복하게 하다

1-1 윤후의 출정식

[하서夏書 · 윤정胤征/서경書經]

태강의 실정으로 동생인 중강이 온 천하를 다스리게 되자 윤나라 제후인 윤후에게 명하여 육사인 모든 군사를 통솔하게 하였답니다. 그리고 이때 천싱을 관칠하는 희씨와 화씨가 그들의 직무를 덮어둔 채 매일 술타령만 하고 있다는 사실이 드러나자, 윤후는 왕명을 받들어 그들을 징벌하기 위해 출정하게 됩니다. 윤후가 출정에 앞서 군사들을 모아 놓고 훈시했습니다.

"오오! 나의 군사들이여! 성인이신 우임금께서 교훈을 남기셨으니, 밝게 드러난 증험을 바탕으로 나라를 안정시키고 보존토록 합시다. 선대의 왕들께서는 일식이나 월식 등으로 나타내는 하늘의 경계하심을 조심스럽게 받아들였고 신하들은 일상의 법률을 잘 지켰답니다. 문무백관들은 맡은 일들을 잘 처리하고 보필하였으니, 그 임금의 치적은 밝고 환해졌습니다. 매년 이른 봄이 되면 전령관들은 나무로 된 방울을 흔들면서 거리를 돌아다니며 알리기를 '관리들은 서로 가르치며 바로잡아주고, 기예에 종사하는 사람들도 맡은 바 임무를 다하면서 임금에게 간언을 해야 하며, 그렇지 않고 자기 임무에 힘쓰지 않는 자가 있으면 나라의 일정한 법률로써 형벌을 내리리라'라고 하였답니다."

惟仲康肇位四海(유중강조위사해), 胤侯命掌六師(윤후명장륙사). 義和廢厥職(희화폐궐직), 酒荒于厥邑(주황우궐읍), 胤后承王命徂征(윤후승왕명조정).

告于衆曰(고우중왈): 嗟予有衆(차여유중), 聖有謨訓(성유모훈), 明徵定保(명징정보). 先王克謹天戒(선왕극근천계), 臣人克有常憲(신인극유상헌). 百官修輔(백관수보), 厥后惟明明(궐후유명명). 每歲孟春(매세맹춘), 遒人以木鐸徇于路(주인이목탁순우로), 官師相規(관사상규), 工執藝事以諫(공집예사이간), 其或不恭(기혹불공), 邦有常刑(방유상형).

1-2 소임에 태만한 자는 사형에 처하다
[하서夏書·윤정胤征/서경書經]

희씨와 화씨는 마땅히 지녀야 할 그들의 덕행을 내쳐버리고 술독에 빠져 나랏일을 어지럽게 하였답니다. 맡은 관직에서 벗어나 하늘의 운행법칙인 천기를 기이하게 요동치게 하였습니다. 그들이 맡은 임무를 멀리하고 저버렸기 때문인지 가을인 9월 초하루에 28수의 하나인 방이란 성좌에 해와 달이 모이지 않았답니다. 그리하여 장님의 악관은 북을 두들기고 하급관리들은 이리저리 뛰어다니었으며 백성들은 내달려 보았지만, 희씨와 화씨는 요지부동한 채 관직만을 차지하고서 듣거나 알려고도 하지 않았죠. 이들은 하늘의 현상을 제대로 파악하지 못하는 어리석음을 저질렀으니, 이는 선대의 왕들께 죽음을 면치 못할 큰 죄를 지은 거랍니다. 역대 선왕들의 법전인『정전(政典)』에 이르길 '제철에 앞서 일한 자는 죽여 용서치 말 것이며, 제때에 맞추지 못하고 뒤늦게 일한 자 역시 사면치 말아야 할 것이다'라고 기록하고 있답니다.

惟時義和顚覆厥德(유시희화전복궐덕), 沈亂于酒(침란우주). 畔官離次(반관리차), 俶擾天紀(숙요천기). 遐棄厥司(하기궐사), 乃季秋月朔(내계추월삭), 辰弗集于房(진불집우방). 瞽奏鼓(고주고), 嗇夫馳(색부치), 庶人走(서인주), 義和尸厥官罔聞知(희화시궐관망문지). 昏迷于天象(혼미우천상), 以干先王之誅(이간선왕지주). 政典曰(정전왈): 先時者殺無赦(선시자살무사), 不及時者殺無赦(불급시자살무사).

I-3 군사들에 대한 딩부

[하서夏書 · 윤정胤征/서경書經]

오늘 나는 그대들과 함께 나라의 명을 받들어 하늘이 내리는 천벌을 내리고자 한다. 그대들은 왕실의 보존을 위해 힘을 합하고, 또한 나를 보필하여 천자의 위엄스런 명을 드높이 받들도록 하라. 곤륜산 기슭이 불타오르면 옥과 돌을 가리지 않고 함께 태울 것이다. 나라의 관리들이 덕행을 잃게 되면 맹렬한 불길보다도 사납기 마련이지. 그들의 우두머리인 괴수들은 섬멸하겠지만 마지못해 그들을 따른 자들은 그 죄를 묻지는 않겠노라. 이제 예전에 물든 더러운 습속은 버리고 모두에게 새로운 삶의 터전을 마련해 주겠다. 오오! 나라의 위엄으로 사사로운 정을 극복하면 진실로 공을 이루게 될 것이나, 사사로운 애정으로 나라의 위엄을 누른다면 진실로 공을 세우지는 못할 것이다. 그대들 모든 군사들은 힘써 경계하기 바란다!

今予以爾有衆(금여이이유중), 奉將天罰(봉장천벌). 爾衆士同力王室(이중사동력왕실), 尙弼予欽承天子威命(상필여흠승천자위명). 火炎崑岡(화염곤강), 玉石俱焚(옥석구분). 天吏逸德(천리일덕), 烈于猛火(열우맹화). 殲厥渠魁(섬궐거괴), 脅從罔治(협종망치), 舊染汚俗(구염오속), 咸與維新(함여유신). 塢呼(오호)! 威克厥愛(위극궐애), 允濟(윤제). 愛克厥威(애극궐위), 允罔功(윤망공). 其爾衆士懋戒哉(기이중사무계재)!

한자어원풀이

暴惡無道(포악무도) 란 포학하고도 악독하여 도덕성도 없다는 뜻으로, 하나라의 최후의 왕인 걸왕이 대표적인 인물이죠.『사기(史記)』에는 "걸왕 때 하(夏)나라의 국세는 이미 쇠약하여 많은 제후(諸侯)가 떨어져 나갔다. 걸왕은 부도덕하였고, 현신(賢臣) 관용봉(關龍逢)과 이윤(伊尹)의 간언을 듣지 않았으며, 백성을 억압하였을 뿐만 아니라 도덕군자로 알려졌던 은나라의 탕왕(湯王)을 하대(夏臺)에서 체포하는 등 폭정을 자행하였다. 그가 탕왕의 토벌을 받고 도망가다가 죽자 하나라는 멸망하였다"고 기록하고 있답니다. 바로 이러한 사실에 기인하여 만들어진 성어죠.

사나울 暴(폭) 은 태양의 모양을 본뜬 해 일(日)과 공(共)에 쌀 미(米)의 변형자인 물 수(水)로 이루어졌습니다. 共(공)은 스물 입(卄)과 두 손으로 받들 공(廾)으로 구성되었는데, 두 개의 열 십(十)으로 짜여 20을 나타내는 卄(입)은 여기서는 그러한 뜻이 아니라 갑골문이나 금문에서처럼 어떤 물건의 모양을 나타내고 있답니다. 고대 사람들은 천원지방(天圓地方), 즉 '하늘은 둥글고 땅은 네모지다'고 믿어 하늘에 제사를 올릴 때는 하늘색을 닮은 비취색의 둥근 옥을 바치고, 땅에 제사를 지낼 때는 땅의 색깔인 네모난 황옥을 바쳐 풍년을 기원했습니다. 즉 옥이나 또 다른 제물(丰)을 두 손으로 받들어(廾) 바친다는 뜻이 담겨 있죠. 米(미)는 벼와 기장의 알맹이 모양을 본뜬 상형글자로 갑골문에도 보이는데, 가로획(一)을 중심으로 상하에 있는 세 점은 곡식의 낟알을 표시하고 있답니다. 이에 따라 暴(폭) 자의 의미는 쌀(米)을 두 손에 받들고(廾) 햇살(日)에 말린다는 데서 '햇볕에 쬐다', '말리다'는 뜻이었지만 후대로 오면서 '사납다', '난폭하다'는 뜻으로 확장되었답니다.

미워할 惡(악, 오)는 버금 아(亞)와 마음 심(心)으로 이루어졌습니다. 亞(아)에 대해 허신은 『설문(說文)』에서 "亞는 추하다는 뜻이다. 사람의 등이 구부러진 모양을 본떴다. 가시중(賈侍中)의 주장에 의하면 '다음으로 하다'는 뜻을 가진 것으로 여겼다"라고 하였답니다. 그러나 갑골문이나 금문의 자형 역시 현재 자형과 크게 다르지 않은 것으로 보아 '곱사등'의 모양을 본떴다고 한 허신의 주장은 소전만을 보고서 한 설명이랍니다. 고대의 분묘를 참조하였을 때 시신을 안치하기 위해 무덤을 파놓은 것을 위에서 내려다본 모양으로 보입니다. 죽음과 관련한 내용이기에 사람들이 싫어하였고, 또한 우선하지 않았기에 두 번째라고 하는 '버금'이라는 뜻이 부여되었죠. 여기에 사람의 마음이 담겨 있다는 뜻의 心(심)이 더해지면 '惡(악, 오)' 자가 되는데, 부정적인 의미가 담긴 '나쁘다', '싫어하다', '미워하다' 등의 뜻으로 쓰이게 되었습니다.

없을 無(무)는 자형상부의 모양과 불 화(灬)로 이루어져 있어 회의글자로 분류하고 있지만, 갑골문이나 금문을 보면 사람(大)이 양 손에 대나무 가지 등으로 만든 도구(丰)를 들고서 춤추는 무녀(巫女)의 모습을 그려낸 상형적 글자임을 알 수 있답니다. 자형하부의 '灬'는 불의 의미로 쓰인 게 아니라 사람의 발과 양손에 든 장신구를 나타내려 한 것이죠. 요즘도 그렇지만 신이 내려 춤을 추는 무녀의 모습은 자신의 의지와는 상관없이 몰아(沒我)의 경지에서 춤을 춘답니다. 그래서 일시적으로 자아가 없이 춤추는 무녀의 모습을 보고서 '없다'라는 뜻이 발생했죠. 無(무)가 본디 '춤추다'였으나 '없다' 혹은 '아니다'라는 뜻으로 쓰이자, 두 발 모양을 본뜬 어그러질 舛(천)을 더해 '춤출 舞(무)'를 별도로 제작하기도 하였답니다.

길 道(도)는 쉬엄쉬엄 갈 착(辶)과 머리 수(首)로 이루어졌습니다. 辶(착)의 본래자형은 辵(착)으로 가다(彳) 서다(止)를 반복하며 쉬엄쉬엄 가다는 뜻을 지닌답니다. 辵(착)은 자형 그대로 쓰이는 경우는 드물고 다른 글자와 합하여 새로운 글자로 불어날 때는 辶(착)으로 간략화되어 쓰이죠. 首(수)에 대해 허신은 『설문(說文)』에서 "首는 수(首에서 자형상부의 두 획이 없는 글자)의 옛글자이다. 자형상부의 '巛' 모양은 머리카락을 본뜬 것이다. 그 머리카락은 틀어 올린 머리를 말하며 곧 '巛'으로 표현하고 있다"고 하였답니다. 즉 '머리'는 몸의 맨 위에 있다는 점에서 '우두머리' 또는 '처음'이라는 뜻을 지니게 되었죠. 따라서 머리(首)를 앞세우고 재촉하지도 않고 천천히 발걸음(辶)을 앞으로 내딛는 게 바로 道(도)의 의미랍니다. 일반적으로 말하는 통행하는 길이라는 뜻보다는 모든 개체가 본능적으로 가야 할 운명적인 길이라는 의미가 담겨 있답니다. 그래서 각자가 가야 할 운명적인 길을 말할 때는 道(도)라고 하며, '道(도)를 닦는다'고 할 때는 자신의 영성(靈性)을 맑고 밝게 하여 영혼의 영역을 넓히는 것을 말하죠. 그 길은 오가는 게 아니라 계속 앞으로 나아가야 한다는 의미를 담고 있답니다.

상서
商書

탕서 _(湯誓)

무도한 폭군 걸왕을
내치려는 탕왕의 맹서

1-1 탕왕이 하나라를 정벌하는 이유

[상서商書 · 탕서湯誓/서경書經]

상나라의 탕왕이 하나라를 정벌하기에 앞서 장병들에게 말씀하셨습니다.

"내 그대들에게 이르노니 짐의 말에 귀 기울이기 바라노라. 이 보잘것없는 젊은이가 감히 난을 일으키자는 것이 아니다. 하나라의 걸왕이 죄업을 많이 졌기에 하늘이 명하여 그를 정벌하라는 것이다. 지금 그대들은 한 데 모여 '우리의 임금은 우리를 가엽게 여기지도 않고, 우리의 농사를 그르치게 하고선 하나라를 치라고 한다'고 수군거린다. 이에 짐은 '나도 그대들이 웅성거리며 하는 말들을 들었다'며, '하나라의 걸왕이 죄를 지었기 때문에 나는 하늘의 명이 두려워 감히 그를 정벌하지 않을 수가 없다'고 했다."

王曰(왕왈): 格爾衆庶(격이중서), 悉聽朕言(실청짐언). 非台小子(비태소자), 敢行稱亂(감행칭란). 有夏多罪(유하다죄), 天命殛之(천명극지). 今爾有衆(금이유중), 汝曰(여왈): 我后不恤我衆(아후불휼아중), 舍我穡事而割正夏(사아색사이할정하). 予惟聞汝衆言(여유문여중언), 夏氏有罪(하씨유죄), 予畏上帝(여외상제), 不敢不正(불감부정).

1-2 탕왕의 천명

[상서商書 · 탕서湯誓/서경書經]

"지금 그대들은 '하나라의 죄가 무엇입니까?'라고 묻고 싶을 것이다. 하나라의 걸왕은 모든 사람의 힘을 고갈시키고 나라 곳곳을 손상시켰다. 이에 따라 모든 사람들이 게을러지고 서로 협력하지도 못하면서 '어느 때 어느 날 언제나 망할까? 내 너와 함께 망했으면 한다'라고들 토로했지. 하나라의 덕이 이와 같았으니, 이제 짐이 기필코 정벌하러 가야겠다. 그대들은 이 한 사람을 보필하여 하늘이 내리는 천벌을 이루도록 하라. 내 그대들에게 큰 상을 내리리라. 그대들은 이 말을 불신하지 말라. 짐은 결코 빈말 같은 식언을 하지는 않는다. 그대들이 나의 맹약을 따르지 않는다면 나는 곧 그대들을 처자식과 함께 죽일 것이며, 그 어느 누구도 용서치 않으리라."

今汝其曰(금여기왈): 夏罪其如台(하죄기여태)? 夏王率遏衆力(하왕솔알중력), 率割夏邑(솔할하읍). 有衆率怠弗協(유중솔태불협), 曰(왈): 時日曷喪(시일갈상)? 予及汝皆亡(여급여개망). 夏德若茲(하덕약자), 今朕必往(금짐필왕). 爾尚輔予一人(이상보여일인), 致天之罰(치천지벌), 予其

大賚汝(여기대뢰여). 爾無不信(이무불신). 朕不食言(짐불식언). 爾不從誓言(이부종서언), 予則孥戮汝(여즉노륙여), 罔有攸赦(망유유사).

중훼지고(仲虺之誥)

탕왕이 걸왕을 내친 것에 대한
중훼의 주장

1-1 좌상인 중훼의 위로

[상서商書 · 중훼지고仲虺之誥/서경書經]

왕업을 이룩한 탕왕이 하나라의 걸왕을 남소로 내쫓아낸 자기의 덕을 부끄러이 여기며 말했습니다.

"내가 염려하는 것은 후세사람들에게 이야깃거리가 되지 않을까 걱정이랍니다."

그러자 좌상인 중훼가 위로의 말을 올렸습니다.

"오오! 하늘이 사람을 내실 때는 본능적인 욕망도 갖추게 하였으니, 다스릴 주군이 없으면 이내 나라가 혼란에 빠지기 때문에 하늘은 총명한 사람을 내시어 다스리게 하였답니다. 하나라에는 걸왕이 있었으나 덕행에 어두워 백성들은 진흙탕이나 숯불과도 같은 도탄에 빠져 곤궁함에 처했죠. 이에 하늘은 임금님에게 지혜와

용기를 내리셨으며, 온 세상의 사표가 되어 올바르게 국정을 행하도록 했으며, 그 옛날 우왕께서 행하신 바를 계승토록 한 것이랍니다. 이는 곧 우왕의 법도를 따라 천명을 받들어 시행하는 것이죠."

成湯放桀于南巢(성탕방걸우남소), 惟有慙德(유유참덕).

曰(왈): 予恐來世以台爲口實(여공래세이태위구실).

仲虺乃作誥(중훼내작고), 曰(왈): 塢呼(오호)! 惟天生民有欲(유천생민유욕), 無主乃亂(무주내란), 惟天生聰明時乂(유천생총명시예), 有夏昏德(유하혼덕), 民墜塗炭(민추도탄), 天乃錫王勇智(천내석왕용지), 表正萬邦(표정만방), 纘禹舊服(찬우구복). 茲率厥典(자솔궐전), 奉若天命(봉약천명).

1-2 걸왕의 폭정

[상서商書 · 중훼지고仲虺之誥/서경書經]

하나라의 걸왕은 많은 죄를 지었는데, 위로는 하늘을 기만하고 속여 아래의 백성들에게 천명이라며 전파했습니다. 하늘에 계신 천제는 이를 선하게 보지 않으시고 상나라에 명을 내려 백성들의 생활을 밝게 다스리도록 하였습니다. 그리고 걸왕의 신하들은 현자들을 소홀히 하고 세도가에 빌붙는 자들인데, 실로 그러한 자들이 너무나 많았습니다. 처음부터 우리 상나라는 하나라 걸왕을, 밭의 가라지를 뽑아내고 곡식 중에 쭉정이를 가려내듯이 눈엣가시처럼 여겼습니다. 이에 따라 우리 상나라의 낮고 높은 지위에 있는 사람들은 전전긍긍하며, 아무 죄가 없는데도 두려움에 떨어야 했죠. 하물며 우리 임금님의 덕행에 관해서는 충분히 경청하고 귀 기울여야 했는데, 바로 이런 점이 걸왕을 더욱 자극했던 거랍니다.

夏王有罪(하왕유죄), 矯誣上天(교무상천), 以布命于下(이포명우하). 帝用不臧(제용부장), 式商受命(식상수명), 用爽厥師(용상궐사). 簡賢附勢(간현부세), 寔繁有徒(식번유도). 肇我邦于有夏(조아방우유하), 若苗之有莠(약묘지유유), 若粟之有秕(약속지유비). 小大戰戰(소대전전), 罔不懼于非辜(망불구우비고). 矧予之德(신여지덕), 言足聽聞(언족청문).

1-3 탕왕에 대한 기다림

[상서商書·중훼지고仲虺之誥/서경書經]

더구나 왕께서는 음악과 여색을 가까이하지 않으시고 재물이나 이익을 증식하려고도 하지 않았습니다. 덕행이 앞선 자에게는 힘써 벼슬을 내리고 공을 세운 사람들에게는 적극적으로 상을 내리셨습니다. 사람을 등용하시길 자기 일처럼 하셨으며 과오를 고치시는 데 있어서도 인색하지 않으셨죠. 여기에 관후하시고 인자하시며 믿음을 널리 밝혀 백성을 따르게 하였습니다. 갈땅의 한 제후가 밭에 음식을 나르던 사람을 죽여 원수가 되었으니 가장 먼저 갈땅부터 정벌하게 되었습니다. 그러나 동쪽을 정벌하면 서쪽의 이족(夷族)이 원망하고, 남쪽을 정벌하면 북쪽 적족(狄族)이 원망들을 하며 '어찌하여 우리만 뒤로 미루시나이까?'라고들 하였답니다. 왕께서 가시는 곳의 백성들은 온 집안의 가족들이 서로 경사롭게 여기며 '우리는 임금님을 기다렸는데, 임금님이 오시면 우리 모두가 살아나기 때문이랍니다'라고들 말합니다. 백성들이 상나라를 받들어 옹호한 지는 오래되었습니다.

惟王不邇聲色(유왕불이성색), 不殖貨利(불식화리). 德懋懋官(덕무무관), 功懋懋賞(공무무상). 用人惟己(용인유기), 改過不吝(개과불린). 克寬克仁(극관극인), 彰信兆民(창신조민). 乃葛伯仇餉(내갈백구향), 初征自葛(초정자갈), 東征西夷怨(동정서이원), 南征北狄怨(남정북적원), 曰(왈): 奚獨後予(해독후여)? 攸徂之民(유조지민), 室家相慶(실가상경), 曰(왈): 徯予后(혜여후), 后來其蘇(후래기소). 民之戴商(민지대상), 厥惟舊哉(궐유구재).

1-4 중훼의 충언
[상서商書 · 중훼지고仲虺之誥/서경書經]

임금님께서는 현자는 도우시고 덕이 있는 사람은 보살펴주시고, 더불어 충성스러운 사람은 세상에 드러나게 해주시고 착한 사람들은 격려해 주시기 바랍니다. 힘이 약한 자들은 합병하시고 우매한 자들은 공격하시기 바랍니다. 어지러운 자들의 땅은 취하시고 망하게 될 자는 모욕을 주십시오. 이와 같이 도를 망치는 자는 추궁하시고 존속할 수 있는 자를 굳건하게 하시면 나라는 곧 크게 번창할 겁니다. 임금님께서 덕행을 날로 새롭게 하시면 세상의 모든 나라가 우러르며 따를 것이나, 뜻을 이루었다고 자만했다가는 한집안 사람들도 등을 돌리고 떠날 겁니다. 임금님께서는 더욱 힘써 큰 덕을 세상에 밝히시어 중용의 덕을 갖추시어 백성들이 따르게 하십시오. 올바른 의로움으로 이를 바로잡으시고, 예의로써 마음을 바로잡으십시오. 그리하여 후손들에게 넉넉하게 재물을 내리십시오. 제가 듣기론 '스스로 스승을 얻을 수 있는 자는 왕이요, 남을 자기보다 못하게 말하는 자는 망하고, 묻기를 좋아하면 풍족해지지만 자기 혼자서 답을 구하여 활용하면 옹졸해진다'고 하였습니다. 아아! 신중하게 끝맺으려면 처음부터 신중해야 한다고 했습니다. 예를 아는 사람은 북돋아주시고, 어리석고 난폭한 자는 쳐서 멸망시키십시오. 하늘의 도인 천도를 공경하고 숭상하면 하늘이 내리신 천명을 길이 보존할 수 있을 겁니다."

佑賢輔德(우현보덕), 顯忠遂良(현충수량), 兼弱攻昧(겸약공매), 取亂侮亡(취란모망). 推亡固存(추망고존), 邦乃其昌(방내기창). 德日新(덕일신), 萬邦惟懷(만방유회), 志自滿(지자만), 九族乃離(구족내리). 王懋昭大德(왕무소대덕), 建中于民(건중우민), 以義制事(이의제사), 以禮制心(이례제심), 垂裕後昆(수유후곤). 予聞曰(여문왈): 能自得師者王(능자득사자왕), 謂人莫已若者亡(위인막이약자망). 好問則裕(호문즉유), 自用則小(자용즉소). 嗚呼(오호)! 慎厥終(신궐종), 惟其始(유기시). 殖有禮(식유례), 覆昏暴(복혼폭). 欽崇天道(흠숭천도), 永保天命(영보천명).

탕고(湯誥)

탕왕이 폭군 걸왕을 내친 사유를 알림

1-1 하나라에 내린 천벌

[상서商書·탕고湯誥/서경書經]

상나라의 탕왕은 하나라의 폭군 걸왕을 정복하여 이기고 도읍지인 박땅으로 돌아와 천하의 모든 백성들에게 선포하며 말씀하였습니다.

"오! 이 세상의 모든 백성들은 들으시오. 이 한 사람의 말을 잘 경청하기 바라오. 하늘에 계신 상제께서는 백성들에게 참마음을 내리시어 항상 올바른 성품을 지닌 자를 따르게 하셨답니다. 이 올바른 품성을 지켜 어긋나지 않은 사람만이 오직 훌륭한 임금이 될 수 있다고 하였답니다. 그러나 하나라의 걸왕은 덕을 지니지 못하고서 자신의 우세만을 떨친 채 포악무도한 정치로 온 나라의 백성들을 학정에 떨게 하였죠. 그래서 온 나라의 백성들은 그와 같은 흉악무도한 박해를 당했으며, 참아내기 힘들 정도의 고통을 위로는 천신과 아래로는 지신에게 그들의 무고함을 알렸습니다. 하늘의 도리는 선한 사람에게는 복을 내리고 악한 자에게는 벌을 내리는 겁니다. 그래서 하나라에 재앙을 내려 그 죄상을 만천하에 밝힌 겁니다.

王歸自克夏(왕귀자극하), 至于亳(지우박), 誕告萬方(탄고만방).

王曰(왕왈): 嗟(차)! 爾萬方有衆(이만방유중), 明聽予一人誥(명청여일인고). 惟皇上帝(유황상제), 降衷于下民(강충우하민). 若有恒性(약유항성), 克綏厥猷惟后(극수궐유유후). 夏王滅德作威(하왕멸덕작위), 以敷虐于爾萬方百姓(이부학우이만방백성). 爾萬方百姓(이만방백성), 罹其凶害(이기흉해), 弗忍荼毒(불인도독), 並告無辜于上下神祇(병고무고우상하신기). 天道福善禍淫(천도복선화음), 降災于夏(강재우하), 以彰厥罪(이창궐죄).

1-2 탕왕의 소회

[상서商書 · 탕고湯誥/서경書經]

그러므로 나와 같이 미천한 사람이 하늘의 명을 받들고 그 위엄을 밝혀 감히 걸왕의 죄악을 용서할 수 없었다오. 그래서 감히 검은 황소를 제물로 바치고 삼가 하늘에 계신 상제에게 분명하게 밝혀 고하며, 하나라의 걸왕에게 벌을 내리시라고 청원하였답니다. 그래서 마침내는 대성인 이윤에게 부탁하여 힘을 합쳐 걸왕을 무찌르기로 하고, 그대들과 함께 하고자 하늘의 명을 청원한 것이랍니다. 상제께서는 진정 아래의 백성들을 보우하사 죄인인 걸왕을 물리쳐 굴복시켰다오. 하늘의 명은 우리의 기대에 어긋나지 않아 싱싱한 초목과도 같이 만백성이 진실로 번창할 수 있었다오. 나 한 사람으로 하여금 죄를 짓게 하고, 대신 그대들의 나라와 가정은 화목하고 평안토록 하였다오. 이에 짐은 위로는 하늘과 아래로는 백성들에게 죄를 짓지는 않았는가 하고, 떨면서 두려워하기를 마치 깊은 연못에 다가섰을 때와 같이 했답니다.

肆台小子(사태소자), 將天命明威(장천명명위), 不敢赦(불감사). 敢用玄牡(감용현모), 敢昭告于上天神后(감소고우상천신후), 請罪有夏(청죄유하). 聿求元聖(율구원성), 與之戮力(여지륙력), 以與爾有衆請命(이여이유중청명). 上天孚佑下民(상천부우하민), 罪人黜伏(죄인출복), 天命弗僭(천명불참), 賁若草木(분약초목), 兆民允殖(조민윤식). 俾予一人輯寧爾邦家(비여일인집녕이방가), 茲朕未知獲戾于上下(자짐미지획려우상하), 慄慄危懼(율률위구), 若將隕于深淵(약장운우심연).

1-3 탕왕의 헌신

[상서尚書 · 탕고湯誥/서경書經]

무릇 짐이 새롭게 세운 우리나라에서는 옳지 못한 법에는 따르지 않게 할 것이며, 방자하고 도리에 어긋난 짓은 하지 못하게 할 것이오. 그대들은 각기 나라의 법을 준수하여 하늘의 훌륭한 명을 계승해야 합니다. 그대들이 착한 일을 행하였을 때 짐은 그것을 은폐하여 모르는 척하지 않을 것이오. 죄가 의당 짐에게 미치게 된다면 감히 내 스스로를 용서치 않을 것이오. 우리는 오로지 상제의 마음을 살펴 행동해야 합니다. 온 세상의 백성들에게 죄가 있는 건 그 책임이 내 한 몸에게 있는 것이지만 나에게 죄가 있을 때에는 그대들과는 아무런 관계가 없는 것이오. 아아! 그대들이 더욱 정성을 쏟을 때만이 유종의 미를 거둘 것이오."

凡我造邦(범아조방), 無從匪彝(무종비이), 無即慆淫(무즉도음), 各守爾典(각수이전), 以承天休(이승천휴). 爾有善(이유선), 朕弗敢蔽(짐불감폐). 罪當朕躬(죄당짐궁), 弗敢自赦(불감자사). 惟簡在上帝之心(유간재상제지심). 其爾萬方有罪(기이만방유죄), 在予一人(재여일인), 予一人有罪(여일인유죄), 無以爾萬方(무이이만방). 塢呼(오호)! 尙克時忱(상극시침), 乃亦有終(내역유종).

이훈 (伊訓)

재상 이윤이 왕위에 오른
태갑에게 훈계한 글

1-1 상나라의 하나라 정복준비

[상서商書 · 이훈伊訓/서경書經]

태갑 원년 12월 을축일에 상나라의 재상 이윤은 선왕인 탕왕에 대한 제사를 지낼 때 뒤를 이어 새로이 왕으로 등극한 태갑에게 공손한 마음으로 조상님을 뵙도록 알려주었습니다. 후복과 전복 등의 여러 제후들이 모두 그 자리에 참석했으며, 나라의 문무백관들도 심신을 바로잡고서 대재상의 말을 경청하며 일을 처리하였습니다. 이윤은 새로운 왕인 태갑에게 열성조이신 탕왕이 이루신 덕행을 밝혀 말함으로써 새로운 왕에게 훈계를 하였죠.

"아아! 옛날 하나라의 선조이자 첫 임금이셨던 우임금께서는 힘써 덕행을 펼치시어 하늘로부터의 재앙이 있지 않았답니다. 산천의 귀신들도 평안하지 아니함이 없었으며, 새와 짐승들은 물론 물고기 및 자라에 이르기까지 모두가 그와 같이 평화로웠답니다. 그러나 그의 자손들에 이르러선 우왕의 덕치를 따르지 아니하니, 이에 하늘은 재앙을 내렸습니다. 더구나 우리 상나라의 손을 빌려 하늘의 명을 행하게 하였으니, 명조라는 곳으로부터 공격의 태세를 갖춘 짐의 상나라는 박땅에서 그 준비를 마쳤답니다."

惟元祀十有二月乙丑(유원사십유이월을축), 伊尹祠于先王(이윤사우선왕), 奉嗣王祇見厥祖(봉사왕지견궐조). 侯甸群后咸在(후전군후함재), 百官總已以聽冢宰(백관총이이청총재). 伊尹乃明言烈祖之成德(이윤내명언렬조지성덕), 以訓于王(이훈우왕).

曰(왈): 塢呼(오호)! 古有夏先后(고유하선후), 方懋厥德(방무궐덕), 罔有天災(망유천재). 山川鬼神(산천귀신), 亦莫不寧(역막불녕), 暨鳥獸魚鱉咸若(기조수어별함약). 于其子孫弗率(우기자손불솔), 皇天降災(황천강재). 假手于我有命(가수우아유명), 造攻自鳴條(조공자명조), 朕哉自亳(짐재자박).

1-2 탕왕의 정치적 신념
[상서商書 · 이훈伊訓/서경書經]

우리 상나라의 탕임금께서는 성스러운 무공을 펼치고 밝히시어 관용으로써 걸왕의 학정을 대신하여 천하를 다스리시니 온 세상의 백성들이 진실로 우러러보았습니다. 오늘 임금님께서 새로이 등극하시어 조부님의 덕치를 이어받았답니다. 모든 일은 시작에 달려 있습니다. 백성을 사랑하는 정신에 입각하여 친족을 먼저 가까이하시고, 어른을 공경하는 예를 세우시어 집안과 나라로부터 시작하여 온 세상에 미치도록 하십시오. 아아! 선대의 탕왕이신 조부께서는 처음부터 사람들이 지켜야 할 기강을 백성들이 닦도록 하셨으며, 신하들의 충성스런 간언을 받아들여 정사에 반영하셨답니다. 이에 선왕조인 하나라 백성들까지도 조부님의 정책을 받아들였죠. 위에 있는 백성들을 밝은 정치로 다스리자 아래에 있는 백성들도 나라에 충성을 다하게 되었답니다. 더불어 사람들에게 모든 걸 갖추어야 한다는 욕심을 부리시지 않았고, 자기 자신을 엄격하게 단속하시면서 마치 부족한 듯 처신하셨죠. 이러한 정치철학으로써 그 정신이 온 세상에 다다르게 하셨으니, 이 얼마나 어려웠겠습니까!

惟我商王(유아상왕), 布昭聖武(포소성무), 代虐以寬(대학이관), 兆民允懷(조민윤회). 今王嗣厥德(금왕사궐덕), 罔不在初(망부재초), 立愛惟親(입애유친), 立敬惟長(입경유장), 始于家邦(시우가방), 終于四海(종우사해). 嗚呼(오호)! 先王肇修人紀(선왕조수인기), 從諫弗咈(종간불불), 先民時若(선민시약). 居上克明(거상극명), 爲下克忠(위하극충), 與人不求備(여인불구비), 檢身若不及(검신약불급). 以至于有萬邦(이지우유만방), 茲惟艱哉(자유간재)!

1-3 종묘사직의 미래

[상서商書 · 이훈伊訓/서경書經]

할아버지이신 탕임금께서는 널리 학식이 높고 사리에 밝은 철인들을 불러들여 그들에게 후손들을 보필케 하셨답니다. 관에서 내리는 형벌을 제정하시고, 형을 집행하는 관원들에게 경계의 말씀도 덧붙였죠.

탕왕께서 말씀하셨답니다.

"감히 궁 안에서 수시로 춤을 추거나 집안에서 술을 마시며 흥에 겨워 노래를 부르는 짓은 시쳇말로 무당들의 풍속이라 한다. 또 감히 재물과 여색만을 추구하고 늘 유람하며 사냥만을 즐기는 것을 시쳇말로 음란하고 더러운 풍속인 음풍이라 하지. 또 감히 성인의 말씀을 업신여기며 충성과 강직함을 거슬러 지혜로운 노인들의 말을 멀리하고 심술궂은 어린아이와 같은 자들을 시쳇말로 난잡한 풍속인 난풍이라 한다. 이와 같은 세 가지 풍속과 열 가지 허물 가운데 경대부들이 일신상에 한 가지라도 빠져든다면 그 집안은 반드시 멸문지화를 당할 것이야. 더구나 한 나라의 임금인 자가 일신상에 한 가지라도 빠져든다면 나라는 반드시 멸망할 거야. 한 나라의 신하로서 이러한 허물을 바로잡아주지 않는다면 묵형에 처해야 할 것이며, 아직 벼슬길에 나서지 못한 선비들도 갖추어야 할 교훈이지."

아아! 새로이 등극하신 왕께서는 몸소 선조의 말씀을 공경하시면서 늘 유념하셔야 합니다. 거룩하신 조부님의 교훈은 바다와 같이 넓고 크시니, 이와 같은 말씀을 크게 밝혀 행하셔야 합니다. 하늘에 계신 상제께서는 한결같지 않으셔서 착한 덕을 지으시면 온갖 상서로운 복을 내리시지만, 선행을 베풀지 않으시면 온갖 재앙을 내린답니다. 새 임금께서는 덕행을 지으시되 작다고 물리치지 않으신다면 온 세상 사람들이 경하드릴 겁니다. 그러나 임금님께서 행하신 부덕함이 비록 크지 않을지라도 결국엔 종묘사직을 무너뜨리게 할 겁니다."

敷求哲人(부구철인), 俾輔于爾後嗣(비보우이후사), 制官刑(제관형), 儆于有位(경우유위).

曰(왈): 敢有恒舞于宮(감유항무우궁), 酣歌于室(감가우실), 時謂巫風(시위무풍), 敢有殉于貨色(감유순우화색), 恒于游畋(항우유전), 時謂淫風(시위음풍). 敢有侮聖言(감유모성언), 逆忠直(역충직), 遠耆德(원기덕), 比頑童(비완동), 時謂亂風(시위란풍). 惟茲三風十愆(유자삼풍십건), 卿士有一于身(경사유일우신), 家必喪(가필상). 邦君有一于身(방군유일우신), 國必亡(국필망). 臣下不匡(신하불광), 其刑墨(기형묵), 具訓于蒙士(구훈우몽사). 嗚呼(오호)! 嗣王祗厥身(사왕지궐신), 念哉(념재)! 聖謨洋洋(성모양양), 嘉言孔彰(가언공창). 惟上帝不常(유상제불상), 作善降之百祥(작선강지백상), 作不善降之百殃(작불선강지백앙). 爾惟德罔小(이유덕망소), 萬邦惟慶(만방유경). 爾惟不德罔大(이유부덕망대), 墜厥宗(추궐종).

태갑상(太甲上)

재상 이윤이 탕왕의 손자인
태갑에게 훈계한 글

1-1 재상 이윤의 충언

[상서商書 · 태갑상太甲上/서경書經]

왕위를 이어 등극한 태갑이 재상인 이윤의 충언을 받아들이지 않자, 이윤은 글을 지어 올렸습니다.

"선왕이신 탕임금께서는 하늘의 밝은 명을 살피시고 위로는 천신과 아래로 지신을 받들었답니다. 토신과 곡신인 사직 및 종묘에 나라의 번영을 빌며 지극히 공경하였습니다. 하늘은 이와 같은 탕임금의 덕행을 굽어보시고 크나큰 명을 내려 왕업을 이루게 하고 온 세상을 어루만져 평안하게 하였습니다. 이윤은 몸소 탕왕을 보좌하여 백성들을 안정시켰습니다. 이에 따라 대통을 이어받은 임금께서 이룩된 유업을 계승하게 된 겁니다. 이윤은 몸소 서쪽에 도읍하였던 하나라를 가본 적이 있는데, 군주는 군주로서의 일을 다

하고 재상도 재상으로서의 업무를 모두 잘하고 있었습니다. 그러
나 후대에 이르러 새로운 임금이 왕위에 올라 임금으로서의 임무
를 다하지 못하자, 그의 신하들도 그 임무를 다하지 못했습니다.
자! 이제 새로이 등극하신 임금께서는 이를 경계하고 교훈 삼아 스
스로 나라의 법도를 공경하십시오. 만약 임금께서 법도를 받들지
않으시면 조상을 욕되게 하고 말 겁니다."

惟嗣王不惠于阿衡(유사왕불혜우아형).

伊尹作書曰(이윤작서왈): 先王顧諟天之明命(선왕고체천지명명: '諟'는
살필 체), 以承上下神祇(이승상하신기). 社稷宗廟(사직종묘), 罔不祗肅
(망부지숙). 天監厥德(천감궐덕), 用集大命(용집대명), 撫綏萬方(무수만
방). 惟尹躬克左右厥辟(유윤궁극좌우궐벽), 宅師(댁사), 肆嗣王丕承基
緖(사사왕비승기서). 惟尹躬先見于西邑夏(유윤궁선견우서읍하), 自周有
終(자주유종). 相亦惟終(상역유종). 其後嗣王罔克有終(기후사왕망극유
종), 相亦罔終(상역망종), 嗣王戒哉(사왕계재)! 祗爾厥辟(지이궐벽), 辟
不辟(벽불벽), 忝厥祖(첨궐조).

1-2 이윤의 거듭된 충고

[상서商書 · 태갑상太甲上/서경書經]

왕권을 이어받은 태갑은 어리석어 이윤의 간언을 들을 생각조차
하지 않았습니다. 그러자 이윤은 다시금 말씀을 아뢰었답니다.

"고인이 되신 탕왕께서는 크게 덕을 밝히시어 이른 새벽부터 크
게 덕을 밝히고자 앉아서 아침을 기다리셨으며, 널리 뛰어난 인재
를 구하시어 후손들에게 나아갈 길을 열어주셨습니다. 조부님의

유훈을 받들어 어긋나는 행동으로 나라를 망하게 하는 일을 자초하지 않길 바랍니다. 왕께서는 신중하게 검소한 덕을 행하여 나라를 길이 보존토록 가슴 깊이 품어야 합니다. 마치 사냥터에서 우인이 시위를 당겨놓고 과녁에 가서 화살이 잘 맞았는지 살펴보고서 쏘듯이 하셔야 하며, 지켜야 할 일을 공손히 받들고 조부께서 행하신 바를 실천토록 하십시오. 그렇게 하신다면 저 역시 크게 기뻐할 것이며, 임금님께서도 만대에 걸쳐 찬사를 받게 될 겁니다."

王惟庸罔念聞(왕유용망념문).

伊尹乃言曰(이윤내언왈): 先王昧爽丕顯(선왕매상비현), 坐以待旦(좌이대단). 旁求俊彦(방구준언), 啟迪後人(계적후인), 無越厥命以自覆(무월궐명이자복). 愼乃儉德(신내검덕), 惟懷永圖(유회영도). 若虞機張(약우기장), 往省括于度則釋(왕성괄우도즉석). 欽厥止(흠궐지), 率乃祖攸行(솔내조유행). 惟朕以懌(유짐이역), 萬世有辭(만세유사).

1-3 태갑의 참회
[상서商書 · 태갑상太甲上/서경書經]

왕인 태갑이 여전히 태도를 고치려 하지 않자 이윤은 체념한 듯 중신들에게 푸념하듯 말했습니다.

"요즘도 임금께서 의롭지 못한 행동을 하는 건 평소의 습관이 성정이 되어버린 것 같소이다. 나는 이로움을 따르지 않는 임금은 받들어 모실 수가 없소. 동땅에 새로이 궁궐을 짓고 탕왕의 무덤을 조석으로 찾아뵙고 선왕의 유훈을 되새기게 하여 세상에 미혹되지 않게 합시다."

왕위를 계승한 태갑을 동땅의 궁으로 가게 하여 3년간 상복을 입고서 삼년상을 치르게 하니, 마침내 자신의 잘못을 뉘우치고 참된 덕을 갖추게 되었답니다.

王未克變(왕미극변).

伊尹曰(이윤왈): 玆乃不義(자내불의), 習與性成(습여성성). 予弗狎于弗順(여불압우불순), 營于桐宮(영우동궁), 密邇先王其訓(밀이선왕기훈), 無俾世迷(무비세미). 王徂桐宮居憂(왕조동궁거우), 克終允德(극종윤덕).

태갑중(太甲中)

1-1 태갑의 다짐

[상서商書 · 태갑중太甲中/서경書經]

태갑 3년 12월 초하룻날 이윤은 관복을 입고서 태갑을 모시고 박땅으로 돌아왔습니다. 그러고는 글을 지어 왕인 태갑에게 올렸습니다.

"백성들은 위로 왕이 계시지 않으면 서로를 바로잡으며 살아갈 수가 없고, 왕도 아래로 백성들이 없으면 온 세상을 다스릴 수가 없는 법입니다. 넓고 큰 하늘이신 황천이 돌보시고 보우하사 우리 상나라를 있게 하셨으며, 이제 선대를 이어 임금으로서 마침내 어른의 덕을 갖추게 하셨으니, 이는 실로 만대에 걸쳐 기뻐할 경사로운 일입니다."

새로운 왕인 태갑은 이윤의 글을 읽고서 손을 올려 예를 갖추며

절을 하였습니다.

"이 보잘것없는 제가 덕을 닦지 못하여 스스로 어리석은 행동을 많이 저질렀습니다. 욕망에 사로잡혀 법도를 그르치고 방종하여 예의를 망침으로써 제 몸에 죄를 불러들였습니다. 하늘이 내리신 재앙은 피할 수 있어도 내 스스로 지은 죄업은 피할 수 없다고 합니다. 지난 시절 스승이자 보호자이신 그대의 교훈을 듣지 않아 처음부터 나라를 잘 다스리지도 못하고 덕을 갖추지도 못하였습니다. 앞으로도 더욱 바로잡아주시는 덕에 의지하여 끝까지 잘 도모해 보고자 합니다."

惟三祀十有二月朔(유삼사십유이월삭), 伊尹以冕服奉嗣王歸于亳(이윤이면복봉사왕귀우박).

作書曰(작서왈): 民非后(민비후), 罔克胥匡以生(망극서광이생), 后非民(후비민), 罔以辟四方(망이벽사방). 皇天眷佑有商(황천권우유상), 俾嗣王克終厥德(비사왕극종궐덕), 實萬世無疆之休(실만세무강지휴).

王拜手稽首曰(왕배수계수왈): 予小子不明于德(여소자불명우덕), 自底不類(지지불류). 欲敗度(욕패도), 縱敗禮(종패례), 以速戾于厥躬(이속려우궐궁). 天作孽(천작얼), 猶可違(유가위). 自作孽(자작얼), 不可逭(불가환). 旣往背師保之訓(기왕배사보지훈), 弗克于厥初(불극우궐초), 尙賴匡救之德(상뢰광구지덕), 圖惟厥終(도유궐종).

1-2 재상 이윤의 충언

[상서商書 · 태갑중太甲中/서경書經]

이윤은 큰절을 하며 말하였습니다.

"몸소 덕을 닦아 참된 덕으로써 아래 백성을 사랑하여 화합할 수 있다면 밝은 임금이 될 수 있답니다. 선대의 탕왕께서는 곤궁에 처한 백성들에게 자식처럼 은혜로움을 베풀었으니, 백성들은 그분의 명을 받들었으며 기뻐하지 않는 백성이 없었죠. 그리고 그분과 함께 인근 나라의 백성들도 모두가 '우리는 임금께서 오시는 것을 기다렸는데, 우리 임금께서 오시면 벌을 받지 않아도 된답니다'라고 말하였답니다. 임금님께서는 힘써 덕행을 베푸시고 조부님을 본받으시어, 한시라도 편안함에 빠져 태만하지 않으셔야 됩니다. 선조를 섬김에 있어서도 먼저 효도를 생각하시고 신하들을 대함에 있어서는 공손함을 유념하셔야 합니다. 멀리 보시되 분명히 하시고 덕이 깃든 말을 경청하시는 총명함을 지니셔야 합니다. 소신 이윤은 임금님의 훌륭함을 받드는 데 있어 조금이라도 싫증 내지 않을 겁니다."

伊尹拜手稽首曰(이윤배수계수왈): 修厥身(수궐신), 允德協于下(윤덕협우하), 惟明后(유명후). 先王子惠困窮(선왕자혜곤궁), 民服厥命(민복궐명), 罔有不悅(망유불열). 並其有邦厥鄰(병기유방궐린). 乃曰(내왈): 徯我后(혜아후), 后來無罰(후래무벌). 王懋乃德(왕무내덕), 視乃厥祖(시내궐조), 無時豫怠(무시예태). 奉先思孝(봉선사효), 接下思恭(접하사공). 視遠惟明(시원유명), 聽德惟聰(청덕유총). 朕承王之休無斁(짐승왕지휴무두).

태갑하(太甲下)

1-1 이어지는 이윤의 충언

[상서商書 · 태갑하太甲下/서경書經]

이윤은 왕위를 계승한 태갑이 보다 훌륭한 임금이 될 수 있도록 거듭해서 타일렀습니다.

"오호! 하늘은 누구나 친할 순 없지만 공경할 수 있는 사람과는 가까이한답니다. 백성은 어떤 특정한 자를 우러러보는 게 아니라 인의를 가슴에 품고서 베풀 수 있는 사람을 따른답니다. 귀신은 일정한 사람에게 대접을 받고 복을 내리는 게 아니라 정성을 다해 모시는 사람에게 복을 준답니다. 그러니 천자의 자리는 어려운 직위랍니다. 덕행을 베풀면 천하는 잘 다스려지고, 덕행이 아니라면 나라가 어지러워진답니다. 덕행을 다스린 사람과 더불어 한마음으로 도를 실행하면 나라가 부흥되지 않을 수 없으나, 심신이 어지러운 자와 함께 일을 도모하면 나라가 망하지 않은 적이 없었답니다. 이러한 사례와 같이 임금께서 처음부터 끝까지 일을 함께할 사람을 선택하는 데 신중을 기한다면 밝고도 밝은 임금님이 될 겁니다. 돌아가신 선왕이신 탕임금께서는 언제나 이점을 염두에 두시고 자신의 덕을 닦는 데 신중하면서 힘쓰셨기 때문에 상제와도 어울릴 수 있었답니다. 이제 임금님께서는 조부님의 훌륭한 유업을 이어받으셨으니 더욱더 자신을 잘 살피셔야 한답니다."

伊尹申誥于王曰(이윤신고우왕왈): 塢呼(오호)! 惟天無親(유천무친), 克敬惟親(극경유친). 民罔常懷(민망상회), 懷于有仁(회우유인). 鬼神無常享(귀신무상향), 享于克誠(향우극성). 天位艱哉(천위간재). 德惟治(덕유치), 否德亂(부덕란). 與治同道(여치동도), 罔不興(망불흥), 與亂同事(여란동사), 罔不亡(망불망). 終始愼厥與(종시신궐여), 惟明明后(유명명후). 先王惟時懋敬厥德(선왕유시무경궐덕), 克配上帝(극배상제). 今王嗣有令緖(금왕사유령서), 尙監玆哉(상감자재).

1-2 임금과 신하의 마음가짐

[상서商書 · 태갑하太甲下/서경書經]

계속해서 재상이 충언을 이어갔습니다.

"높은 곳을 오르고자 한다면 반드시 아래로부터 시작해야 하고, 먼 곳에 가고자 한다면 반드시 가까운 곳에서 출발하듯이 하십시오. 백성의 생업을 가벼이 여기지 마시고 어렵게 생각하셔야 합니다. 임금의 자리를 편안한 곳으로 생각하지 마시고 위태롭고 불안한 자리로 여기셔야 합니다. 그러니 처음부터 끝까지 신중하셔야 합니다. 그리고 어떤 말이 있어 당신의 마음에 못마땅하면 반드시 그것이 도리에 맞는지 자문을 구하시고, 또 어떤 말이 당신의 의지에 맞는다 해도 반드시 그것이 도리에 어긋나지 않는가를 생각해 보셔야 합니다. 아아! 잘 생각해 보지도 않고 행한다면 무엇을 얻을 수 있겠습니까? 행동하지도 않고 무엇을 이룰 수 있겠습니까? 임금 한 사람이 크게 어질고 밝으면 온 세상의 법도가 바르게 다스려질 겁니다. 임금의 자리는 듣기에만 좋은 말에 미혹되어 옛 성군들의 훌륭한 선정을 어지럽히지 않아야 되며, 신하된 자는 임금의 총애와 이익에 끌려 자기가 이룬 공적에 안거하지 않는다면 임금님의 나라는 그 영광을 길이 보존할 겁니다."

若升高(약승고), 必自下(필자하), 若陟遐(약척하), 必自邇(필자이). 無輕民事(무경민사), 惟難(유난), 無安厥位(무안궐위), 惟危(유위). 慎終于始(신종우시). 有言逆于汝心(유언역우여심), 必求諸道(필구저도), 有言遜于汝志(유언손우여지), 必求諸非道(필구저비도). 塢呼(오호)! 弗慮胡獲(불려호획)? 弗爲胡成(불위호성)? 一人元良(일인원량), 萬邦以貞(만방이정). 君罔以辭言亂舊政(군망이변언란구정), 臣罔以寵利居成功(신망이총리거성공), 邦其永孚于休(방기영부우휴).

함유일덕(咸有一德)

이윤의 교훈으로 신하들이
왕에게 보필한 태도

1-1 하늘의 명령

[상서商書 · 함유일덕咸有一德/서경書經]

이윤은 태갑을 복위시키고 다시 정권을 맡겼습니다. 그리고 은
퇴하여 낙향하기에 앞서 태갑을 찾아뵙고 덕행에 관하여 훈계의
말을 아뢰었습니다.

"아아! 하늘은 미덥기가 어려우며 그 명령 또한 일정치 않답니
다. 항상 그 덕을 닦아야만 임금이란 보위를 보전할 수 있답니다.
그러니 덕을 늘 닦지 않는다면 천하의 아홉 주도 잃게 될 겁니다.
하나라의 걸왕은 일정한 덕을 닦지 못하고 천신을 소홀히 모시고
백성을 학대하였죠. 그랬기에 큰 하늘인 황천은 그를 지켜주지 않
았고, 온 세상을 두루 살피시어 천명을 받을 사람에게 길을 열어주
셨으며, 순일한 덕을 지닌 사람을 찾아내어 신을 받드는 임금이 되

게 하였습니다. 소신 이윤은 몸소 탕왕을 모시고 순일한 덕을 갖추고서야 천심을 받들 수 있었으며, 그러고서야 하늘의 밝은 명을 받들어 9주의 백성을 다스릴 수 있었고, 이에 결국은 하나라의 역법을 바르게 개혁하였던 겁니다."

伊尹旣復政厥辟(이윤기복정궐벽), 將告歸(장고귀), 乃陳戒于德(내진계우덕).

曰(왈): 嗚呼(오호)! 天難諶(천난심), 命靡常(명미상). 常厥德(상궐덕), 保厥位(보궐위). 厥德匪常(궐덕비상), 九有以亡(구유이망). 夏王弗克庸德(하왕불극용덕), 慢神虐民(만신학민). 皇天弗保(황천불보), 監于萬方(감우만방), 啓迪有命(계적유명), 眷求一德(권구일덕), 俾作神主(비작신주). 惟尹躬曁湯(유윤궁기탕), 咸有一德(함유일덕), 克享天心(극향천심), 受天明命(수천명명), 以有九有之師(이유구유지사), 爰革夏正(원혁하정).

1-2 계속된 이윤의 충언

[상서商書·함유일덕咸有一德/서경書經]

재상 이윤의 충언이 계속 이어집니다.

"하늘이 사사로운 정에 이끌려 우리 상나라에 명을 내리신 게 아니라 오로지 순일한 덕을 보고서 도움을 주신 겁니다. 백성들에게 상나라를 따르라고 간청한 게 아니라 백성들이 순일한 덕에 감화되어 돌아온 거랍니다. 덕이 한결같아 순일하면 움직여 길하지 않는 법이 없고, 덕이 두세 곳으로 흩어져 순일하지 못하면 움직여 흉하지 않는 법이 없답니다. 길흉이란 사람에 의하여 좌우되는 게 아니라 그 덕행에 따라 재앙을 내리기도 하고 복을 내리기도 하는 거랍니다. 이제 임금님께서는 새롭게 하늘이 내리신 명을 받게 되셨으니 오직 덕행을 새롭게 하셔야 한답니다. 처음부터 끝까지 순일한 덕을 닦으신다면 곧 모든 일이 날로 새로워질 겁니다. 관직에는 오직 어질고 재주 있는 사람을 등용하시고, 임금님의 좌우 곁에도 그러한 사람을 두십시오. 신하된 자는 윗사람을 위하여 덕을 행하고 아래로는 백성을 위해 일해야 합니다. 이 일은 어렵고도 조심스러운 것이니 서로가 화합하고 오직 한결같아야 합니다."

非天私我有商(비천사아유상), 惟天祐于一德(유천우우일덕). 非商求于下民(비상구우하민), 惟民歸于一德(유민귀우일덕). 德惟一(덕유일), 動罔不吉(동망불길), 德二三(덕이삼), 動罔不凶(동망불흉). 惟吉凶不僭在人(유길흉불참재인), 惟天降災祥在德(유천강재상재덕). 今嗣王新服厥命(금사왕신복궐명), 惟新厥德(유신궐덕). 終始惟一(종시유일), 時乃日新(시내일신). 任官惟賢材(임관유현재), 左右惟其人(좌우유기인). 臣爲上爲德(신위상위덕), 爲下爲民(위하위민). 其難其愼(기난기신), 惟和惟一(유화유일).

1-3 거듭된 재상의 충언

[상서商書 · 함유일덕咸有一德/서경書經]

재상 이윤의 충언이 계속 이어집니다.

"덕행에는 늘 고정된 스승은 없으며 선행을 주된 것으로 삼는 사람을 스승으로 모셔야 합니다. 선행에도 일정한 기준은 없으나 순일함에 화합해야 합니다. 만백성으로 하여금 모두가 '위대하구나! 왕의 말씀이여!' 또는 '순일하시구나! 왕의 마음이여!'라고 말하게 하십시오. 그렇게 하시면 선왕의 복록을 편안하게 유지하고 뭇 백성들의 삶을 오래도록 보전할 수 있을 겁니다. 아아! 7대에 걸친 종묘를 통해서는 왕의 덕행을 관찰할 수 있으며, 온 백성의 수장이신 임금님의 정사능력을 지켜볼 수 있답니다. 임금은 백성이 아니면 부릴 자가 없고, 백성은 임금이 아니면 섬길 데가 없습니다. 이에 따라 임금 자신은 위대하고 백성의 능력은 보잘것없다고 생각하지 마십시오. 평범하고 평범한 남자와 여자일지라도 그들의 능력을 다 발휘하지 못하게 해서는 안 됩니다. 만일 그리되면 백성의 주인인 임금으로서의 공덕을 이루었다고 할 수 없답니다."

德無常師(덕무상사), 主善爲師(주선위사). 善無常主(선무상주), 協于克一(협우극일). 俾萬姓咸曰(비만성함왈): 大哉王言(대재왕언). 又曰(우왈): 一哉王心(일재왕심). 克綏先王之祿(극수선왕지록), 永底烝民之生(영지증민지생). 嗚呼(오호)! 七世之廟(칠세지묘), 可以觀德(가이관덕). 萬夫之長(만부지장), 可以觀政(가이관정). 后非民罔使(후비민망사), 民非后罔事(민비후망사). 無自廣以狹人(무자광이협인). 匹夫匹婦(필부필부), 不獲自盡(불획자진). 民主罔與成厥功(민주망여성궐공).

반경상(盤庚上)

상나라를 중흥시킨
반경의 교훈

1-1 상나라의 부흥을 위한 역설

[상서商書 · 반경상盤庚上/서경書經]

은나라 제17대 왕인 반경(盤庚)이 은땅으로 도읍지를 옮겼는데, 백성들은 그곳에 사는 것을 달가워하지 않았답니다. 이에 반경은 측근의 신하들에게 호소하여 백성들을 설득하게 하였죠. 신하들이 백성들에게 호소했습니다.

"우리 왕께서 오셔서 이곳으로 천도하신 것은 우리 백성을 소중하게 여겨 단 한 사람이라도 죽는 일이 없게 하려 했던 거랍니다. 사람들이 서로 협조하며 살아가기 힘들 때 거북점을 쳐 천도의 여부를 물었는데, 천도하는 게 낫다고 했답니다. 선왕들은 신중하게 일을 행하며 천명을 받들었죠. 이와 같이 했어도 늘 편안치 못하여 한 도읍지에 오래 살지 못하고 지금까지 다섯 번이나 천도를 하였답니다. 오늘날 천도를 해야 할 때 옛 법도를 따르지 않는 것은 하늘이 그대들의 명줄을 끊어버릴지도 모르기 때문이라오. 하물며 그러면서도 선대 왕조의 훌륭한 업적을 따를 수 있었다고 말할 수 있겠습니까? 마치 쓰러진 나무에서 새싹이 움트듯이 하늘은 우리 상나라에게 내린 천명을 이 새로운 도읍지에서 길이길이 이어줄 겁니다. 그러니 천도를 한 후 선왕들의 위대한 업적을 이어받아 온 세상의 백성들이 편안히 살아갈 수 있도록 해봅시다."

盤庚遷于殷(반경천우은), 民不適有居(민부적유거), 率籲衆慼出(솔유중척출).

矢言曰(시언왈): 我王來(아왕래), 旣爰宅于茲(기원댁우자), 重我民(중아민), 無盡劉(무진류). 不能胥匡以生(불능서광이생), 卜稽(복계), 曰其如台(왈기여태). 先王有服(선왕유복), 恪謹天命(각근천명), 茲猶不常寧(자유불상녕). 不常厥邑(불상궐읍), 于今五邦(우금오방). 今不承于古(금불승우고), 罔知天之斷命(망지천지단명), 矧曰其克從先王之烈(신왈기극종선왕지렬)? 若顚木之有由蘗(약전목지유유벽), 天其永我命于茲新邑(천기영아명우자신읍), 紹復先工之大業(소복선왕지대업), 底綏四方(저수사방).

1-2 임금 반경의 훈계
[상서商書 · 반경상盤庚上/서경書經]

임금인 반경이 백성들을 교화시키기 위해 관직에 있는 자들부터 옛 법규를 숭상하고 법도를 바로잡을 것을 명하며 말씀하셨습니다.

"그 누구도 감히 백성들의 간절한 바람이 담긴 간언을 무시해 버려선 안 될 거야!"

그리고 왕은 관리들을 모두 정전에 모이도록 하고 다음과 같이 말씀하셨습니다.

"내 그대들을 바로잡고자 하는 마음에 훈계의 말도 덧붙이고자 하오. 그대들은 마음을 낮추는 하심(下心)을 갖추고서 안일함만을 좇아 오만하지 말아야 할 것이오. 옛 우리의 선왕들께선 오직 함께 정사를 도모했던 옛 동료들을 임용하였소. 선왕들께서 그들에게 정책을 전파하여 알리면 신하된 자들은 그 취지를 고치거나 숨기지 않고 알렸다오. 왕들께선 아주 크게 선정을 베푸셨지, 잘못된 허언을 하지 않으셨기에 백성들도 크게 교화되었소. 그런데 지금 그대들은 자기 의견만을 옳다고 내세우며 험악한 뜬소문들을 퍼트리고 있는데, 나는 그대들이 내세우는 논쟁거리가 무엇인지를 모르겠소."

盤庚斆于民(반경효우민), 由乃在位以常舊服(유내재위이상구복), 正法度(정법도).

曰(왈): 無或敢伏小人之攸箴(무혹감복소인지유잠)!

王命衆(왕명중), 悉至于庭(실지우정).

王若曰(왕약왈): 格汝衆(격여중), 予告汝訓(여고여훈). 汝猷黜乃心(여유출내심), 無傲從康(무오종강). 古我先王(고아선왕), 亦惟圖任舊人共政(역유도임구인공정). 王播告之(왕파고지), 修不匿厥指(수불닉궐지). 王用丕欽(왕용비흠), 罔有逸言(망유일언), 民用丕變(민용비변). 今汝聒聒(금여괄괄), 起信險膚(기신험부), 予弗知乃所訟(여불지내소송).

1-3 반경의 계속된 충고

[상서商書 · 반경상盤庚上/서경書經]

임금 반경이 계속해서 말씀하셨습니다.

"내 스스로가 이 덕을 저버린 게 아니라 오직 그대들이 덕을 포함하여 나 한 사람까지도 두려워하지 않았기 때문이란 건 불을 보듯 뻔한 것이기도 하며, 또한 나의 졸렬한 계책으로 인해 그대들도 잘못에 빠져버렸구나. 그물에는 벼릿줄이 있어야 질서정연하여 문란함이 없을 것이며, 농부가 밭에서 열심히 일하며 힘써 가꾸어야만 가을에 풍성한 수확을 거두어들이듯 말이지. 그대들이 거역하는 마음을 거두고 백성들에게 실질적인 덕을 베풀어 친인척과 벗들에게까지 이르도록 하시오. 그리했을 때만 감히 그대들이 덕을 쌓았다고 큰소리칠 수 있을 것이오. 그대들은 먼 장래나 가까운 시일 내에 큰 해독이 닥칠 것을 두려워하지도 않는 것은, 게으른 농부가 스스로 안일함에 빠져 힘써 일하지도 않고 논밭을 가꾸지 않아서 곡식을 수확하지 못하는 것과 같은 것이라오. 그대들은 백성들에게 좋은 말을 퍼뜨리지도 않고 그대들 스스로가 해독을 만들고 있는 게지. 그리하다간 나라 안팎의 우환으로 인해 스스로가 자기 몸을 망치게 될 것이오. 그대들은 이미 백성들보다 먼저 악행을 저질렀기에 그 고통을 당하는 것이니, 그대들 스스로 후회해 보았자 어찌 돌이킬 수 있겠소!"

非予自荒玆德(비여자황자덕), 惟汝含德(유여함덕), 不惕予一人(불척여일인). 予若觀火(여약관화), 予亦拙謀作乃逸(여역졸모작내일). 若網在綱(약망재강), 有條而不紊(유조이불문). 若農服田(약농복전), 力穡乃亦

有秋(역색내역유추). 汝克黜乃心(여극출내심), 施實德于民(시실덕우민), 至于婚友(지우혼우), 丕乃敢大言汝有積德(비내감대언여유적덕). 乃不畏戎毒于遠邇(내불외융독우원이), 惰農自安(타농자안), 不昏作勞(불혼작로), 不服田畝(불복전무), 越其罔有黍稷(월기망유서직). 汝不和吉言于百姓(여불화길언우백성), 惟汝自生毒(유여자생독), 乃敗禍姦宄(내패화간귀), 以自災于厥身(이자재우궐신). 乃既先惡于民(내기선악우민), 乃奉其恫(내봉기통), 汝悔身何及(여회신하급)!

1-4 옛정을 잊지 않음

[상서商書 · 반경상盤庚上/서경書經]

반경이 계속 말씀하셨습니다.

"저 말 많은 백성들을 살펴보시오. 외려 훈계의 말인데도 머뭇거리며 잘못된 말이라도 나올까 봐 서로들 둘러보고들 있잖소. 하물며 내가 그대들의 명줄이 길고 짧은지에 대한 여부를 쥐고 있는데도, 그대들은 어찌하여 짐에게 보고하지도 않고 뜬소문으로 민중을 공포에 빠뜨린단 말인가? 뜬소문이란 게 마치 요원의 불길 같아서 처음엔 가까이 다가갈 수도 없는 것 같으나 그것 역시 결국엔 꺼질 수밖에 없다오. 이는 곧 그대들 스스로가 유언비어를 퍼뜨려 죄를 지은 것이지 나에게 어떠한 과실이 있는 게 아니라오. 옛 현인이셨던 지임(遲任)이란 분께서는 '사람을 찾을 땐 오직 옛날에 함께했던 동료들을 그리워하지만, 생활용품인 그릇을 구할 땐 헌 것을 버리고 새것을 산다'고 하셨소. 그 옛날 우리의 선대 임금들께서는 그대들의 할아버지와 아버지와 함께 고락을 같이하셨는데,

내 어찌 감히 그대들에게 부당한 벌을 가하겠는가? 대대로 이루어 온 그대들의 공적이 기록되어 있으며, 나는 결코 그대들의 훌륭한 업적을 덮어둘 생각은 없다오. 지금 나는 선대왕들을 위해 큰 제사를 지내려 하는데, 그대들의 조상들께서 함께 흠향하시게 할 것이라오. 복을 내리든 재앙을 내리든 하는 것은 하늘이 하는 것이지 내가 그대들에게 부당한 은덕을 베푸는 게 아니라오."

相時憸民(상시섬민). 猶胥顧于箴言(유서고우잠언), 其發有逸口(기발유일구), 矧予制乃短長之命(신여제내단장지명). 汝曷弗告朕(여갈불고짐), 而胥動以浮言(이서동이부언), 恐沈于衆(공침우중)? 若火之燎于原(약화지료우원), 不可嚮邇(불가향이), 其猶可撲滅(기유가박멸). 則惟汝衆自作弗靖(즉유여중자작불정), 非予有咎(비여유구). 遲任有言曰(지임유언왈): 人惟求舊(인유구구), 器非求舊(기비구구), 惟新(유신). 古我先王暨乃祖乃父胥及逸勤(고아선왕기내조내부서급일근), 予敢動用非罰(여감동용비벌)? 世選爾勞(세선이로), 予不掩爾善(여불엄이선). 玆予大享于先王(자여대향우선왕), 爾祖其從與享之(이조기종여향지). 作福作災(작복작재), 予亦不敢動用非德(여역불감동용비덕).

1–5 상벌의 엄격한 시행

[상서商書 · 반경상盤庚上/서경書經]

반경이 계속 말씀하셨습니다.

"내 그대들에게 지금 처한 어려운 시국에 대해 말하겠소. 활을 쏠 때 일정한 목표물을 겨냥한 다음 시위를 당기는 것과 마찬가지로 우리도 일정한 정책을 세워 나갑시다. 그리고 그대들은 나이든 노인들을 무력하다고 업신여기지 말고, 유약하고 외로운 사람들을 괴롭히지 마시오. 모두가 이곳 은나라 땅에 오래도록 살면서 온 힘을 다해 이 사람이 세운 계획을 실행해 주시오. 상벌에 있어서는 가깝고 먼 사이를 가리지 않고 죄를 지은 사람은 엄벌에 처하고, 훌륭한 일을 한 이에게는 덕으로써 표창할 것이오. 나라가 잘 다스려지는 것은 오직 그대들의 행실에 달려 있고, 나라가 잘못되는 것은 오직 이 한 사람이 형벌을 잘못 시행했기 때문일 겁니다. 그대들에게 진심을 다해 고하노니, 오늘 이후부터는 각자 맡은 바 직무에 충실하고 직위에 맞게 언행도 헤아려야 할 게요. 형벌이 그대들 몸에까지 다다랐을 땐 후회해도 소용없을 것이오."

予告汝于難(여고여우난). 若射之有志(약사지유지). 汝無侮老成人(여무모로성인), 無弱孤有幼(무약고유유). 各長于厥居(각장우궐거). 勉出乃力(면출내력), 聽予一人之作猷(청여일인지작유). 無有遠邇(무유원이), 用罪伐厥死(용죄벌궐사), 用德彰厥善(용덕창궐선). 邦之臧(방지장), 惟汝衆(유여중), 邦之不臧(방지부장), 惟予一人有佚罰(유여일인유일벌). 凡爾衆(범이중), 其惟致告(기유치고). 自今至于後日(자금지우후일), 各恭爾事(각공이사), 齊乃位(제내위), 度乃口(도내구). 罰及爾身(벌급이신), 弗可悔(불가회).

반경중(盤庚中)

1-1 선왕의 뜻을 따르려는 것

[상서商書 · 반경중盤庚中/서경書經]

반경은 작심하고서 백성들과 함께 황허강을 건너 천도할 것을 계획했습니다. 그리고 백성들 가운데 따르지 않는 사람들을 모아놓고 진심을 담아 실득하였답니다. 이에 백성를 모두가 보여늘었고 왕궁의 뜰에서 방자하게 구는 사람은 없었습니다. 반경은 이내 백성들을 앞으로 다가오게 하며 말하였답니다.

"짐의 말을 분명히 듣고 나의 명령을 저버리지 말길 바라오! 오오! 그 옛날 우리의 선왕들께선 백성들을 대를 이어 보호하지 않음이 없었답니다. 이에 백성들은 선왕을 믿고서 친근하게 생각하니, 백성들은 하늘의 때인 천시에 맞춰 일하지 않는 경우가 드물었습니다. 우리 은나라에 커다란 재난이 내렸을 때 선왕들께선 불안한 마음에 작심하고서 백성들에게 유익한 곳을 살펴 천도를 하였답니다. 그런데 그대들은 어찌하여 우리 선왕들께서 백성들을 위문한 일을 생각지도 않는단 말인가? 짐 역시 그대들을 보호하고 유익함을 추구하여 그대들과 함께 즐거움과 편안함을 누리려 하는 것이며, 그대들에게 무슨 허물이 있어 벌을 내리려는 게 아니랍니다. 내가 이렇듯 새로운 도읍지에 오라고 호소하는 것 역시 오직 그대들을 위해서이며, 이렇게 함으로써 크게는 선왕들의 뜻을 따르려는 겁니다."

盤庚作(반경작), 惟涉河以民遷(유섭하이민천). 乃話民之弗率(내화민지불솔), 誕告用亶(탄고용단). 其有衆咸造(기유중함조), 勿褻在王庭(물설재왕정), 盤庚乃登進厥民(반경내등진궐민).

曰(왈): 明聽朕言(명청짐언), 無荒失朕命(무황실짐명)! 塢呼(오호)! 古我前后(고아전후), 罔不惟民之承保(망불유민지승보). 后胥戚(후서척), 鮮以不浮于天時(선이불부우천시). 殷降大虐(은강대학), 先王不懷(선왕불회), 厥攸作(궐유작), 視民利用遷(시민리용천). 汝曷弗念我古后之聞(여갈불념아고후지문)? 承汝俾汝惟喜康共(승여비여유희강공), 非汝有咎比于罰(비여유구비우벌). 予若籲懷茲新邑(여약유회자신읍), 亦惟汝故(역유여고), 以丕從厥志(이비종궐지).

1-2 천도의 이유
[상서商書 · 반경중盤庚中/서경書經]

"이제 짐은 그대들과 함께 천도를 하여 우리나라를 안정시키고자 하노라. 그런데도 그대들은 내 마음의 괴로움을 헤아려보지도 않고, 어느 누구도 그대들의 본심을 시원하게 드러내어 진심으로 깊이 생각함으로써 나를 감동시키려 하지도 않고 있습니다. 그렇게 한다면 오직 자승자박과도 같이 그대들 스스로가 곤혹스러움과 고통을 초래하는 결과가 될 겁니다. 이는 마치 배를 타긴 하였으나 그대들이 건너갈 결심을 하지 못하여 배에 실은 물건을 썩히는 것과 마찬가지랍니다. 그대들의 진심 어린 성의가 부족하면 모두 다함께 물속에 빠질 수밖에 없습니다. 우리 선왕들의 전례를 상고해보지도 않고서 재난을 당하여 불같이 화를 내본들 어찌 이런 병고를 해결할 수 있겠습니까? 그대들이 먼 장래를 위해 계획을 도모하지도 않으면서 이미 겪었던 대홍수로 인한 재난을 생각지도 않는다면, 그대들 스스로가 근심걱정을 조장한 꼴이랍니다.

今予將試以汝遷(금여장시이여천), 安定厥邦(안정궐방). 汝不憂朕心之攸困(여불우짐심지유곤), 乃咸大不宣乃心(내함대불선내심), 欽念以忧動予一人(흠념이침동여일인). 爾惟自鞠自苦(이유자국자고), 若乘舟(약승주), 汝弗濟(여불제), 臭厥載(취궐재). 爾忧不屬(이침불속), 惟胥以沈(유서이침). 不其或稽(불기혹계), 自怒曷瘳(자노갈추)? 汝不謀長以思乃災(여불모장이사내재), 汝誕勸憂(여탄권우).

이와 같이 한다면 오늘이 있을 뿐 훗날은 없을 것이니, 어떻게 그대들이 남의 위에 서서 살아갈 수 있겠는가? 이제 나는 진심 어린 마음으로 그대들에게 명하노니 한결같은 마음으로 더럽고 그릇된 일로 자신을 망치지 말라. 그 누가 그대들의 행동을 어지럽혀 그대들의 마음을 사악하게 만들까 두렵소. 나는 하늘에 매인 그대들의 목숨을 계속해서 연장시키려는 것이지, 내 어찌하여 그대들을 위협하겠는가! 다만 그대들 모두를 도와 안정된 삶을 누리도록 하려는 것이라오."

今其有今罔後(금기유금망후), 汝何生在上(여하생재상)? 今予命汝(금여명여), 一無起穢以自臭(일무기예이자취), 恐人倚乃身(공인의내신), 迂乃心(우내심). 予迓續乃命于天(여아속내명우천), 予豈汝威(여기여위), 用奉畜汝衆(용봉축여중).

1-3 선왕들의 엄중한 벌과 재앙
[상서商書 · 반경중盤庚中/서경書經]

"나는 늘 생각하기를, 이미 돌아가신 선왕들께서 그대들의 선조들을 수고롭게 한 사실을 기억하고 있기에 그 보답으로 나 역시 그대들을 지켜주고 부양하는 것은 물론 좋은 곳으로 천도를 하여 그대들이 편안한 마음으로 살 수 있도록 하고자 한다오. 나는 백성들을 다스리는 데 실수를 범했고 이곳 엄땅에서 너무 오래 살았소. 더 이상 이곳에 체류한다면 덕이 크고 높으셨던 선대의 임금들께서 엄중한 벌과 재앙을 내리실 것만 같소이다. 동시에 '너는 어찌하여 짐의 백성들을 학대하는가?'라고 꾸짖을 것이오. 또한 그대들 모두가 생업을 영위하지 못하고 나와 한 사람이라도 한마음이 되지 못한다면, 선왕들께선 그대들에게도 크나큰 벌과 재앙을 내리며 '너희들은 어찌하여 짐의 자손과 합심하지 않는가?'라고 성을 내실 것이라오. 그러한 이유 때문에 밝은 덕을 가지신 선왕들께선 하늘로부터 그대들에게 벌을 내리실 것이며, 그대들은 결코 그 벌을 피할 순 없을 것이오."

予念我先神后之勞爾先(여념아선신후지로이선), 予丕克羞爾(여비극수이), 用懷爾然(용회이연). 失于政(실우정), 陳于茲(진우자), 高后丕乃崇降罪疾(고후비내숭강죄질). 曰(왈): 曷虐朕民(갈학짐민)? 汝萬民乃不生生(여만민내불생생), 暨予一人猷同心(기여일인유동심), 先后丕降與汝罪疾(선후비강여여죄질). 曰(왈): 曷不暨朕幼孫有比(갈불기짐유손유비)? 故有爽德(고유상덕), 自上其罰汝(자상기벌여), 汝罔能迪(여망능적).

1-4 상서롭지 못한 재앙
[상서商書 · 반경중盤庚中/서경書經]

"그 옛날 나의 선왕들께선 이미 그대들의 할아버지와 아버지를 수고롭게 하셨소. 그대들 모두가 내가 길러야 할 백성들이랍니다. 그런데 그대들의 마음속에 남을 헤치려는 사악한 생각이 있다니요! 우리 선왕들께선 그대들의 할아버지와 아버지를 신뢰하셨으니, 이에 따라 그대들의 조상들께서도 마찬가지로 그대들과의 관계를 끊고 버릴 것이며, 그대들의 죽음을 구제하시지도 않을 겁니다. 지금 나는 정사를 어지럽히는 신하들과 자리를 함께하고 있는데, 이들은 재물을 모으는 데 집착하고 있소. 이리한다면 그대들의 조상들은 이내 우리 선왕들에게 '우리 후손들에게 크나큰 형벌을 내려주십시오!'라고 할 겁니다. 그러면 저 하늘에 계신 선왕들께선 그대들에게 상서롭지 못한 재앙을 내리게 될 것이오."

「古我先后旣勞乃祖乃父(고아선후기로내조내부), 汝共作我畜民(여공작아축민), 汝有戕則在乃心(여유장즉재내심)! 我先后綏乃祖乃父(아선후수내조내부), 乃祖乃父乃斷棄汝(내조내부내단기여), 不救乃死(불구내사). 茲予有亂政同位(자여유란정동위), 具乃貝玉(구내패옥). 乃祖乃父丕乃告我高后曰(내조내부비내고아고후왈): 作丕刑于朕孫(작비형우짐손)! 迪高后丕乃崇降弗祥(적고후비내숭강불상).

1-5 새로운 도읍지로 천도
[상서商書 · 반경중盤庚中/서경書經]

"아아! 이제 나는 그대들에게 한 나라를 다스리는 게 쉽지만은 않다는 걸 알려주려고 한다오. 그대들은 길이 근심이 되고 후회가 될 일을 삼가 조심하도록 하라! 그리고 그대들은 함께 도모하고 생각하며 서로 순종하여 그대들 마음속에 중정(中正)의 도를 정하시오. 만일 그대들이 부정하고 도리에 어긋나는 행위를 하거나 예법을 어겨 악한 일을 저지른다면, 나는 그자는 물론 온 가족을 멸하여 자손을 남기지 못하게 할 것이오. 그러니 이 종족들은 새로운 도읍지에 옮겨가지도 못할 거야. 이제 각자 돌아가 생업에 힘쓰시오. 이제 나는 그대들과 더불어 새 도읍지로 천도하여 영원토록 살아갈 그대들의 집을 세울 것이오."

嗚呼(오호)! 今予告汝(금여고여), 不易(불역). 永敬大恤(영경대휼), 無胥絶遠(무서절원)! 汝分猷念以相從(여분유념이상종), 各設中于乃心(각설중우내심). 乃有不吉不迪(내유불길부적), 顛越不恭(전월불공), 暫遇姦宄(잠우간귀), 我乃劓殄滅之(아내의진멸지), 無遺育(무유육), 無俾易種于茲新邑(무비역종우자신읍). 無俾易種于茲新邑(무비역종우자신읍). 生生(생생)! 今予將試以汝遷(금여장시이여천), 永建乃家(영건내가).

반경하(盤庚下)

1-1 날 비방하지 말라

[상서商書 · 반경하盤庚下/서경書經]

반경은 도읍을 천도하고서 그가 거처할 곳을 수리하고 정돈하였습니다. 이어서 새롭게 정치제도를 정비한 다음 모든 백성들에게 타이르듯 말씀하셨답니다.

"유희에만 급급하지 말고 직무에 소홀하지 말며, 국운이 달린 대사업에 힘써 달라. 오늘 나는 오장육부를 드러내고서 그대 백성들에게 짐의 의지를 솔직하게 고백하겠소. 나는 그대들에게 죄를 덮어씌우려는 게 아니라오. 그대들은 나에게 분노를 터뜨리지 말고, 서로 한마음이 되어 나 한 사람을 비방하지 말라."

盤庚旣遷(반경기천), 奠厥攸居(전궐유거). 乃正厥位(내정궐위), 綏爰有衆(수원유중).

曰(왈): 無戲怠(무희태), 懋建大命(무건대명)! 今予其敷心腹腎腸(금여기부심복신장), 歷告爾百姓于朕志(역고이백성우짐지). 罔罪爾衆(망죄이중). 爾無共怒(이무공노), 協比讒言予一人(협비참언여일인).

1-2 백성을 위한 천도

[상서商書 · 반경중盤庚下/서경書經]

"옛 우리 선왕들께선 많은 공적을 세우고자 수해를 피해 고지대로 도읍을 천도함으로써 백성들을 안주시켰답니다. 이리하여 우리의 재난을 제거하였고, 짐의 나라에 훌륭한 공적을 많이 쌓았던 겁니다. 그러나 지금 우리 백성들은 전에 살던 곳을 떠나 안정하여 살 곳이 없어졌습니다. 그대들은 짐에게 이르길 '어찌하여 우리 만백성을 혼란에 빠뜨리면서까지 천도를 하였는가?'라고 투덜대고 있습니다. 그러나 상제께서는 우리 옛 선조들의 덕행을 회복시켜 우리나라를 잘 다스려주시고자 합니다. 짐은 신중한 신하들과 협력하여 백성들의 목숨을 지키면서 이 새로운 도읍지(은땅)에 영구히 살 수 있도록 하려는 겁니다. 이 부덕한 사람은 선왕들의 훌륭하신 계획을 저버릴 수 없어 그분들의 지시를 따른 거랍니다. 우리는 점친 결과를 감히 어기지 않음으로써 천도라는 훌륭한 사업을 크게 이룰 수 있었던 겁니다."

古我先王將多于前功(고아선왕장다우전공), 適于山(적우산). 用降我凶(용강아흉), 德嘉績于朕邦(덕가적우짐방). 今我民用蕩析離居(금아민용탕석리거), 罔有定極(망유정극), 爾謂朕曷震動萬民以遷(이위짐갈진동만민이천)? 肆上帝將復我高祖之德(사상제장복아고조지덕), 亂越我家(난월아가). 朕及篤敬(짐급독경), 恭承民命(공승민명), 用永地于新邑(용영지우신읍). 肆予沖人(사여충인), 非廢厥謀(비폐궐모), 弔由靈各(조유령각). 非敢違卜(비감위복), 用宏茲賁(용굉자분).

1-3 백성을 위한 국정

[상서商書 · 반경중盤庚下/서경書經]

"아아! 각국의 제후인 방백(邦伯)과 관의 우두머리인 사장(師長)과 국사에 종사하고 있는 모든 관원들이여, 모두 세심하게 검토해 주기 바랍니다. 그리하면 나는 모든 역량을 동원하여 그대들을 도울 것이고, 그대들 또한 나의 백성들을 잘 돌봐주시길 바라오. 짐은 재물만을 탐하는 자는 등용치 않을 것이고, 몸소 선행을 행하는 사람을 임용할 겁니다. 곤궁함에 처한 사람들을 편안히 살 수 있도록 돕는 사람에게 벼슬길을 열어 장려하렵니다. 이제 그대들에게 나의 소신을 밝혔으니 짐의 뜻에 찬성하는지의 여부를 솔직하게 알려주고, 한 사람이라도 따르지 않는 자가 없도록 하시오! 재물욕에 빠지지 않길 바라며 오직 신행을 하여 공적을 빚으시길 바란다오. 백성들에게 은덕을 베풀어 영원토록 한마음 한뜻으로 국정을 이끌어 갑시다."

嗚呼(오호)! 邦伯師長百執事之人(방백사장백집사지인), 尙皆隱哉(상개은재)! 予其懋簡相爾念敬我衆(여기무간상이념경아중). 朕不肩好貨(짐불견호화), 敢恭生生(감공생생). 鞠人謀人之保居(국인모인지보거), 敍欽(서흠). 今我旣羞告爾于朕志若否(금아기수고이우짐지약부), 罔有弗欽(망유불흠)! 無總于貨寶(무총우화보), 生生自庸(생생자용). 式敷民德(식부민덕), 永肩一心(영견일심).

열명상(說命上)

은나라 고종이 명재상 부열에게 내린
교훈적 명령

1-1 대리청정의 예고

[상서商書 · 열명상說命上/서경書經]

왕, 즉 무정인 고종은 선왕께서 돌아가시자 정사를 신하들에게 맡기고 삼년상을 치르게 되었습니다. 이윽고 3년이 지나 상복을 벗은 후에도 아무런 말씀이 없으시자, 여러 신하들이 다 함께 간언을 하였답니다.

"아아! 사물의 이치를 잘 아는 것을 명철하다고 하며, 세태나 사리에 밝아야 비로소 규범을 만들 수 있습니다. 천자는 나라 전체를 다스리시는 분으로서, 우리 문무백관들은 천자를 받들어 오직 천자의 말씀에 따라 백성들을 다스린답니다. 그런데 임금님께서 말씀을 하지 않으시면 우리 신하들은 명을 받들어 시행할 수 없게 됩니다."

그러자 왕인 무정께서는 문서를 작성하시어 신하들에게 알렸답니다.

"선왕께서는 나에게 천하세상을 바로잡게 하셨으나, 나는 덕이 뛰어나지 못한 것이 두려웠답니다. 이 때문에 명을 말하지도 못했답니다. 삼가 공손한 마음으로 묵묵히 도를 생각하였더니, 꿈에 상제께서 나에게 훌륭한 보필자를 지목하여 알려주셨답니다. 이제부터는 그가 나를 대신하여 명을 전하게 될 겁니다."

王宅憂(왕댁우), 亮陰三祀(양음삼사). 旣免喪(기면상), 其惟弗言(기유불언).

群臣咸諫于王曰(군신함간우왕왈): 塢呼(오호)! 知之曰明哲(지지왈명철), 明哲實作則(명철실작칙). 天子惟君萬邦(천자유군만방), 百官承式(백관승식). 王言惟作命(왕언유작명), 不言臣下罔攸稟令(불언신하망유품령).

王庸作書以誥曰(왕용작서이고왈): 以台正于四方(이태정우사방), 惟恐德弗類(유공덕불류), 玆故弗言(자고불언). 恭默思道(공묵사도), 夢帝賚予良弼(몽제뢰여량필), 其代予言(기대여인).

1–2 부열을 재상으로 등용

[상서商書 · 열명상說命上/서경書經]

이어서 왕은 꿈속에서 보았던 모습을 떠올리고 화공(畫工)으로 하여금 그 형상을 그리도록 하였습니다. 그리고 온 세상을 뒤지고 살펴 그와 같이 생긴 사람을 찾도록 하였답니다. 그때 부열이라는 사람이 부암(傅巖)이라는 들판에서 일하고 있었는데, 그 모양이 꿈에 본 이와 비슷하였죠. 이에 부열을 재상으로 삼아 왕은 그를 좌우에 두었답니다. 왕은 그런 부열에게 말씀하셨습니다.

"조석으로 좋은 말씀을 들려주어 나의 덕치를 위해 보좌해 주시오. 만약 내가 쇳덩이라면 그대는 숫돌이 되어 쇠를 연마하듯이 이 몸이 훌륭한 임금이 되도록 잘 보좌해 주시오. 만약 이 몸이 배를 타고 큰 강을 건너가야 한다면 그대는 배와 노가 되어 나를 도와주오. 만약 어느 해처럼 큰 가뭄이 들어 백성이 목마르게 비를 기다릴 때, 그대는 온 누리를 촉촉이 적셔주는 단비가 되어 나를 도와 이 나라의 백성들을 평안하게 해주시오. 부디 그대는 솔직한 마음으로 가르침을 주시어 짐의 마음을 기름지게 해주오. 만약 약이 강한 효력을 발휘하지 않으면 그 병은 치유되지 않고, 맨발로 걸으면서 땅을 주의하여 살피지 않으면 발에 상처를 입는 법이니 말이오."

乃審厥象(내심궐상), 俾以形旁求于天下(비이형방구우천하). 說築傅巖之野(설축부암지야), 惟肖(유초). 爰立作相(원립작상). 王置諸其左右(왕치제기좌우).

命之曰(명지왈): 朝夕納誨(조석납회), 以輔台德(이보태덕). 若金(약금), 用汝作礪(용여작려). 若濟巨川(약제거천), 用汝作舟楫(용여작주즙). 若歲大旱(약세대한), 用汝作霖雨(용여작림우). 啟乃心(계내심), 沃朕心(옥짐심). 若藥弗瞑眩(약약불명현), 厥疾弗瘳(궐질불추). 若跣弗視地(약선불시지), 厥足用傷(궐족용상).

1-3 훌륭한 성군이라면

[상서商書 · 열명상說命上/서경書經]

"그대 및 그대의 동료들과는 한마음 한뜻이 되어 임금인 내가 이 나라를 잘 다스릴 수 있도록 보좌해 주시오. 그리고 그대가 힘써 모든 관원들이 선왕들의 뜻을 받들고, 그분들의 훌륭하신 덕행을 본받아 실천하여 모든 백성들이 편안한 삶을 누릴 수 있도록 해주시오. 아아! 삼가 이 사람의 명을 공경하여 끝까지 이 나라와 백성들을 잘 다스려 주시오."

그러자 부열이 임금에게 대답하였습니다.

"켤 나무에 먹줄을 대고 자르면 곧고 반듯해지듯이 임금님께서 어진 신하들의 충성 어린 간언에 따라 정사를 베풀면 그 임금은 곧 성군이라 할 수 있을 겁니다. 임금님께서 성군이시라면 신하들은 명을 따로 내리지 않아도 받들어 모실 것이니, 그 누가 감히 임금님의 훌륭한 명을 받들어 실행하지 않겠습니까?"

惟暨乃僚(유기내료), 罔不同心(망부동심), 以匡乃辟(이광내벽). 俾率先王(비솔선왕), 迪我高后(적아고후), 以康兆民(이강소민). 嗚呼(오호)! 欽予時命(흠여시명), 其惟有終(기유유종).

說復于王曰(설복우왕왈): 惟木從繩則正(유목종승즉정), 后從諫則聖(후종간즉성). 后克聖(후극성), 臣不命其承(신불명기승), 疇敢不祇若王之休命(주감부지약왕지휴명)?

열명중(說命中)

1-1 왕 무정에 대한 부열의 진언

[상서商書 · 열명중說命中/서경書經]

왕은 재상 부열에게 명하여 문무백관을 총괄하게 하였습니다. 이에 부열은 왕인 무정에게 나아가 진언하였습니다.

"오오! 명철하신 임금님께서 하늘의 도인 천도를 받들어 나라를 세우시고 도읍을 설치하여, 천자와 제후의 법도를 수립하여 대부 벼슬과 관청의 우두머리인 사장들에게 받들게 하여야 합니다. 그리하여 그들이 안일함과 즐거움만을 추구하는 데 급급하지 않으면 백성들은 훌륭히 다스려질 겁니다. 하늘은 세상의 모든 일을 굽어살펴 알고 있으니, 성군께서 이를 본받으시면 신하들은 따를 것이며, 백성들 역시 잘 다스려질 겁니다. 온갖 수모는 입을 함부로 놀리는 데서 비롯되고, 전쟁은 갑옷과 투구 등의 무기를 잘 단속하지 않는 데서 비롯되옵니다. 의복은 장롱 속 깊이 간직했다가 공로가 있는 사람에게만 하사하시고, 방패와 창인 병마권을 맡기시는 것은 그 사람됨을 살피신 다음 덕을 갖춘 자에게 주어야 합니다. 임금님께서 이와 같은 일을 경계하시고 주의하시면 참으로 명철한 왕이 되실 수 있으니, 어찌 훌륭한 업적을 남기지 않을 수 있겠습니까?"

惟說命總百官(유열명총백관), 乃進于王曰(내진우왕왈):

嗚呼(오호)! 明王奉若天道(명왕봉약천도), 建邦設都(건방설도), 樹后王君公(수후왕군공), 承以大夫師長(승이대부사장), 不惟逸豫(불유일예), 惟以亂民(유이란민). 惟天聰明(유천총명), 惟聖時憲(유성시헌), 惟臣欽若(유신흠약), 惟民從乂(유민종예). 惟口起羞(유구기수), 惟甲冑起戎(유갑주기융), 惟衣裳在笥(유의상재사), 惟干戈省厥躬(유간과성궐궁). 王惟戒玆(왕유계자), 允玆克明(윤자극명), 乃罔不休(내망불휴).

1-2 관리 임용 시 지켜야 할 것

[상서商書·열명중說命中/서경書經]

"나라가 잘 다스려지고 어지러워지는지는 모두 관리의 임용에 달려 있습니다. 사사로운 정에 이끌려 친족에게 벼슬을 내리시는 일이 있어서는 아니 되며, 오직 능력 있는 사람을 뽑아야 합니다. 작위는 악덕을 지닌 자에겐 내리지 마시고 오직 어진 현인을 골라내야 합니다. 선한지를 고려하여 움직이시고, 움직일 때는 그 시기에 맞추어 행하십시오. 자기가 선하다고 내세우는 자는 그 선함을 상실한 자이고, 스스로 능력이 있다고 자랑하는 자는 그 공능을 상실한 자입니다. 모든 일은 미리미리 준비해야 하며, 준비가 되어 있으면 근심걱정을 미리 막을 수 있답니다. 총애하는 마음을 열어 두고서 업신여김을 받지 마시고, 과실을 부끄러이 여겨 옳지 않은 일을 하지 마십시오. 오로지 올바른 일과 지켜야 할 일을 행하시기만 하면 정사는 순화되어갈 겁니다."

惟治亂在庶官(유치란재서관). 官不及私昵(관불급사닐), 惟其能(유기능), 爵罔及惡德(작망급악덕), 惟其賢(유기현). 慮善以動(여선이동), 動惟厥時(동유궐시). 有其善(유기선), 喪厥善(상궐선), 矜其能(긍기능), 喪厥功(상궐공). 惟事事(유사사), 乃其有備(내기유비), 有備無患(유비무환). 無啓寵納侮(무계총납모), 無恥過作非(무치과작비). 惟厥攸居(유궐유거), 政事惟醇(정사유순).

1-3 실천이 중요

[상서商書 · 열명중說命中/서경書經]

"제사를 더럽히는 것은 조상에 대한 불경죄에 해당합니다. 예의는 너무 번거로우면 어지러워지고 이에 따라 조상신을 섬기기가 어려워집니다."

왕인 무정은 흡족한 표정으로 말씀하셨습니다.

"그대의 말은 훌륭하도다. 부열이여! 곧 실천에 옮기도록 해야겠소. 그대가 훌륭한 일들을 말해 주지 않았다면 나는 임금으로서 행해야 할 바를 들어 알지도 못했을 것이오."

재상 부열은 고개를 숙여 예를 갖추고 말했습니다.

"아는 것이 어려운 게 아니라 실천하는 것이 어렵습니다. 임금님께서 정사를 행하는 데 어렵게 여기지 않으시고 정성을 다하신다면 진실로 선왕께서 이루어놓으신 덕과 화합하시게 될 겁니다. 만약 신이 말씀드리지 않아 임금님께서 실행하지 못하셨다면 그 허물은 오로지 신 부열에게 있답니다."

黷予祭祀(독여제사), 時謂弗欽(시위불흠). 禮煩則亂(예번즉란), 事神則難(사신즉난).

王曰(왕왈): 旨哉(지재)! 說(열). 乃言惟服(내언유복). 乃不良于言(내불량우언), 予罔聞于行(여망문우행).

說拜稽首曰(열배계수왈): 非知之艱(비지지간), 行之惟艱(행지유간). 王忱不艱(왕침불간), 允協于先王成德(윤협우선왕성덕), 惟說不言有厥咎(유열불언유궐구).

열명하(說命下)

1-1 가르침을 요청한 왕

[상서商書 · 열명하說命下/서경書經]

왕인 무정이 부열에게 말씀하셨습니다.

"오시오! 부열이여! 내가 옛적에 은자였던 감반에게 사사(師事)를 받은 적이 있었는데, 부왕의 분부로 초야에서 묻혀 살았으며 황허강 안쪽으로 들어가 민생을 살피며 살다가 그곳에서 이 박땅으로 되돌아왔는데, 끝내는 뚜렷하게 배운 것이 없었다오. 그대는 부디 짐이 훌륭한 뜻을 세울 수 있도록 가르쳐주시오. 만약 짐이 술이나 단술을 빚으려 하면 그대는 누룩이 되어주고, 내가 여러 양념을 넣어 화갱이라는 국을 만들 때는 소금과 식초가 되어주시오. 그대는 여러모로 내가 배우고 익힐 수 있도록 이 몸을 버리지 마시오. 그리하면 나도 오직 그대의 가르침을 받들어 행할 수 있을 것이오."

王曰(왕왈): 來(래)! 汝說(여열)! 台小子舊學于甘盤(태소자구학우감반), 旣乃遯于荒野(기내둔우황야), 入宅于河(입댁우하). 自河徂亳(자하조박), 暨厥終罔顯(기궐종망현). 爾惟訓于朕志(이유훈우짐지), 若作酒醴(약작주례), 爾惟麴蘖(이유국얼), 若作和羹(약작화갱), 爾惟鹽梅(이유염매). 爾交修予(이교수여), 罔予棄(망여기), 予惟克邁乃訓(여유극매내훈).

1-2 옛 성현에게 배워야

[상서商書 · 열명하說命下/서경書經]

재상인 부열이 말했습니다.

"왕이시여! 많은 견문을 쌓고자 하는 사람은 훌륭한 업적을 세울 수 있으며, 옛 성현들의 가르침을 배우면 수확이 있다고 하였답니다. 옛 성현의 말씀을 섬기지 아니하고서 길이 빛날 업적을 남겼다는 사람의 이야기를 저는 들어본 적이 없습니다. 배움이라는 것은 인간 본래의 지향점과 합치되는 것이니 항상 예리하게 주의를 기울이면 덕의 수양은 저절로 이루어지는 것이랍니다. 진실로 그리한 뜻을 마음에 품으면 그 몸에 학문의 도를 쌓을 수 있답니다. 가르침은 배움의 반이라고 하였으니, 처음과 마지막을 분명하게 자각하여 배움을 게을리하지 않으면 자기도 모르는 사이에 그 덕을 닦게 되는 겁니다. 그리고 선왕께서 이룩하신 규범을 잘 살피고 본받으신다면 영구히 과오를 범하지 않을 겁니다. 저 부열은 임금님의 뜻을 공경하고 받들어 널리 뛰어난 인재들을 불러 모아 관직에 임명하여 임금님을 보좌하도록 하겠습니다."

說曰(열왈): 王(왕), 人求多聞(인구다문), 時惟建事(시유건사), 學于古訓乃有獲(학우고훈내유획). 事不師古(사불사고), 以克永世(이극영세), 匪說攸聞(비열유문). 惟學(유학), 遜志務時敏(손지무시민), 厥修乃來(궐수내래). 允懷于茲(윤회우자), 道積于厥躬(도적우궐궁). 惟斆學半(유효학반), 念終始典于學(염종시전우학), 厥德脩罔覺(궐덕수망각). 監于先王成憲(감우선왕성헌), 其永無愆(기영무건). 惟說式克欽承(유열식극흠승), 旁招俊乂(방초준예), 列于庶位(열우서위).

1-3 왕의 부열에 대한 갈망

[상서商書 · 열명하說命下/서경書經]

임금이신 무정이 말씀하셨습니다.

"아아! 부열이여! 온 세상 사람들이 모두 짐의 덕을 우러러보는 것은 오로지 그대가 힘써 도운 결과라오. 다리와 팔이 있어야 사람이라고 할 수 있듯이 어진 신하가 있어야 성군이 될 수 있다오. 그 옛날 선왕의 재상이었던 보형(保衡: 탕왕을 보좌한 이윤)은 우리 선왕께서 왕업을 이룩하게 하였다오. 그는 말하길 '내가 우리 임금님께서 요순과 같은 성군이 되지 못하게 한다면 마음의 부끄러움과 수치는 저잣거리에서 매를 맞는 것과 같으리라'고 하였소. 그리고 바르게 행동하지 못하는 자가 한 사람이라도 있으면 '이는 나의 허물이다'라고 말했다오. 그는 우리의 열조를 보좌하여 그 어진 덕이 황천에까지 알려지게 하였소. 내 그대에게 바라건대 나를 잘 보좌하여 아형(즉 보형)을 우리 상나라에서 유일하게 아름다운 명성을 날린 사람으로 만들지 마시오. 왕은 현인이 아니면 다스리지 못하고, 현인은 왕이 아니면 복록을 누릴 수 없다오. 그대는 나를 선왕들의 뒤를 잇게 하여 백성들이 길이길이 편안하게 해주시오."

이에 부열은 머리를 숙여 절을 하고는 아뢰었습니다.

"감히 천자의 훌륭하신 명을 따라 이를 널리널리 선양하겠습니다."

王曰(왕왈): 嗚呼(오호)! 說(열), 四海之內(사해지내), 咸仰朕德(함앙짐덕), 時乃風(시내풍). 股肱惟人(고굉유인), 良臣惟聖(양신유성). 昔先正保衡作我先王(석선정보형작아선왕), 乃曰(내왈): 予弗克俾厥后惟堯舜(여불극비궐후유요순), 其心愧恥(기심괴치), 若撻于市(약달우시). 一夫不獲(일부불획), 則曰時予之辜(즉왈시여지고). 佑我烈祖(우아렬조), 格于皇天(격우황천). 爾尙明保予(이상명보여), 罔俾阿衡專美有商(망비아형전미유상). 惟后非賢不乂(유후비현불예), 惟賢非后不食(유현비후불식). 其爾克紹乃辟于先王(기이극소내벽우선왕), 永綏民(영수민).

說拜稽首曰(열배계수왈): 敢對揚天子之休命(감대양천자지휴명).

고종융일(高宗肜日)

은나라 고종의
제사 의례에 대한 견해

부친의 제사상만 풍성하게 하지 말라

[상서商書 · 고종융일高宗肜日/서경書經]

고종(무정의 시호)의 융제(제사를 지낸 다음 날에 또 지내는 제사)를 모실 때 그 제사상에 꿩이 날아와 울었답니다. 이에 신하 조기가 나서며 말했습니다.

"이 일을 먼저 임금님께 고해서 이번 제사의 일을 바로잡도록 해야 합니다."

이에 왕에게 달려가 간언을 하였습니다.

"오로지 하늘이 온 세상의 백성들을 살피실 때는 정의로써 다스리고 보살핍니다. 하늘이 사람들에게 내린 수명에는 길고 짧음이 있지만, 결코 하늘이 백성들을 요절시키는 게 아니라 사람들이 자기의 명줄을 끊어 버린 겁니다. 백성들 가운데 어떤 자는 미덕을 좇지도 않고 하늘이 내린 벌도 인정하지 않습니다. 그러면 하늘이 곧 명을 내려 그 덕을 바로잡도록 합니다. 그런데도 그들은 감히 '하늘이 나를 또 어찌 하랴?'면서 배를 내밀고 있습니다. 아아! 선왕의 뒤를 이으신 임금님께서는 백성들을 공경해야 합니다. 선대의 왕들께선 하늘이 내린 천자들이시니, 제사를 지내실 때 유독 부친의 사당만을 풍성하게 해서는 아니 됩니다."

高宗肜日(고종융일), 越有雊雉(월유구치).

祖己曰(조기왈): 惟先格王(유선격왕), 正厥事(정궐사). 乃訓于王(내훈우왕).

曰(왈): 惟天監下民(유천감하민), 典厥義(전궐의). 降年有永有不永(강년유영유불영), 非天夭民(비천요민), 民中絶命(민중절명). 民有不若德(민유불약덕), 不聽罪(불청죄). 天旣孚命正厥德(천기부명정궐덕), 乃曰(내왈): 其如台(기여태)? 嗚呼(오호)! 王司敬民(왕사경민), 罔非天胤(망비천윤), 典祀無豊于昵(전사무풍우닐).

서백감려(西伯戡黎)

주나라 문왕이
여라는 제후국을 정복함

1-1 백성들의 원망

[상서商書 · 서백감려西伯戡黎/서경書經]

서백(주나라 무왕의 아버지 문왕으로 성은 희姬 이름은 창昌)이 여라는
작은 나라를 쳐서 이기자 신하 조이가 놀라며 은나라의 주왕(紂王:
은(상)나라의 마지막 왕으로 폭군이자 주지육림酒池肉林에서 미모의 여인 달기
와 놀아남)에게 달려가 알렸습니다,

"천자시여! 하늘은 이미 우리 은나라의 명운을 끊어 버렸습니다.
도에 통달한 격인은 물론 큰 거북의 거북점에서도 우리나라의 장
래가 길하다고 하지 않았습니다. 이는 우리의 선왕들께서 우리 후
손들을 도와주시지 않는 게 아니라, 오로지 임금님께서 음탕한 유
희에만 빠져든 나머지 스스로 나라의 명운을 끊었기 때문입니다.
그리하여 하늘도 우리를 버리셨기에 백성들은 편안하게 먹고살기

에도 어려워졌답니다. 이에 백성들은 타고난 성품대로 즐겁게 살지도 못하면서 나라의 근간인 법전마저 따르지 않게 되었습니다. 이제 우리 백성들 가운데 나라가 멸망하기를 바라지 않는 사람이 없답니다. 그러니 '하늘은 어찌하여 왕에게 벌을 내리지 않는가? 하늘이 명을 내리지 않으니, 지금의 왕을 어떻게 하란 말인가?'라고들 원망하고 있답니다."

西伯旣戡黎(서백기감려), 祖伊恐(조이공), 奔告于王(분고우왕).

曰(왈): 天子(천자)! 天旣訖我殷命(천기흘아은명). 格人元龜(격인원귀), 罔敢知吉(망감지길). 非先王不相我後人(비선왕불상아후인), 惟王淫戲用自絕(유왕음희용자절). 故天棄我(고천기아), 不有康食(불유강식). 不虞天性(불우천성), 不迪率典(부적솔전). 今我民罔弗欲喪(금아민망불욕상), 曰(왈): 天曷不降威(천갈불강위)? 大命不摯(대명부지), 今王其如台(금왕기여태)?

1-2 은나라 멸망의 징후
[상서商書 · 서백감려西伯戡黎/서경書經]

폭군 주왕이 소리 질렀습니다.

"아아! 나는 태어날 때부터 하늘의 명운을 타고났거늘 무슨 당치도 않은 소린가?"

그러자 신하 조이가 반문하듯 물었습니다.

"아아! 임금님께선 많은 죄를 지었으며 그 죄상이 저 하늘에 기록되었거늘, 당신께선 하늘이 좋은 명운을 주지 않았다고 원망을 하는 겁니까? 우리 은나라가 곧 멸망하게 될 것은 당신(주왕紂王)이 저지른 일인데, 당신의 나라가 멸망치 않을 수 있겠습니까!"

王曰(왕왈): 塢呼(오호)! 我生不有命在天(아생불유명재천)?

祖伊反曰(조이반왈): 塢呼(오호)! 乃罪多(내죄다), 參在上(참재상), 乃
能責命于天(내능책명우천)? 殷之卽喪(은지즉상), 指乃功(지내공), 不無
戮于爾邦(불무륙우이방)!

미자(微子)

주왕의 이복형인 미자가
비간과 나라의 앞날에 대해 논의

1-1 은나라의 멸망에 앞서

[상서商書 · 미자微子/서경書經]

미자가 다음과 같이 말하였습니다.

"태사와 소사이시여! 은나라는 세상을 다스리고 바로잡을 수는 없을 것 같습니다. 우리의 조상들께선 이미 고인이 되시어 하늘에 계시는데 우리는 술독에 깊이 빠져버렸으며, 이 세상에 남아 조상님의 덕을 어지럽히고 망쳐버렸습니다. 은나라는 세력의 크고 작음을 막론하고 모두가 도둑질하고 약탈하고 안팎으로 분란을 일으키길 좋아하지 않은 자가 없습니다. 경대부와 말단의 벼슬아치들까지도 법도에 어긋나는 일을 자행하고 있으며, 무릇 허물과 죄에 빠진 이들까지도 잡아들이지 못하고 있답니다. 여기에 일반 백성들까지도 들고일어나 서로 적이 되어 원수처럼 싸우고 있습니다.

이제 은나라가 멸망의 길로 빠져드는 것이 마치 큰 강물을 건너려는데 나루터도 비빌 언덕도 없는 것과 같으니, 은나라는 끝내는 멸망하고 말 터인데 바로 그때가 지금입니다."

계속해서 미자가 말했습니다.

"태사와 소사시여! 저는 이 은나라를 멀리 떠나야 할까요? 아니면 집 안에 틀어박혀 늙거나 황야에 묻혀 은둔이라도 해야 할까요? 이제 두 분께서는 우리 은나라가 망할 것인데 어찌할 것인지를 묻지 마십시오."

微子若曰(미자약왈): 父師(부사), 少師(소사)! 殷其弗或亂正四方(은기불혹란정사방). 我祖底遂陳于上(아조지수진우상), 我用沈酗于酒(아용침후우주), 用亂敗厥德于下(용란패궐덕우하). 殷罔不小大好草竊奸宄(은망불소대호초절간귀). 卿士師師非度(경사사사비도). 凡有辜罪(범유고죄), 乃罔恒獲(내망항획), 小民方興(소민방흥), 相爲敵仇(상위적구). 今殷其淪喪(금은기륜상), 若涉大水(약섭대수), 其無津涯(기무진애). 殷遂喪(은수상), 越至于今(월지우금).

曰(왈): 父師少師(부사소사)! 我其發出狂(아기발출광)? 吳家耄遜于荒(오가모손우황)? 今爾無指告予(금이무지고여), 顚隮若之何其(전제약지하기).

1-2 은나라 백성들의 고통

[상서商書 · 미자微子/서경書經]

태사인 기자는 다음과 말하였습니다.

"왕자님! 하늘이 혹독한 재앙을 내려 우리 은나라를 멸망시키려

하고 있는데도 사람들은 모두 술독에 빠져 정신을 못 차리고 있습니다. 그리고 백성들은 벌을 두려워하지도 않으며, 웃어른도 외면하고 오랫동안 버슬자리에 있었던 분들의 뜻도 예사로 어기고 있습니다. 이제 은나라의 백성들은 손이 닿는 대로 천신과 지신에게 제사 지낼 순색의 짐승을 통째로 도둑질하고 있으나 나라에서는 이를 용납하고, 훔쳐다 먹어도 아무런 형벌도 없습니다. 하늘이 은나라의 백성들을 내려다보니 나라에서는 가혹한 세금을 거둬들이고 있으며, 백성들은 이 때문에 나라를 원수와 같이 여기고 있답니다. 나라의 상하가 모두 하나같이 죄를 저질렀으니, 선량한 백성들은 병마에 시달리고 큰 고통을 당하면서도 어디 하소연할 곳이 없답니다.

父師若曰(부사약왈): 王子(왕자)! 天毒降災荒殷邦(천독강재황은방), 方興沈酗于酒(방흥침후우주), 乃罔畏畏(내망외외), 咈其耉長舊有位人(불기구장구유위인). 今殷民乃攘竊神祇之犧牷牲(금은민내양절신기지희전생), 用以容(용이용), 將食無災(장식무재). 降監殷民(강감은민), 用乂仇斂(용예구렴), 召敵仇不怠(소적구불태). 罪合于一(죄합우일), 多瘠罔詔(다척망조).

이제 상나라에는 큰 재난이 내릴 것이며, 우리 모두 그 화를 받게 될 겁니다. 상나라가 멸망하면 우리 모두가 노예가 되어야 하는데, 나는 그러기는 싫답니다. 나는 이미 왕자님에게 멀리 떠나시라고 권고했으며, 예전부터 지금 왕의 해침을 받게 되리라고 말했습니다. 왕자님께서 떠나시지 않으면 우리 상나라는 조상을 받드는 후손까지도 끊어지게 될 겁니다. 각자가 살 도리를 찾아야 하며, 모든 사람들이 선왕들에게 공헌하는 바가 있어야 합니다. 그러나 나는 도망갈 것을 생각하지 않으렵니다."

商今其有災(상금기유재), 我興受其敗(아흥수기패). 商其淪喪(상기륜상), 我罔爲臣僕(아망위신복). 詔王子出(조왕자출), 迪我舊云刻子(적아구운각자). 王子弗出(왕자불출), 我乃顚隮(아내전제). 自靖(자정), 人自獻于先王(인자헌우선왕), 我不顧行遯(아불고행둔).

한자어원풀이

有備無患(유비무환) 이란 준비가 되어 있으면 걱정할 필요가 없다는 뜻으로, 사전에 미리 준비되어 있다면 우환을 당하지도 않고 뒷걱정이 없음을 이르는 말입니다. 『서경書經』「상서商書」「說命(열명)」에서 유래했답니다. 은나라의 재상이었던 부열(傅說)이 고종 임금에게 아뢴 "좋은 일이거들랑 행동으로 옮기되 행동은 그때에 맞게 하십시오. 자신의 능력을 자랑하게 되면 그 공덕을 잃게 됩니다. 오직 모든 일은 갖추어야 할 것이 있는 법이니, 준비가 되어 있으면 걱정할 필요가 없게 됩니다"라고 한 대목에서 유래했답니다.

있을 有(유) 는 손(手)의 모양을 뜻하는 자형상부의 ナ(좌)와 크게 썬 고깃덩이를 뜻하는 상형글자인 고기 육(肉)의 변형인 육달월(月)로 이루어졌습니다. 이에 따라 有(유)는 손(ナ)에 고깃덩이(肉=月)를 쥐고 있다는 데서 '가지고 있다', '있다'는 뜻을 지니게 되었답니다.

갖출 備(비) 는 서 있는 사람의 옆모습 상형한 사람 인(亻)과 갖출비(자형의 우변)로 이루어져 있습니다. 자형 우변은 화살통에 거꾸로 꽂혀 있는 화살의 모양을 상형한 것이랍니다. 자형상부의 '艹' 모양은 화살의 깃 모양이 변한 것이며, 하부의 '厂+用' 모양은 화살통에 꽂혀 있는 화살대를 본뜬 것이죠. 따라서 備(비)는 병사(亻)가 언제든 뽑아 쏠 수 있도록 준비된 화살(자형우변)이라는 데서 '갖추다', '준비하다'의 뜻을 지니게 되었답니다.

없을 無(무)는 자형상부의 모양과 불 화(灬)로 이루어져 있어서 회의글자로 분류하고 있지만, 갑골문이나 금문을 보면 사람(大)이 양손에 대나무 가지 등으로 만든 도구(丰)를 들고서 춤추는 무녀(巫女)의 모습을 그려낸 상형적 글자임을 알 수 있답니다. 자형하부의 '灬'는 불의 의미로 쓰인 게 아니라 사람의 발과 양손에 든 장신구를 나타내려 한 것이죠. 요즘도 그렇지만 신이 내려 춤을 추는 무녀의 모습은 자신의 의지와는 상관없이 몰아(沒我)의 경지에서 춤을 춘답니다. 그래서 일시적으로 자아가 없이 춤추는 무녀의 모습을 보고서 '없다'라는 뜻이 발생했죠. 無(무)가 본디 '춤추다'였으나 '없다' 혹은 '아니다'라는 뜻으로 쓰이자, 두 발의 모양을 본뜬 어그러질 舛(천)을 더해 '춤출 舞(무)'를 별도로 제작하기도 하였답니다.

근심 患(환)은 꿸 관(串)과 사람의 마음이 담겨 있다고 여긴 심장을 상형한 마음 심(心)으로 이루어져 있습니다. 串(관)은 꼬챙이 찬(弗)의 본래 자형으로 고대 화폐의 일종인 조개의 가운데 구멍을 뚫어 꿴 모습, 또는 두 개의 고기(ㅣ을 제외한 모양)를 불에 굽기 위해 긴 꼬챙이(ㅣ)에 꿴 모양을 본뜬 상형글자로 '꿰다', '익히다'는 뜻을 지니고 있답니다. 이에 따라 患(환)은 마음(心)이 꿰뚫어질(串)

만큼 아픈 상태로 요즘말로 하면 스트레스로 인한 심인성 질환이라는 데서 '근심', '걱정', '병'을 의미하게 되었답니다.

주서
周書

태서상(泰誓上)

전쟁에 앞서 지휘자가
장병들에게 한 훈시

1-1 주지육림의 폭군 주왕

[주서周書 · 태서상泰誓上/서경書經]

문왕이 천명을 받은 지 13년째인 어느 봄날에 아들 무왕은 제후들을 비롯한 그 휘하 군사들을 맹진에 모이게 하고 훈시를 하였습니다.

"아! 나의 우방인 제후들과 나의 일을 도와 처리하는 관원들이여! 나의 맹세를 분명하게 들으시오. 하늘과 땅은 만물의 부모이며 오직 사람만이 만물의 영장이라오! 그 가운데 총명한 분이어야 천자가 될 수 있는데, 천자는 만백성의 부모이기 때문이지요. 그런데도 오늘날 상나라의 임금인 수(폭군 주왕紂王의 이름)는 위로는 하늘을 공경하지 않고, 아래로는 백성들에게 커다란 재앙을 안겨주고 있습니다. 그는 주지육림(酒池肉林)을 만들어 술에 탐닉하고 여색에 빠져 포학무도한 일들을 아무렇지도 않게 저지르고 있습니다. 죄인을 벌함에 있어 가족에게까지 미치고, 벼슬자리는 후손에게까지 난발하고 있다오. 게다가 화려한 궁실과 누각과 정자들을 세우는 것은 물론 연못을 파게 하고 사치스런 옷만을 걸치고 있으며, 여기에 그대들 백성들을 잔혹하게 해치고 있습니다. 충신과 어진 사람들을 불태워 살해하고, 아이를 밴 부녀의 배를 가르고 뼈를 발라내었답니다. 이에 하늘은 크게 진노하시어 나의 돌아가신 아버님 문왕에게 천벌을 내리도록 하셨으나, 불행하게도 큰 공적을 이루기 전에 돌아가셨답니다."

惟十有三年春(유십유삼년춘), 大會于孟津(대회우맹진).

王曰(왕왈): 嗟(차)! 我友邦塚君(아우방총군), 越我御事庶士(월아어사서사), 明聽誓(명청서). 惟天地萬物父母(유천지만물부모), 惟人萬物之靈(유인만물지령). 但聰明(단총명), 作元后(작원후), 元后作民父母(원후작민부모). 今商王受(금상왕수), 弗敬上天(불경상천), 降災下民(강재하민). 沈湎冒色(침면모색), 敢行暴虐(감행폭학), 罪人以族(죄인이족), 官人以世(관인이세), 惟宮室台榭陂池侈服(유궁실태사피지치복), 以殘害于爾萬姓(이잔해우이만성). 焚炙忠良(분자충량), 刳剔孕婦(고척잉부). 皇天震怒(황천진노), 命我文考(명아문고), 肅將天威(숙장천위), 大勳未集(대훈미집).

1-2 주왕을 징벌해야 하는 이유

[주서周書 · 태서상泰誓上/서경書經]

"따라서 부덕하지만 이 몸이 우방의 여러 제후들과 함께 저 상나라의 정치행태를 주시해 왔습니다. 그러나 상나라 왕 수는 전혀 뉘우치는 마음도 없을 뿐더러 오히려 안일함에 빠져 천지신명을 섬기지도 않고, 선조의 종묘사직에 대한 제사도 저버리고 돌보지 않고 있습니다. 그러면서도 '내겐 다스릴 백성이 있고 하늘의 명도 있다'면서 오만한 태도를 고칠 기미도 보이지 않고 있답니다. 하늘은 백성을 돌보시어 그들에게 왕을 내셨으며 또한 그들을 다스리게 하셨답니다. 그리고 오로지 상제를 도와서 온 세상을 다스려 편안케 해야 합니다. 이번 정벌이 죄가 되는지 아닌지는 내 어찌 감히 하늘의 뜻을 헤아려 알 수 있겠습니까? 폭군 주왕과 짐을 비교하여 힘이 같다면 덕행을 헤아려보고, 덕행이 같다면 그 의로움을 살펴보시기 바랍니다."

肆予小子發(사여소자발), 以爾友邦塚君(이이우방총군), 觀政于商(관정우상). 惟受罔有悛心(유수망유전심), 乃夷居(내이거), 弗事上帝神祇(불사상제신기), 遺厥先宗廟弗祀(유궐선종묘불사). 犧牲粢盛(희생자성), 旣于凶盜(기우흉도). 乃曰(내왈): 吳有民有命(오유민유명). 罔懲其侮(망징기모). 天佑下民(천우하민), 作之君(작지군), 作之師(작지사), 惟其克相上帝(유기극상상제), 寵綏四方(총수사방). 有罪無罪(유죄무죄), 予曷敢有越厥志(여갈감유월궐지)? 同力度德(동력도덕), 同德度義(동덕도의).

1-3 주왕을 물리칠 절호의 기회

[주서周書 · 태서상泰誓上/서경書經]

"폭군 주왕인 수에게는 신하가 억만 명에 달하나 그 마음들이 억만 갈래로 흩어져 있다오. 그러나 나에게는 비록 3천의 신하들뿐이지만 모두 한마음으로 똘똘 뭉쳐 있답니다. 상나라 왕의 죄는 차고 넘쳐나 하늘이 주살하라고 명하고 있습니다. 내가 하늘의 명을 따르지 않으면 그 죄가 주왕과 같아질 겁니다. 부덕한 이 내 몸은 새벽부터 밤까지 공경하고 두려워하는 마음으로 돌아가신 아버님으로부터 명을 받았답니다. 그리하여 상제를 받들어 류(類: 천신天神께 지내는 제사)라는 제사를 모시고, 또 지신에게도 의(宜: 地神께 지내는 제사)라는 제사를 올렸답니다. 이제 그대들과 함께 하늘을 대신하여 주왕에게 벌을 내리고자 합니다. 하늘은 백성들을 불쌍히 여기시니, 백성들이 바라는 바를 하늘만큼은 반드시 따라주실 겁니다. 그대들은 내 이 한 사람을 보필하여 천하세상을 길이길이 맑고 깨끗하게 해주시오. 절호의 때가 찾아왔으니 결코 이 기회를 놓치지 않도록 합시다."

受有臣億萬(수유신억만), 惟億萬心(유억만심). 予有臣三千(여유신삼천), 惟一心(유일심). 商罪貫盈(상죄관영), 天命誅之(천명주지). 予弗順天(여불순천), 厥罪惟鈞(궐죄유균). 予小子夙夜祗懼(여소자숙야지구), 受命文考(수명문고), 類于上帝(유우상제), 宜于塚土(의우총토), 以爾有衆(이이유중), 底天之罰(지천지벌). 天矜于民(천긍우민), 民之所欲(민지소욕), 天必從之(천필종지). 爾尙弼予一人(이상필여일인), 永淸四海(영청사해), 時哉弗可失(시재불가실).

태서중(泰誓中)

1-1 주왕의 오만방자한 행위

[주서周書 · 태서중泰誓中/서경書經]

정월 무오일에 무왕은 황허강을 건넌 후 강기슭 북쪽에 군대를 주둔시켰습니다. 각 제후들이 자기의 군사를 거느리고 모두 모이자, 무왕은 곧 군사들을 휘돌아보며 맹세히듯 말씀히셨습니다.

"오오! 서쪽 땅에서 온 사람들이여! 모두 짐의 말을 경청해 주십시오. 내가 듣기로는, 크게 길한 사람은 선행을 하기에도 오직 그 시일이 부족하고, 흉악한 사람은 악한 일을 저지르기에도 시일이 부족하다고 했답니다. 지금 상나라 왕인 수는 법도에도 없는 짓을 마음껏 자행하며, 헐벗고 굶주린 노인들을 돌보지도 않고 죄를 지은 무리들과 놀아나고 있습니다. 그러면서 음탕하게 술에 탐닉하면서 방자하게도 포학무도한 짓을 일삼고 있답니다. 그러니 신하들도 이에 동화되어 무리를 지어 원수가 되고 권세로 협박하면서 서로 멸망의 길로 치닫고 있습니다. 이에 무고한 백성들이 하늘에 호소하니, 이와 같은 더러운 행위들이 밝게 드러나 소문이 퍼지게 되었답니다."

惟戊吾(유무오), 王次于河朔(왕차우하삭), 群后以師畢會(군후이사필회).

王乃徇師而誓曰(왕내순사이서왈): 塢呼(오호)! 西土有衆(서토유중), 咸聽朕言(함청짐언). 我聞吉人爲善(아문길인위선), 惟日不足(유일부족). 凶人爲不善(흉인위불선), 亦惟日不足(역유일부족). 今商王受(금상왕수), 力行無度(역행무도), 播棄犁老(파기리로), 暱比罪人(닐비죄인). 淫酗肆虐(음후사학), 臣下化之(신하화지), 朋家作仇(붕가작구), 脅權相滅(협권상멸). 無辜籲天(무고유천), 穢德彰聞(예덕창문).

1-2 역사적 선례

[주서周書 · 태서중泰誓中/서경書經]

"오직 하늘이 백성들에게 은혜로움을 베푸시니 임금된 자는 마땅히 하늘을 받들어 모셔야 합니다. 그런데도 하나라의 걸왕은 하늘의 뜻을 거역하고서 나라에 해독을 끼쳤답니다. 이에 하늘은 상나라의 탕왕에게 천명을 내리고 보우하사 하나라의 걸왕을 축출토록 하였죠. 그런데 상나라의 주왕인 수는 하나라의 걸왕보다 더 많은 죄업을 지었답니다. 어진 현인들의 살가죽을 벗겨 죽이고 충언으로 보좌하는 이들을 학대하였죠. 그러면서도 하늘의 명이 자기에게 있다 말하고, 공경함은 행할 바가 못 된다고 말했으며, 제사를 지내는 것도 전혀 도움이 되지 않는다고 말하고, 난폭함이 결코 남을 해치는 게 아니라고 말하고 있습니다. 이와 같은 본보기는 멀리 있지 않으니, 곧 저 하나라의 걸왕이랍니다. 이에 하늘은 나에게 백성들을 다스리도록 명하셨으며, 나의 꿈도 짐이 점친 결과와 일치하여 거듭거듭 훌륭하고도 상서로운 징조를 보여주고 있으니, 상나라와 싸우면 반드시 이길 겁니다."

惟天惠民(유천혜민), 惟辟奉天(유벽봉천). 有夏桀弗克若天(유하걸불극약천), 流毒下國(유독하국). 天乃佑命成湯(천내우명성탕), 降黜夏命(강출하명). 惟受罪浮于桀(유수죄부우걸). 剝喪元良(박상원량), 賊虐諫輔(적학간보). 謂己有天命(위기유천명), 謂敬不足行(위경부족행), 謂祭無益(위제무익), 謂暴無傷(위폭무상). 厥監惟不遠(궐감유불원), 在彼夏王(재피하왕). 天其以予乂民(천기이여예민), 朕夢協朕卜(짐몽협짐복), 襲于休祥(습우휴상), 戎商必克(융상필극).

1-3 청사에 길이 남을 공로
[주시周書 · 태시종泰誓中/시경書經]

"상나라 주왕인 수는 억조에 달하는 백성을 거느리고 있으나, 모두가 마음도 떠나고 덕도 그저 그래서 뿔뿔이 흩어져 있답니다. 나는 십여 명의 신하를 거느리고 있지만 한마음 한 덕행으로 뭉쳐 있습니다. 그리고 상나라 수에게는 주위에 친한 사람이 많지만 나의 어진 신하들 같진 않답니다. 하늘은 내 백성들이 보는 것을 통해 보고, 우리 백성들이 듣는 것을 통해 듣고 계신답니다. 백성들에게 허물이 있는 건 나 한 사람에게 있는 것이니, 이제 짐은 반드시 상나라의 주왕을 정벌하러 가야겠습니다. 우리는 용감한 무용을 드날리며 주왕의 강토로 쳐들어가 저 흉악한 잔당들을 잡아냅시다. 우리의 토벌이 이루어지면 하늘에 계신 탕왕의 공보다도 빛날 겁니다. 나의 군사들이여! 총궐기합시다. 혹 적을 두려워하지 않을지도 모르나 차라리 우리가 대적하지 못할 정도로 강할지도 모른다는 심정으로 임하시오. 백성들은 지금 뿔이 부러진 짐승들처럼 두려움에 벌벌 떨고 있다오. 아아! 그대들이 한결같은 덕성과 한마음 한뜻으로 단결하여 공로를 세운다면 길이길이 청사에 남을 겁니다."

受有億兆夷人(수유억조이인), 離心離德(이심리덕). 予有亂臣十人(여유란신십인), 同心同德(동심동덕). 雖有周親(수유주친), 不如仁人(불여인인). 天視自我民視(천시자아민시), 天聽自我民聽(천청자아민청). 百姓有過(백성유과), 在予一人(재여일인), 今朕必往(금짐필왕). 我武維揚(아무유양), 侵于之疆(침우지강), 取彼凶殘(취피흉잔). 我伐用張(아벌용장), 于湯有光(우탕유광). 勖哉夫子(욱재부자)! 罔或無畏(망혹무외), 寧執非敵(영집비적). 百姓懍懍(백성늠름), 若崩厥角(약붕궐각). 塢呼(오호)! 乃一德一心(내일덕일심), 立定厥功(입정궐공), 惟克永世(유극영세).

태서하(泰誓下)

1-1 천벌을 내리도록 하자

[주서周書 · 태서하泰誓下/서경書經]

날이 밝아진 다음 날, 무왕은 육군(六軍)인 전 군사들을 돌아보시고 모든 군사들에게 명확하게 훈계하였습니다.

"아아! 나의 서쪽 땅에서 온 군자들이여! 하늘에는 밝은 도가 있으며 그 종류가 분명하게 밝혀져 있답니다. 그러나 오늘날 상나라 왕인 수는 오륜(五倫)을 멸시하고 업신여기며 언행도 거칠고 게을러빠져 공경치도 않고 있습니다. 그는 스스로 하늘의 명을 단절하고 백성들과는 원한을 맺었답니다. 그는 겨울아침에 강을 건너는 사람들의 정강이를 자르고 어진 사람의 심장을 도려냈으며, 포학한 행위와 살육으로 온 세상에 해악을 끼쳐 백성들을 괴롭혀왔습니다. 그러고는 간사하고 교활한 자들을 믿고서 벼슬을 높여주었으며, 올바른 가르침으로 그를 지켜주는 분들을 내쫓았답니다. 법과 형벌을 저버리고 올바른 사람들을 가두고 노예로 삼았습니다. 하늘에 대한 제사와 지신에 대한 제사를 모시지도 않고 종묘에 대한 제례도 거행치 않고 있답니다. 기묘한 재주와 교묘한 수단을 부리는 자로 하여금 달기라는 여인의 환심을 불러일으키고 있습니다. 상제께서는 이와 같은 주왕의 행위를 불순하게 여기시고 그에게 내렸던 명을 거두어 멸망케 하시고 있답니다. 그대들은 힘써 나 한 사람을 받들어 하늘을 대신하여 삼가 천벌을 시행토록 합시다."

時厥明(시궐명), 王乃大巡六師(왕내대순륙사), 明誓衆士(명서중사).

王曰(왕왈): 嗚呼(오호)! 我西土君子(아서토군자)! 天有顯道(천유현도), 厥類惟彰(궐류유창). 今商王受(금상왕수), 狎侮五常(압모오상), 荒怠弗敬(황태불경). 自絕于天(자절우천), 結怨于民(결원우민). 斫朝涉之脛(작조섭지경), 剖賢人之心(부현인지심), 作威殺戮(작위살륙), 毒痡四海(독부사해). 崇信奸回(숭신간회), 放黜師保(방출사보), 屏棄典刑(병기전형), 囚奴正士(수노정사), 郊社不修(교사불수), 宗廟不享(종묘불향), 作奇技淫巧以悅婦人(작기기음교이열부인). 上帝弗順(상제불순), 祝降時喪(축강시상). 爾其孜孜(이기자자), 奉予一人(봉여일인), 恭行天罰(공행천벌).

1-2 원수 주왕을 치기에 앞서

[주서周書 · 태서하泰誓下/서경書經]

옛사람들은 말씀하셨습니다.

"우리 백성들을 다정하게 어루만져주시는 분은 임금님이지만,

그렇지 않고 우리를 학대하는 사람은 백성들의 원수랍니다."

이제 저 외톨이 주왕 수는 크나크게 포학한 짓을 일삼았으니, 누대에 걸친 그대들의 원수입니다. 덕을 펼치려면 반드시 그 덕이 크게 일어나도록 힘써야 하며, 악을 제거할 때는 그 뿌리부터 잘라내야 합니다. 이에 따라 부덕한 이 몸은 그대들 모든 군사들과 힘을 합하여 저 우리 모두의 원수를 완전히 섬멸하려는 것이오. 그대들 모든 군사들은 과감하고 군세게 전진하여 그대들의 임금인 이 몸의 일을 이룩하도록 하시오. 많은 공을 세우는 사람에게는 후한 상을 내리겠지만, 싸움에 나아가지 않고 물러서는 자는 용서치 않고 많은 사람들 앞에서 공개처형할 것이오. 아아! 돌아가신 나의 아버님 문왕께서는 마치 해와 달과 같이 우리의 앞길을 비춰주고 계시고 있소. 그분의 빛이 온 세상에 가득 차서 우리 서쪽 땅을 밝게 하고 있으니, 우리 주나라는 여러 나라를 신민으로 받아들일 수 있답니다. 내가 만약 저 상나라의 주왕인 수를 이긴다면 나의 무용 때문이 아니라 돌아가신 아버님 문왕께서 허물이 없었기 때문이라오. 그러나 진다면 이 몸이 어질지 못한 것일 게요."

古人有言曰(고인유언왈): 撫我則后(무아즉후), 虐我則仇(학아즉구).

獨夫受洪惟作威(독부수홍유작위), 乃汝世仇(내여세구). 樹德務滋(수덕무자), 除惡務本(제악무본), 肆予小子誕以爾衆士(사여소자탄이이중사), 殄殲乃仇(진섬내구). 爾衆士其尙迪果毅(이중사기상적과의), 以登乃辟(이등내벽). 功多有厚賞(공다유후상), 不迪有顯戮(부적유현륙). 嗚呼(오호)! 惟我文考(유아문고), 若日月之照臨(약일월지조림), 光于四方(광우사방), 顯于西土(현우서토). 惟我有周誕受多方(유아유주탄수다방). 予克受(여극수), 非予武(비여무), 惟朕文考無罪(유짐문고무죄). 受克予(수극여), 非朕文考有罪(비짐문고유죄), 惟予小子無良(유여소자무량).

목서(牧誓)

주나라 무왕이 상나라 주왕을 무찌르고자
목야에서 한 다짐

1-1 우방군을 집결시키고 맹세한 무왕

[주서周書 · 목서牧誓/서경書經]

2월 4일 갑자일, 주나라의 무왕은 아침 일찍 상나라 교외인 목야에 이르러 전군에게 훈시하였답니다. 이때 무왕은 왼손에 금도끼를 들고 오른손에는 흰 깃발을 들고서 외쳤습니다.

"오! 나와 친교를 맺어온 우방 각국의 군주들이시여! 그리고 나를 도와 정사를 돌보는 사도·사마·사공·천부장·백부장은 물론 용·촉·강·무·미·로·팽·복나라 사람들이여!. 그대들의 장창과 방패를 나란히 쳐들고, 그대들의 세모창을 세우시오. 내 이제 그대들에게 맹세하리라!"

時甲子昧爽(시갑자매상), 王朝至于商郊牧野(왕조지우상교목야), 乃誓(내서). 王左杖黃鉞(왕좌장황월), 右秉白旄以麾(우병백모이휘).

王曰(왕왈): 嗟(차)! 我友邦冢君(아우방총군), 御事(어사), 司徒(사도)·司馬(사마)·司空(사공), 亞旅(아려), 師氏(사씨), 千夫長(천부장)·百夫長(백부장), 及庸(급용)·蜀(촉)·羌(강)·髳(무)·微(미)·盧(로)·彭(팽)·濮人(복인). 稱爾戈(칭이과), 比爾干(비이간), 立爾矛(입이모), 予其誓(여기서).

1-2 천벌의 집행에 앞서 무왕의 맹세

[주서周書 · 목서牧誓/서경書經]

무왕은 계속해서 말을 이어갔습니다.

"옛사람들이 이르길 '암탉은 아침에 울지 않는다. 암탉이 아침에 울면 집안이 망한다'고 했습니다. 그런데 요즘 상나라 주왕인 수는 애첩 달기의 말만을 듣고 있다오. 임금으로서 조상에 대한 제사도 전혀 돌보지 않고 있으며, 한 조상을 모신 한 핏줄의 백부와 숙부 등은 물론 형제들도 돌보지 않고 등용치도 않고 있습니다. 그러면서도 천하 곳곳에서 많은 죄를 짓고 도망쳐온 자들을 거두어 환대할 뿐 아니라 믿고서 중용하고 있답니다. 그런데 이러한 무리들에게 대부와 경사의 벼슬자리를 주고 있습니다. 이자들은 백성들에게 포학한 일을 저지르게 하여 상나라를 범죄로써 문란케 하고 있답니다. 이제 나 발(무왕)은 삼가 하늘의 벌을 집행하고자 합니다."

王曰(왕왈): 古人有言曰(고인유언왈): 牝雞無晨(빈계무신), 牝雞之晨(빈계지신), 惟家之索(유가지색). 今商王受(금상왕수), 惟婦言是用(유부언시용), 昏棄厥肆祀弗答(혼기궐사사불답), 昏棄厥遺王父母弟不迪(혼기궐유왕부모제부적), 乃惟四方之多罪逋逃(내유사방지다죄포도), 是崇是長(시숭시장), 是信是使(시신시사), 是以爲大夫卿士(시이위대부경사). 俾

暴虐于百姓(비폭학우백성), 以奸宄于商邑(이간귀우상읍). 今予發惟恭
行天之罰(금여발유공행천지벌).

1-3 대오를 정비하며 진격합시다

[주서周書 · 목서牧誓/서경書經]

"오늘과 같은 일은 동료들보다 6보나 7보를 앞서는 과실을 저지
르지 말고 걸음을 멈춘 후 보조를 맞추어 나란히 행동해야 합니다.
용사들이여! 힘써 봅시다. 돌격은 네 번 내지 다섯 번 혹은 여섯 번
또는 일곱 번 정도로 하고 멈추어 나란하게 정비를 해야 합니다.
용사들이여, 힘을 냅시다. 바라건대 때론 호랑이같이, 때론 표범같
이, 때론 곰과 같이, 때론 큰곰과 같이 상나라 교외로 진격합시다.
그대들은 투항해 오는 사람을 맞아 죽여서는 아니 됩니다. 항복해
오는 자들은 우리 서쪽 땅 사람들에게도 도움이 될 겁니다. 힘을
냅시다! 용사들이여! 그대들 가운데 힘쓰지 않는 자가 있다면 나는
그러한 자를 가려내 그 몸의 죗값을 죽음으로 물을 겁니다."

今日之事(금일지사), 不愆于六步七步(불건우륙보칠보), 乃止齊焉(내
지제언). 勖哉夫子(욱재부자)! 不愆于四伐五伐六伐七伐(불건우사벌오
벌륙벌칠벌), 乃止齊焉(내지제언). 勖哉夫子(욱재부자)! 尙桓桓如虎如
貔如熊如羆(상환환여호여비여웅여비), 于商郊(우상교). 弗迓克奔(불아극
분), 以役西土(이역서토), 勖哉夫子(욱재부자)! 爾所弗勖(이소불욱), 其
于爾躬有戮(기우이궁유륙).

무성(武成)

주나라 무왕이 상나라를 멸하고
천하통일을 완성

1-1 상나라의 멸망과 주나라의 평정

[주서周書 · 무성武成/서경書經]

정월 초하루인 임진일에는 달빛도 거의 없었답니다. 그 이튿날인 계사일 아침에 무왕은 주나라를 떠나 상나라 정벌 길에 올랐답니다. 그해 4월 달빛이 밝아져 올 때 무왕은 상나라를 멸하고 풍땅에 이르렀습니다. 이곳에서 무왕은 무력을 버리고 문덕을 바탕으로 한 덕치에 힘쓰기로 작정하고 군마들을 화산의 남쪽 기슭으로 돌려보냈으며, 소들도 도림이라는 큰 들판에 방목하여 전쟁이 끝났음을 온 세상에 선포하였습니다. 정미일에는 주나라의 종묘에 제사를 올렸는데, 이때 모든 제후들이 달려와 제사를 도왔답니다. 그리고 3일이 지난 경술일에는 하늘에 시제를 올리고 산천에 망제를 올려 왕업이 이루어졌음을 고하였죠. 달이 기울 무렵엔 제국의 대군들과 여러 관원들이 주나라의 명을 받들었답니다.

惟一月壬辰(유일월임진), 旁死魄(방사백). 越翼日(월익일), 癸巳(계사),
王朝步自周(왕조보자주), 于征伐商(우정벌상). 厥四月(궐사월), 哉生明
(재생명), 王來自商(왕래자상), 至于豐(지우풍). 乃偃武修文(내언무수문),
歸馬于華山之陽(귀마우화산지양), 放牛于桃林之野(방우우도림지야), 示
天下弗服(시천하불복). 丁未(정미), 祀于周廟(사우주묘), 邦甸侯衛(방전
후위), 駿奔走(준분주), 執豆籩(집두변). 越三日(월삼일), 庚戌(경술), 柴
望(시망), 大告武成(대고무성). 旣生魄(기생백), 庶邦塚君暨百工(서방총
군기백공), 受命于周(수명우주).

1-2 선왕들의 치적

[주서周書 · 무성武成/서경書經]

무왕은 다음과 같이 말씀하셨습니다.

"아아! 여러 제후들이여! 우리 주 왕실의 시조이신 후직(后稷: 농
사의 신, 이름은 기棄)께서는 나라를 세우시고 백성들에게 농사짓는
법을 가르치셨습니다. 그리고 공유께서는 선인들이 이룩하신 업적
을 더욱 두터이 하셨답니다. 또한 고공단보인 태왕에 이르러서는
왕업의 기틀을 처음으로 세웠고, 할아버지셨던 왕계께서는 왕업을
공고히 하시는 데 힘을 쏟았죠. 돌아가신 부왕이셨던 문왕께서도
또한 많은 공적을 이룩하시어 천명을 받아 중화의 모든 강토를 골
고루 어루만져 복된 나라로 만드셨답니다. 이에 큰 나라들은 그 위
력을 두려워하게 되었고, 작은 나라들은 그 덕을 가슴에 품으며 따
르게 되었죠. 이와 같이 9년 동안 덕치에 힘쓰셨으나 대업을 완수
하지 못하셨으니, 이에 부덕한 이 몸이 부왕의 뜻을 받들게 되었답

니다."

王若曰(왕약왈): 鳴呼(오호)! 群后(군후)! 惟先王建邦啟土(유선왕건
방계토), 公劉克篤前烈(공류극독전렬), 至于大王肇基王跡(지우대왕조기
왕적), 王季其勤王家(왕계기근왕가). 我文考文王克成厥勳(아문고문왕극
성궐훈), 誕膺天命(탄응천명), 以撫方夏(이무방하). 大邦畏其力(대방외기
력), 小邦懷其德(소방회기덕). 惟九年(유구년), 大統未集(대통미집), 予
小子其承厥志(여소자기승궐지).

1-3 주 왕실의 번창

[주서周書 · 무성武成/서경書經]

주나라 무왕은 상나라 주왕의 죄상을 드러내어 천지신명에게
고하였으며, 명산대천을 지날 때는 대업이 이룩되었음을 알렸습
니다.

"도리를 갖춘 이의 증손이자 주나라 왕인 발은 상나라를 쳐서 크
게 바로잡고자 합니다. 오늘날 상나라 왕 수는 도리도 갖추지 못한
채 하늘이 내린 물건들을 함부로 낭비하고, 많은 백성들을 해치고
학대하였습니다. 여기에 천하 곳곳에서 도망쳐온 자들을 거두어
비호하니, 그 아래 모여든 무리들은 연못의 고기떼와 숲속의 짐승
떼처럼 많답니다. 그리하여 이 몸은 이미 모셔온 현자들과 더불어
삼가 상제를 받들어 주왕의 어지러운 정사를 막고자 하였습니다.
이에 우리 화하족은 물론 변방의 만족과 맥족까지도 우리 주 왕실
을 따르지 않는 사람이 없습니다. 하늘의 명을 공경하고 이루기 위
해 저는 동쪽으로 정벌 길에 올라 그곳 남녀 모든 백성들을 편안하

게 하였습니다. 이때 그곳 백성들은 검고 누런 비단을 대광주리에 담아와 우리 주 왕실을 더욱 빛냈답니다. 하늘의 축복이 온 세상을 진동하니 우리 큰 나라인 주에 귀의하였던 겁니다. 바라옵건대 신들께서는 이 몸을 도우시어 억조창생의 백성들을 도탄에서 구제하소서. 그리하여 신들에게 수치가 돌아가지 않도록 해주옵소서.”

底商之罪(지상지죄), 告于皇天后土所過名山大川(고우황천후토소과명산대천).

曰(왈): 惟有道曾孫周王發(유유도증손주왕발), 將有大正于商(장유대정우상). 今商王受無道(금상왕수무도), 暴殄天物(폭진천물), 害虐烝民(해학증민), 爲天下逋逃主(위천하포도주), 萃淵藪(췌연수). 予小子旣獲仁人(여소자기획인인), 敢祗承上帝(감지승상제), 以遏亂略(이알란략). 華夏蠻貊(화하만맥), 罔不率俾(망불솔비). 恭天成命(공천성명), 肆予東征(사여동정), 綏厥士女(수궐사녀). 惟其士女(유기사녀), 篚厥玄黃(비궐현황), 昭我周王(소아주왕). 天休震動(천휴진동), 用附我大邑周(용부아대읍주). 惟爾有神(유이유신), 尙克相予以濟兆民(상극상여이제조민), 無作神羞(무작신수).

1-4 백성들에게 온정을 베풀다
[주서周書 · 무성武成/서경書經]

무오일에 주나라 무왕께서 거느린 군사가 맹진 나루를 건넜으며, 계해일에는 상나라 도읍인 조가 근교의 목야에 진을 치고 천명을 기다렸답니다. 그리고 갑자일 새벽녘에 상나라 주왕이 사람 숲을 이룬 듯 대군을 이끌고 나타나 목야에서 전투가 벌어졌지만, 상나라 군사는 우리 군사를 대적할 수 없었습니다. 왜냐하면 상나라 군사의 선봉대가 반기를 들어 뒤따르던 자기편의 후발대를 공격하니, 상나라 군사는 혼란 속에 패배하고 말았으며, 이때 흘린 피로 절굿공이가 떠다닐 정도였답니다. 이 한 번의 싸움으로 천하가 크게 안정되었습니다. 이에 무왕은 상나라 정치를 바로잡아 옛날의 정세를 되살렸답니다. 무고하게 갇혔던 기자를 석방하고 옳은 말로 간언하다 죽임을 당했던 비간의 무덤에 새롭게 봉분을 쌓아 올려 그의 넋을 기렸답니다. 또 상용이란 현인이 살고 있는 마을에서는 무왕이 수레 위에서 그에게 경의를 표하기도 하였습니다. 주왕이 주연을 베풀었던 녹대를 허물어 그곳의 재물을 백성들에게 나누어 주었으며, 거교에 쌓여 있던 양곡 역시 풀어서 백성들에게 나누어 주었답니다. 이와 같이 온 세상에 큰 은혜를 베푸니 백성들이 기꺼이 무왕에게 복종하였답니다.

旣戊吾(기무오), 師逾孟津(사유맹진). 癸亥(계해), 陳于商郊(진우상교), 俟天休命(사천휴명). 甲子昧爽(갑자매상), 受率其旅若林(수솔기려약림), 會于牧野(회우목야). 罔有敵于我師(망유적우아사), 前徒倒戈(전도도과), 攻于後以北(공우후이북), 血流漂杵(혈류표저). 一戎衣(일융의), 天下大定(천하대정). 乃反商政(내반상정), 政由舊(정유구). 釋箕子囚(석기자수), 封比干墓(봉비간묘), 式商容閭(식상용려). 散鹿臺之財(산록대지재), 發鉅橋之粟(발거교지속), 大賚于四海(대뢰우사해), 而萬姓悅服(이만성열복).

작위는 공公·후侯·백伯·자子·남男의 다섯 등급으로 나누었으며,

땅은 세 등급(공과 후에게는 사방 100리의 땅을, 백에게는 사방 70리, 자와 남에게는 사방 50리의 땅으로 한정)으로 나누어 제후들에게 분배했습니다. 관직에는 어진 사람만을 등용하였고, 능력을 갖춘 자에 한해 일을 맡겨 처리토록 하였답니다. 그리고 백성들에겐 오륜을 중시하도록 하였고, 여기에 더해 먹는 것과 장사지내는 것과 제사 모시는 일 또한 중요시하게 하였습니다. 여기에 서로 믿음을 두텁게 하고 의로움을 밝게 하며, 덕을 숭상하고 공로에 보상하니 팔짱을 끼고 편히 앉아 있어도 천하세상은 잘 다스려졌답니다.

列爵惟五(열작유오), 分土惟三(분토유삼). 建官惟賢(건관유현), 位事惟能(위사유능). 重民五敎(중민오교), 惟食喪祭(유식상제). 惇信明義(돈신명의), 崇德報功(숭덕보공). 垂拱而天下治(수공이천하치).

홍범(洪範)

백성들에게
인륜의 도리를 설명한 홍범구주

1-1 홍범구주란 무엇인가

[주서周書 · 홍범洪範/서경書經]

무왕 13년에 임금님께서는 현인인 기자(箕子)를 찾아가 가르침을 청하였답니다.

"아! 기자시여! 하늘은 이 세상의 백성들을 보살피며 서로 화합하여 살도록 하였는데, 나는 일상에서 떳떳하게 살아가는 인륜의 도리를 어떻게 제정해야 할지 잘 모르겠구려."

이에 기자는 곧바로 아뢰었답니다.

"제가 듣기론 옛날 우의 아버지 곤은 홍수를 막으려다 오행을 어지럽혔다 합니다. 그리하여 천제께서 진노하시어 대법인 홍범의 아홉 조목을 가르쳐주지 않아 인륜의 도리가 망치게 되었다고 합니다. 곤은 곧 순임금에게 죽임을 당하였고 아들 우가 뒤를 이어

홍수를 다스리게 되었는데, 하늘은 우에게 아홉 가지 대법인 홍범 구주를 줌으로써 일상에서 떳떳하게 살아가는 인류의 도리가 정하여졌다고 합니다. 그 첫째는 오행이요, 둘째는 다섯 가지 일을 공경하여 행하는 것이며, 셋째는 여덟 가지 정사를 힘써 행하는 것이고, 넷째는 천상역수를 조화시키는 것이며, 다섯째는 천자의 법칙을 세워 사용하는 것이고, 여섯째는 세 가지 덕행을 활용하여 백성을 다스리는 것이며, 일곱째는 점을 쳐 의문스러운 일을 밝혀 이용하는 것이고, 여덟째는 모든 징조를 잘 생각하여 정사에 반영하는 것이며, 아홉째는 다섯 가지 복을 누릴 수 있도록 하고 여섯 가지 곤궁함을 눌러 없애는 것이랍니다."

惟十有三祀(유십유삼사), 王訪于箕子(왕방우기자).

王乃言曰(왕내언왈): 嗚呼(오호)! 箕子(기자)! 惟天陰騭下民(유천음즐하민), 相協厥居(상협궐거), 我不知其彝倫攸敍(아부지기이륜유서).

箕子乃言曰(기자내언왈): 我聞在昔(아문재석), 鯀堙洪水(곤인홍수), 汨陳其五行(율진기오행). 帝乃震怒(제내진노), 不畀洪範九疇(불비홍범구주), 彝倫攸斁(이륜유두). 鯀則殛死(곤즉극사), 禹乃嗣興(우내사흥), 天乃錫禹洪範九疇(천내석우홍범구주), 彝倫攸敍(이륜유서). 初一曰五行(초일왈오행), 次二曰敬用五事(차이왈경용오사), 次三曰農用八政(차삼왈농용팔정), 次四曰協用五紀(차사왈협용오기), 次五曰建用皇極(차오왈건용황극), 次六曰乂用三德(차륙왈예용삼덕), 次七曰明用稽疑(차칠왈명용계의), 次八曰念用庶徵(차팔왈념용서징), 次九曰嚮用五福(차구왈향용오복), 威用六極(위용륙극).

1-2 오행과 오사에 대해

[주서周書 · 홍범洪範/서경書經]

"홍범구주 중 첫 번째는 오행에 대해 말하고 있습니다. 첫째는 물(수水), 둘째는 불(화火), 셋째는 나무(목木), 넷째는 쇠붙이(금金), 다섯째는 흙(토土)입니다. 물은 아래로 흐르며 적시고, 불은 위로 타오릅니다. 나무는 구부리거나 곧게 할 수 있으며, 쇠붙이는 사람이 하고자 하는 대로 바꿀 수 있고, 흙은 그곳에 곡식을 심어 양식을 거둘 수 있는 특성을 지니고 있답니다. 아래로 적시며 내려가는 것은 짠맛이고, 위로 오르며 타오르는 것은 쓴맛이며, 구부러지거나 곧게 할 수 있는 것은 신맛이고, 뜻대로 모양을 바꿀 수 있는 것은 매운맛이며, 심어 거둘 수 있는 것은 단맛입니다."

一五行(일오행). 一曰水(일왈수), 二曰火(이왈화), 三曰木(삼왈목), 四曰金(사왈금), 五曰土(오왈토). 水曰潤下(수왈윤하), 火曰炎上(화왈염상), 木曰曲直(목왈곡직), 金曰從革(금왈종혁), 土爰稼穡(토원가색). 潤下作鹹(윤하작함), 炎上作苦(염상작고), 曲直作酸(곡직작산), 從革作辛(종혁작신), 稼穡作甘(가색작감).

"두 번째의 다섯 가지 일에 있어서는 첫째는 태도이며, 둘째는 말이고, 셋째는 보는 것이며, 넷째는 듣는 것이고, 다섯째는 생각하는 것이랍니다. 태도는 공손해야 하고, 말은 옳음을 따라야 하며, 보는 것은 밝아야 하고, 듣는 것은 분명해야 하며, 생각은 치밀해야 합니다. 공손하면 엄숙해지고, 옳음을 따르면 잘 다스려지며, 밝게 보면 명철해지고, 분명하게 들을 수 있으면 지혜가 있게 되며,

생각이 치밀해지면 성인과도 같이 통달하게 된답니다."

二五事(이오사): 一曰貌(일왈모), 二曰言(이왈언), 三曰視(삼왈시), 四曰聽(사왈청), 五曰思(오왈사). 貌曰恭(모왈공), 言曰從(언왈종), 視曰明(시왈명), 聽曰聰(청왈총), 思曰睿(사왈예). 恭作肅(공작숙), 從作乂(종작예), 明作哲(명작철), 聰作謀(총작모), 睿作聖(예작성).

1-3 정사와 오기에 대해

[주서周書 · 홍범洪範/서경書經]

"세 번째의 여덟 가지인 정사라 함은 그 첫째가 양식이며, 둘째는 재화, 셋째는 제사, 넷째는 토지와 주거, 다섯째는 교육, 여섯째는 치안, 일곱째는 외교, 여덟째는 군사입니다."

三八政(삼팔정): 一曰食(일왈식), 二曰貨(이왈화), 三曰祀(삼왈사), 四曰司空(사왈사공), 五曰司徒(오왈사도), 六曰司寇(육왈사구), 七曰賓(칠왈빈), 八曰師(팔왈사).

"네 번째의 오기라 함은 그 첫째가 한 해의 세, 둘째가 월, 셋째가 일, 넷째가 성신, 다섯째가 역법과 산수랍니다."

四五紀(사오기): 一曰歲(일왈세), 二曰月(이왈월), 三曰日(삼왈일), 四曰星辰(사왈성신), 五曰歷數(오왈력수).

1-4 임금의 백성과 관리에 대한 처우

[주서周書 · 홍범洪範/서경書經]

"다섯 번째는 천자께서 나라를 다스리는 표준이 될 만한 법칙을 세우는 것이니, 다섯 가지의 복을 거두어 백성들에게 베풀면 백성들은 임금님의 법칙을 따르게 될 것이며, 임금님과 함께 이 법칙을 지켜나가려 할 겁니다. 무릇 백성들이 사악한 무리를 짓지 아니하고 나라의 관리들도 사사로이 붕당을 짓는 행위를 하지 않는 것은 오로지 임금님이 법칙을 시행하기 때문이랍니다. 백성들 가운데 계책을 생각하는 자가 있고 뜻있는 행동을 하면서 도리와 자기 분수를 아는 자가 있으면 임금님께서는 그들을 기억해 두었다가 등용하시기 바랍니다. 백성들 중에 혹 법과 다소 어긋나지만 죄악에 빠지지 않았다면 임금님께선 너그러이 용납하시고 안색을 부드러이 하십시오. '나는 덕을 좋아합니다'라고 말하는 자가 있으면 그에게 복록을 내리십시오. 그렇게 하면 그 사람은 임금님의 법칙을 받들 겁니다. 외롭고 의지할 곳 없는 불쌍한 사람을 학대하지 마시옵고, 덕이 높고 사리에 밝은 사람을 공경하고 두렵게 여겨야 합니다. 만약 능력 있고 뜻있는 행동을 하는 관리가 있을 때 그 행동을 순조롭게 해준다면 임금님의 나라는 번창하게 될 겁니다. 관리들에게는 항상 풍족한 녹을 주어 부유하게 해야만 선해진답니다. 임금님께서 그들로 하여금 나라에 어떤 공헌을 하지 못하게 한다면 관리들은 임금님을 탓할 것이며, 만약 덕행이 없는데도 임금님께서 복록을 내리신다면 도리어 임금님에게 재앙을 가져올 겁니다."

五皇極(오황극), 皇建其有極(황건기유극). 斂時五福(염시오복), 用敷錫厥庶民(용부석궐서민). 惟時厥庶民于汝極(유시궐서민우여극). 錫汝保極(석여보극), 凡厥庶民(범궐서민), 無有淫朋(무유음붕), 人無有比德(인무유비덕), 惟皇作極(유황작극). 凡厥庶民(범궐서민), 有猷有爲有守(유유유위유수), 汝則念之(여즉념지). 不協于極(불협우극), 不罹于咎(불리우구), 皇則受之(황즉수지). 而康而色(이강이색), 曰(왈): 予攸好德(여유호덕). 汝則錫之福(여즉석지복). 時人斯其惟皇之極(시인사기유황지극). 無虐煢獨而畏高明(무학경독이외고명), 人之有能有爲(인지유능유위), 使羞其行(사수기행), 而邦其昌(이방기창). 凡厥正人(범궐정인), 旣富方谷(기부방곡), 汝弗能使有好于而家(여불능사유호우이가), 時人斯其辜(시인사기고). 于其無好德(우기무호덕), 汝雖錫之福(여수석지복), 其作汝用咎(기작여용구).

1-5 백성의 부모요, 천하세상의 왕

[주서周書 · 홍범洪範/서경書經]

"백성들은 치우치거나 그릇됨 없이 임금님께서 정한 법을 따르도록 해야 하며, 자신이 좋아하는 일에만 치우치지 않고 임금님께서 정한 도리를 준수토록 해야 합니다. 백성들은 자신이 싫어한다고 하여 멀리함이 없도록 하시고 임금님께서 이끌어주는 길을 따르도록 해야 할 겁니다. 임금님께선 사사로움에 치우치지 않고 그릇됨이 없어야 임금님의 길이 평탄할 수 있습니다. 반복함이 없고 그릇된 것에 치우치지 않아야 왕의 길이 바르고 곧을 겁니다. 신하를 모으는 데는 법도와 일치해야 하고, 신하들이 임금님께 귀의하는 데도 법칙이 있어야 합니다."

無偏無陂(무편무피), 遵王之義(준왕지의), 無有作好(무유작호), 遵王之道(준왕지도), 無有作惡(무유작오), 尊王之路(존왕지로). 無偏無黨(무편무당), 王道蕩蕩(왕도탕탕). 無黨無偏(무당무편), 王道平平(왕도평평).

無反無側(무반무측), 王道正直(왕도정직). 會其有極(회기유극), 歸其有極(귀기유극).

간언이 계속 이어졌습니다.

"이러한 것들은 천자의 법칙에 관한 말인데, 그 법칙에서 취해 응용할 점도 있고 가르칠 부분도 있으니 이것이 곧 하늘의 뜻에 순응하는 것이랍니다. 백성들이 이상의 법칙에 관한 말들을 순응하고 실행한다면 천자의 빛남에 가까워진 거랍니다. 그래서 '천자는 백성의 부모요, 천하세상의 왕이 된다'고들 말한답니다."

曰(왈): 皇極之敷言(황극지부언), 是彝是訓(시이시훈), 于帝其訓(우제기훈), 凡厥庶民(범궐서민), 極之敷言(극지부언), 是訓是行(시훈시행), 以近天子之光(이근천자지광). 曰(왈): 天子作民父母(천자작민부모), 以爲天下王(이위천하왕).

1-6 정직 그리고 강극과 유극

[주서周書 · 홍범洪範/서경書經]

"여섯 번째의 세 가지 덕이라 함은, 첫째가 바르고 곧은 정직이요, 둘째가 굳셈으로써 극복하는 강극이며, 셋째가 부드러움으로써 극복하는 유극이랍니다. 평안함을 위해서는 정직함으로 다스려야 하고, 강하기만 하여 우애롭지 않으면 굳셈으로 다스리고, 온순하면서도 잘 순종하면 부드러움으로 다스립니다. 깊이 가라앉았을 땐 굳셈으로 다스리고, 높고 밝음에는 부드러움으로 대해야 합니다. 오직 임금님만이 백성들에게 복을 내릴 수 있고. 오로지 임금님만이 벌을 내려 백성들을 바로잡을 수 있으며, 애오라지 임금님만이 맛있는 음식을 드실 수 있답니다. 신하된 자는 백성들에게 복을 내릴 수도 벌을 줄 수도 미식을 누리게 할 수도 없습니다. 만약 신하된 자가 백성에게 복을 내리고 벌을 주고 맛있는 음식을 먹게 할 수 있다면 나라를 해치게 되고, 나라에 재난을 초래하게 된답니다. 신하들이 이와 같이 하면 기울어지고 비뚤어지며 사악해지고, 백성들도 제 분수를 지키지 않고 윗자리를 넘보는 죄악을 저지르게 될 겁니다."

六三德(육삼덕): 一日正直(일왈정직), 二日剛克(이왈강극), 三日柔克(삼왈유극). 平康(평강), 正直(정직), 彊弗友(강불우), 剛克(강극), 燮友(섭우), 柔克(유극). 沈潛(침잠), 剛克(강극), 高明(고명), 柔克(유극). 惟闢作福(유벽작복), 惟闢作威(유벽작위), 惟辟玉食(유벽옥식). 臣無有作福作威玉食(신무유작복작위옥식). 臣之有作福作威玉食(신지유작복작위옥식), 其害于而家(기해우이가), 凶于而國(흉우이국). 人用側頗僻(인용측파벽), 民用僭忒(민용참특).

1-7 거북점과 시초점의 결과에 따라

[주서周書 · 홍범洪範/서경書經]

"일곱 번째의 점을 쳐 의혹을 헤아린다 함은, 거북점과 시초점을 칠 관리를 잘 뽑아 점치는 일을 맡기는 겁니다. 거북점에 이르길 '비가 오겠다, 비가 그치겠다, 구름이 끼겠다, 잇따르겠다, 상극하겠다, 곧고 바르겠다, 후회하겠다.' 이와 같이 일곱 가지가 있는데, 거북점 다섯 가지와 시초점 두 가지를 변화시켜서 점괘를 추리한답니다. 사람들을 세워 거북점과 시초점을 치는데, 세 사람이 쳤다면 곧 두 사람의 점괘의 말을 따르십시오. 임금님께 큰 의심이 생긴다면 자신의 마음에 물어본 후 경대부와 같은 신하들과 상의하고 나서, 다시 많은 백성들과 토론한 후에야 거북점과 시초점을 쳐 가부를 정하십시오. 임금님께서 찬성하시고, 거북점도 찬성하며, 시초점도 찬성하고, 신하들도 찬성하면서 백성들도 찬성한다면 이를 일러 의견이 완전히 일치한 대동(大同)이라 한답니다. 이에 따라 임금님께서는 편안하고 건강하실 것이니 자손들도 크게 번창할 겁니다.

七稽疑(칠계의): 擇建立卜筮人(택건립복서인), 乃命卜筮(내명십서). 曰雨(왈우), 曰霽(왈제), 曰蒙(왈몽), 曰驛(왈역), 曰克(왈극), 曰貞(왈정), 曰悔(왈회), 凡七(범칠). 卜五(복오), 佔用二(점용이), 衍忒(연특). 立時人作卜筮(입시인작복서), 三人占(삼인점), 則從二人之言(즉종이인지언). 汝則有大疑(여즉유대의), 謀及乃心(모급내심), 謀及卿士(모급경사), 謀及庶人(모급서인), 謀及卜筮(모급복서). 汝則從(여즉종), 龜從(귀종), 筮從(서종), 卿士從(경사종), 庶民從(서민종), 是之謂大同(시지위대동). 身其康彊(신기강강), 子孫其逢(자손기봉).

임금님께서 찬성하고 거북점도 따르고 시초점도 따르면, 경대부 등 신하들과 백성들이 따르지 않아도 길한 겁니다. 신하들이 찬성하고 거북점과 시초점이 찬성하더라도 임금님께서 찬성하지 않고 백성들도 반대한다면 길하답니다. 백성들이 따르고 거북점과 시초점이 따르더라도 임금님과 백성들이 반대한다면 이 또한 길한 겁니다. 백성들이 찬성하고 거북점과 시초점이 찬성하더라도 임금님과 신하들이 반대하면 이 또한 길하답니다. 임금님께서 따르고 거북점이 따르고 시초점은 따르지 않고 신하와 백성들이 따르지 않으면, 집안이라면 길하나 나랏일이라면 흉한 겁니다. 거북점과 시초점이 모두 사람의 뜻과 어긋날 땐 조용히 가만있으면 길하고 뭔가를 하려 한다면 흉하답니다."

汝則從(여즉종), 龜從(귀종), 筮從(서종), 卿士逆(경사역), 庶民逆吉(서민역길). 卿士從(경사종), 龜從(귀종), 筮從(서종), 汝則逆(여즉역), 庶民逆(서민역), 吉(길). 庶民從(서민종), 龜從(귀종), 筮從(서종), 汝則逆(여즉역), 卿士逆(경사역), 吉(길). 汝則從(여즉종), 龜從(귀종), 筮逆(서역), 卿士逆(경사역), 庶民逆(서민역), 作內吉(작내길), 作外凶(작외흉). 龜筮共違于人(귀서공위우인), 用靜吉(용정길), 用作凶(용작흉).

1-8 대자연의 징조와 인사

[주서周書 · 홍범洪範/서경書經]

"여덟 번째의 여러 징조라 함은, '비가 내린다, 날이 갰다, 춥다, 바람이 분다, 제철이다'라고 하는데, 이 다섯 징조가 갖추어지고 각지 절후에 맞도록 차례로 찾아들면 모든 초목이 무성해진답니다. 이 가운데 한 가지만이라도 지나쳐도 흉하고, 한 가지라도 지나치게 부족하면 흉하답니다. 좋은 징조를 말씀드린다면, 임금님께서 엄숙하시면 제때에 비가 내리고, 잘 다스리면 제때에 날이 청명해지며, 밝고 어질면 때맞추어 더위가 찾아들고, 계획을 잘 세우시면 적시에 추위가 오며, 성인과 같이 통찰하시면 제때에 바람이 분답니다. 나쁜 징조를 말씀드린다면, 임금님께서 오만하시면 오랫동 안 비가 그치지 않고, 무질서하시면 가뭄이 길어지며, 안락만 누리 시면 무더위가 계속되고, 조급해하시면 추위가 계속되며, 도리에 어두우시면 바람만 계속해서 불게 된답니다.

八庶徵(팔서징), 曰雨(왈우), 曰暘(왈양), 曰燠(왈욱), 曰寒(왈한), 曰風 (왈풍), 曰時(왈시). 五者來備(오자래비), 各以其敍(각이기서), 庶草蕃廡 (서초번무). 一極備(일극비), 凶(흉). 一極無(일극무), 凶(흉). 曰休徵(왈 휴징), 曰肅(왈숙), 時雨若(시우약), 曰乂(왈예), 時暘若(시양약), 曰晰(왈 석), 時燠若(시욱약), 曰謀(왈모), 時寒若(시한약), 曰聖(왈성), 時風若(시 풍약). 曰咎徵(왈구징), 曰狂(왈광), 恒雨若(항우약), 曰僭(왈참), 恒暘若 (항양약), 曰豫(왈예), 恒燠若(항욱약), 曰急(왈급), 恒寒若(항한약), 曰蒙 (왈몽), 曰蒙風若(왈몽풍약).

왕의 옳고 그름은 한 해의 사태를 관찰했을 때 나타나고, 경대부 와 같은 중신들은 한 달 동안 살펴야 하며, 낮은 관리들은 하루만 관찰해도 나타난답니다. 한 해와 한 달과 하루와 사계절의 운행이 어긋나지 않게 돌아가면 모든 곡식이 풍성하게 여물며, 정치도 이 로써 밝아지고 뛰어난 백성들이 세상에 드러나며 가정들은 평안 해질 겁니다. 한 해와 한 달과 하루와 사계절의 운행이 어긋난다면 모든 곡식은 여물지 못해 흉년이 들고, 정치도 혼미하여 밝지 않게 되며 뛰어난 인재는 은둔해 버리고 가정들 또한 편안치 않을 겁니 다. 백성은 별과도 같은 것이니, 별 중에는 바람을 좋아하는 것도 있고 비를 선호하는 것도 있답니다. 해와 달이 운행되면 겨울도 있게 되고 여름도 있게 됩니다. 달이 별들을 따르게 되면 바람이 일고 비가 내리게 된답니다."

曰王省惟歲(왈왕성유세), 卿士惟月(경사유월), 師尹惟日(사윤유일). 歲月日時無易(세월일시무역), 百穀用成(백곡용성), 乂用明(예용명), 俊民用章(준민용장), 家用平康(가용평강). 日月歲時旣易(일월세시기역), 百穀用不成(백곡용불성), 乂用昏不明(예용혼불명), 俊民用微(준민용미), 家用不寧(가용불녕). 庶民惟星(서민유성), 星有好風(성유호풍), 星有好雨(성유호우). 日月之行(일월지행), 則有冬有夏(즉유동유하). 月之從星(월지종성), 則以風雨(즉이풍우).

1-9 오복과 여섯 가지 흉사

[주서周書 · 홍범洪範/서경書經]

"아홉 번째의 다섯 가지 복이란, 첫째가 장수를 누리는 것, 둘째가 부유한 삶을 누리는 것, 셋째가 몸이 편안하여 마음이 편안한 것, 넷째는 아름다운 덕을 닦는 것, 다섯째가 천수를 누리고 늙어 이승을 떠나는 것이랍니다. 그리고 여섯 가지 흉사란, 첫째가 비명횡사와 요절이고, 둘째는 질병이며, 셋째는 근심걱정이고, 넷째는 가난하게 사는 것이며, 다섯째는 죄악에 빠지는 것이고, 여섯째는 몸이 쇠약한 것이랍니다."

九五福(구오복), 一曰壽(일왈수), 二曰富(이왈부), 三曰康寧(삼왈강녕), 四曰攸好德(사왈유호덕), 五曰考終命(오왈고종명). 六極(육극), 一曰凶短折(일왈흉단절), 二曰疾(이왈질), 三曰憂(삼왈우), 四曰貧(사왈빈), 五曰惡(오왈악) , 六曰弱(육왈약).

여오(旅獒)

여나라가 무왕에게
공물로 바친 큰 개 한 마리

1-1 이웃 제후국과 친교강화

[주서周書 · 여오旅獒/서경書經]

주나라가 상나라를 무찔러 정복하자 마침내 동쪽의 아홉 구이족의 나라들과 남쪽의 여덟 팔만족의 나라에까지 통하는 길이 열리게 되었답니다. 서쪽의 여족이 그 지방의 큰 개를 공물로 바치자, 삼공의 한 직책인 태보 소공이 『여오(旅獒)』라는 글을 지어 무왕에게 간언하였습니다.

"아아! 명철하신 임금님께서 신중하게 덕행을 베푸시니 사방의 오랑캐들 모두가 다가와서 신하되기를 원하고 있습니다. 멀고 가까움을 가리지 않고 모두 그 지방의 특산물을 바쳐왔는데, 옷과 음식과 그릇 등 일상생활에 사용하는 물건들뿐이었답니다. 임금님께서는 성이 다른 제후의 나라에까지 미치게 하시어 그들이 할 바를 저버리지 않게 하셔야 합니다. 또 보석과 옥들을 백부와 숙부의 나라에 나누어주시어 친교를 더욱 두텁게 해야 한답니다. 그러시면 사람들이 그 물건을 가벼이 여기지 않고 그 물건을 주는 사람의 덕으로 알 겁니다. 훌륭한 덕을 지닌 사람은 결코 남을 업신여기지 않는 법이니, 군자를 업신여기면 그 사람이 참된 마음으로 임금님을 도우려 하지 않을 것이며, 소인을 업신여기면 그 사람이 임금님을 위해 자기의 힘을 다하려 하지 않을 겁니다."

惟克商(유극상), 遂通道于九夷八蠻(수통도우구이팔만). 西旅底貢厥獒(서려지공궐오), 太保乃作旅獒(태보내작려오), 用訓于王(용훈우왕).

曰(왈): 嗚呼(오호)! 明王愼德(명왕신덕), 四夷咸賓(사이함빈). 無有遠邇(무유원이), 畢獻方物(필헌방물), 惟服食器用(유복식기용). 王乃昭德之致于異姓之邦(왕내소덕지치우이성지방), 無替厥服(무체궐복), 分寶玉于伯叔之國(분보옥우백숙지국), 時庸展親(시용전친). 人不易物(인불역물), 惟德其物(유덕기물)! 德盛不狎侮(덕성불압모). 狎侮君子(압모군자), 罔以盡人心(망이진인심), 狎侮小人(압모소인), 罔以盡其力(망이진기력).

1-2 백성들과 함께 왕업을 누리기 위해

[주서周書 · 여오旅獒/서경書經]

"귀나 눈과 같은 감각의 부림을 당하지 않는다면 모든 법도가 바르게 될 겁니다. 사람을 희롱하면 덕을 잃게 되며 물건을 희롱하면 뜻을 잃게 된답니다. 뜻은 도로써 안정시켜야 하고 말씀은 도로써 이어져야 합니다. 무익한 일을 삼가시어 유익한 일에 해가 되도록 하지 않으시면 공은 곧 이루어질 겁니다. 그리고 기이한 물건을 귀하게 여기지 말고 일상에서 쓰는 물건들이라 하찮게 여기지 않으시면 백성들은 곧 만족스러운 생활을 하게 될 겁니다. 개와 말은 이 땅의 것이 아니면 기르지 마시고, 진귀한 새와 짐승은 이 나라에서 키우지 마십시오. 먼 곳의 물건을 보물로 여기지 않으시면 먼 곳의 사람들이 이르게 된답니다. 오직 어진 현인을 보물로 여기시면 가까운 사람들이 편안하게 될 겁니다. 아아! 이른 아침부터 밤까지 정사를 돌보는 데 소홀함이 없도록 하시고, 자잘한 일에도 조심하지 않으시면 끝내는 큰 덕에 누를 끼치게 된답니다. 아홉 길 높이의 산을 쌓는 데 있어 흙 한 삼태기가 없어 무위로 돌아가는 일이 없도록 해야 합니다. 진실로 이와 같이 나아가시면 백성들은 자기들의 거처와 나라를 지키게 될 것이고, 임금님의 자손들은 대대로 왕업을 누리게 될 겁니다."

不役耳目(불역이목), 百度惟貞(백도유정). 玩人喪德(완인상덕), 玩物喪志(완물상지). 志以道寧(지이도녕), 言以道接(언이도접). 不作無益害有益(부작무익해유익), 功乃成(공내성), 不貴異物賤用物(불귀이물천용물), 民乃足(민내족). 犬馬非其土性不畜(견마비기토성불축), 珍禽奇獸不育于國(진금기수불육우국), 不寶遠物(불보원물), 則遠人格(즉원인격), 所寶惟賢(소보유현), 則邇人安(즉이인안). 嗚呼(오호)! 夙夜罔或不勤(숙야망혹불근), 不矜細行(불긍세행), 終累大德(종루대덕). 爲山九仞(위산구인), 功虧一簣(공휴일궤). 允迪玆(윤적자), 生民保厥居(생민보궐거), 惟乃世王(유내세왕).

금등(金縢)

쇠줄로 묶어놓은 책을
열어서 본 주나라 성왕

1-1 선왕들에게 제사를 올림

[주서周書 · 금등金縢/서경書經]

상나라를 정복한 지 2년째가 되는 해에 무왕은 병이 들어 자리에 눕게 되었습니다. 이에 태공과 소공이 의논하였답니다.

"우리가 임금님을 위해 점을 치겠습니다."

이때 무왕의 둘째 동생인 주공이 말했습니다.

"점만으로는 우리의 선대 임금들을 감동시킬 수 없을 것이오!"

주공은 곧 이 일을 자기 일로 생각하여 한 곳을 정결하게 치운 뒤 세 개의 제단을 세웠답니다. 그리고 그 세 개의 단 남쪽에 자기가 설 제단을 마련하고 북쪽을 향해 섰습니다. 그리고 귀중한 제기인 벽기를 단 위에 놓고 규를 두 손으로 받쳐 들고 선대의 태왕과 왕계 그리고 문왕에게 빌었답니다.

旣克商二年(기극상이년), 王有疾(왕유질), 弗豫(불예).

二公曰(이공왈): 我其爲王穆卜(아기위왕목복).

周公曰(주공왈): 未可以戚我先王(미가이척아선왕)!

公乃自以爲功(공내자이위공), 爲三壇同墠(위삼단동선). 爲壇於南方
(위단어남방), 北面(북면), 周公立焉(주공립언). 植璧秉珪(식벽병규), 乃
告太王(내고태왕)·王季(왕계)·文王(문왕).

1-2 조상님들에게 무왕의 쾌차를 축원하다

[주서周書 · 금등金縢/서경書經]

주공은 사관에게 글을 짓게 하면서 조상님께 축원을 올렸습니
다.

"조상님의 장손인 아무개(무왕)가 학질이라는 모진 병에 걸렸답
니다. 선왕이신 세 임금님께서는 하늘에 계시며 자손을 보호할 책
임을 지고 있으니, 이 단을 무왕의 몸 대신 거두어주십시오. 저는
어질어 돌아가신 아버님의 뜻을 따를 수 있으며, 많은 재주와 여러
기예에 능하여 조상님의 신령을 잘 받들 수 있답니다. 그러나 당신
들의 원손인 무왕은 이 단처럼 재주와 기예가 많지 않아 조상님의
신령들을 잘 받들지 못할 겁니다. 그러나 그는 천제의 명을 받은
사람으로 천하세상을 두루 보호하여 이 세상에서 조상님들의 자손
을 안정시켰답니다. 그러니 천하의 백성들은 그를 공경하고 두려
워하지 않는 사람이 없습니다. 아아! 하늘이 내리신 보석 같은 명
을 잃지 않게 하시옵소서. 그래야만 우리 선왕들께서도 영원토록
의지할 곳이 있게 될 겁니다. 이제 제가 큰 거북에게 점을 쳐 명을

듣고자 하오니, 조상님들께서 저의 축원을 받아주신다면 저는 옥으로 만든 이 벽과 규를 바치고 돌아가 당신들의 명을 기다리겠습니다. 그러나 조상님들께서 저의 축원을 허락하시지 않는다면 저는 이내 벽과 규를 거두어들이겠습니다."

史乃册(사내책).

祝曰(축왈): 惟爾元孫某(유이원손모), 遘厲虐疾(구려학질). 若爾三王是有丕子之責于天(약이삼왕시유비자지책우천), 以旦代某之身(이단대모지신). 予仁若考能(여인약고능), 多材多藝(다재다예), 能事鬼神(능사귀신). 乃元孫不若旦多材多藝(내원손불약단다재다예), 不能事鬼神(불능사귀신). 乃命于帝庭(내명우제정), 敷佑四方(부우사방), 用能定爾子孫于下地(용능정이자손우하지). 四方之民罔不祗畏(사방지민망부지외). 嗚呼(오호)! 無墜天之降寶命(무추천지강보명), 我先王亦永有依歸(아선왕역영유의귀). 今我即命于元龜(금아즉명우원귀), 爾之許我(이지허아), 我其以璧與珪歸俟爾命(아기이벽여규귀사이명). 爾不許我(이불허아), 我乃屛璧與珪(아내병벽여규).

1-3 무왕과 주공의 헌신

[주서周書 · 금등金縢/서경書經]

주공이 세 거북에게 점을 쳐본 결과 한결같이 길하다는 결과가 나왔습니다. 이에 복점을 설명한 죽간의 책을 펴서 대조해 보니 역시 길하다는 결과였답니다. 주공은 안심이 되어 말하였습니다.

"거북점에 나타난 균열로 볼 때 임금님에게는 아무런 해로움이 없을 것 같습니다. 이 몸이 선대 세 왕들로부터 친히 명을 받았는

데, 무왕께서 이 나라를 영구히 번영토록 도모하고 있답니다. 이곳
에서 기다리다 보면 선왕들께서도 이 몸을 생각해 주실 겁니다.”

주공이 돌아와서 죽간으로 된 축원문을 쇠줄로 묶은 상자 안에 넣
었는데, 무왕은 이튿날 병이 나았답니다.

乃卜三龜(내복삼귀), 一習吉(일습길). 啟籥見書(계약견서), 乃並是吉
(내병시길).

公曰(공왈): 體(체), 王其罔害(왕기망해). 予小子新命于三王(여소자신
명우삼왕), 惟永終是圖(유영종시도), 茲攸俟(자유사), 能念予一人(능념여
일인).

公歸(공귀), 乃納冊于金縢之匱中(내납책우금등지궤중), 王翼日乃瘳(왕
익일내추).

그런 후에 무왕이 돌아가셨습니다. 그러자 문왕의 셋째 아들인 관
숙과 그 아우들이 나라에 유언비어를 퍼트렸답니다.

“주공은 장차 어린 성왕에게 불리한 짓을 할 것이다.”

이를 지켜본 주공은 태공과 소공에게 말하였답니다.

“내가 섭정의 자리에서 물러나지 않으면 하늘에 계신 선대의 세
왕들에게 여쭐 말이 없을 것 같소이다.”

그리고 주공이 2년 동안 동쪽으로 가서 머무는 사이에 죄인들인
무경과 관숙 등이 붙잡혀왔답니다. 이후에 주공은 시를 지어 성왕에
게 보냈는데, 이름하여 『치효(鴟鴞)』라는 풍자시였습니다. 성왕 역시
감히 주공을 책망하지는 못했답니다.

武王旣喪(무왕기상), 管叔及其群弟乃流言於國(관숙급기군제내류언어국).

曰(왈): 公將不利於孺子(공장불리어유자).

周公乃告二公曰(주공내고이공왈): 我之弗辟(아지불벽), 我無以告我 先王(아무이고아선왕).

周公居東二年(주공거동이년), 則罪人斯得(즉죄인사득). 于後(우후), 公乃爲詩以貽王(공내위시이이왕), 名之曰鴟鴞(명지왈치효). 王亦未敢 誚公(왕역미감초공).

독자 여러분에게『시경(詩經)』의 치효라는 시를 소개해 봅니다.

올빼미

올빼미야! 올빼미야! 내 새끼 잡아먹었으니 내 둥지는 망가뜨리 지 말거라. 알뜰살뜰 애를 써서 정성 들여 키우느라 속 태웠단다.

鴟鴞鴟鴞(치효치효), 旣取我子(기취아자), 無毁我室(무훼아실). 恩斯 勤斯(은사근사), 鬻子之閔斯(죽자지민사).

장마철 오기 전에 뽕나무 뿌리껍질 벗겨다가 창과 문지방을 빈 틈없이 엮으면 이제 와서 너의 하층민들이 혹시라도 나를 업신여 길까.

迨天之未陰雨(태천지미음우), 徹彼桑土(철피상토), 綢繆牖戶(주무유 호). 今女下民(금녀하민), 或敢侮予(혹감모여).

내 손과 입이 닳도록 갈대도 주워오고 띠 풀도 쌓았다네. 내 입이

병난 것은 내 아직 편히 쉴 집이 없어서였느니라.

予手拮据(여수길거), 予所捋荼(여소랄도). 予所蓄租(여소축조), 予口卒瘏(여구졸도), 曰予未有室家(왈여미유실가).

내 깃이 다 뽑히고 내 꼬리는 다 닳았는데도 내 둥지가 위태롭네. 비바람이 뒤흔들어대니 두렵고 두려워 울어댄다네.

予羽譙譙(여우초초), 予尾翛翛(여미소소), 予室翹翹(여실교교). 風雨所漂搖(풍우소표요), 予維音嘵嘵(여유음효효).

1-4 주공의 신뢰회복

[주서周書 · 금등金縢/서경書經]

가을철 오곡백과가 모두 익었으나 미처 수확하기도 전에 하늘에서 뇌성번개와 함께 비바람이 몰아쳐 곡식은 모두 쓰러지고 큰 나무마저 뿌리째 뽑히니, 나라 사람들은 공포에 휩싸였답니다. 왕과 대부와 같은 중신들은 모두가 예복을 갖춰 입고 쇠줄에 묶인 축원문을 풀어 보게 되었는데, 주공이 스스로 자신의 임무라 생각하고서 무왕 대신 자신을 죽음의 길로 데려가 달라고 적은 글귀를 발견하게 되었답니다. 이에 태공과 소공 그리고 임금님은 여러 사관들과 일을 집행하는 모든 관리들에게 물어보기에 이르렀습니다. 그들이 대답했습니다.

"정말이랍니다. 아! 주공에서는 우리에게 명하시길 절대로 발설치 말라 하셨죠."

임금님은 그 축원문을 들고서 눈물을 흘리며 말씀하셨습니다.

"경건한 마음으로 점을 칠 필요도 없소. 그 옛날 주공께서는 우리 왕실을 위해 수고로움을 아끼지 않으셨는데, 오로지 짐이 어려서 미처 알지 못했구려. 오늘 하늘이 위엄을 보이신 것은 주공의 덕행을 밝히기 위해서이니, 내 친히 그분을 맞이하러 가겠소. 그것이 우리나라의 예의에도 합당한 일이랍니다."

임금님께서 교외로 출궁하자 하늘은 맑게 개고, 바람도 이전과는 반대방향에서 불어오니 쓰러졌던 곡식이 모두 바로 세워졌답니다. 태공과 소공은 백성들에게 명을 내려 쓰러진 큰 나무들을 붙잡아 일으키고 복을 돋우어주게 하였죠. 그리하여 그해에는 풍성한 수확을 거둘 수 있었답니다.

秋大熟(추대숙), 未獲(미획), 天大雷電以風(천대뢰전이풍), 禾盡偃(화진언), 大木斯拔(대목사발), 邦人大恐(방인대공). 王與大夫盡弁以啟金縢之書(왕여대부진변이계금등지서), 乃得周公所自以爲功代武王之說(내득주공소자이위공대무왕지설). 二公及王乃問諸史與百執事(이공급왕내문제사여백집사).

對曰(내왈): 信(신), 噫(희)! 公命我勿敢言(공녕아물감언).

王執書以泣(왕집서이읍).

曰(왈): 其勿穆卜(기물목복)! 昔公勤勞王家(석공근로왕가), 惟予沖人弗及知(유여충인불급지). 今天動威以彰周公之德(금천동위이창주공지덕), 惟朕小子其新逆(유짐소자기신역), 我國家禮亦宜之(아국가례역의지).

王出郊(왕출교), 天乃雨(천내우), 反風(반풍), 禾則盡起(화즉진기). 二公命邦人凡大木所偃(이공명방인범대목소언, 盡起而築之(진기이축지). 歲則大熟(세즉대숙).

대고(大誥)

반역의 무리들을 정벌하기 위해
성왕이 천하백성에게 알림

1-1 왕위에 오른 까닭

[주서周書 · 대고大誥/서경書經]

성왕께서 다음과 같이 말씀하셨습니다.

"아! 그대들 여러 나라의 제후들과 모든 관원들에게 널리 알립니다. 불행하게도 하늘은 조금의 늦춤도 없이 우리 집안에 재앙을 내려 부왕을 모셔갔습니다. 그리하여 이 몸은 어린 나이인데도 불구하고 무한한 책임이 있는 왕위에 오르게 되었답니다. 나는 명철하지 못하여 백성을 이끌어 평안한 길로 나아가지도 못하였는데, 하물며 천명을 궁구하는 지혜가 있었겠습니까! 아! 어린 나는 마치 깊은 냇물을 건너는 것과 같았으니, 나는 오직 가서 건널 곳만을 찾았습니다. 이 몸은 조상님들이 받은 하늘의 명을 분주하게 행함으로써 선대왕들이 이룩한 왕업을 잊지 않으려 했답니다. 그래서 나는 하늘이 내리려는 징벌의 위용을 거절하지 않으려 합니다."

王若曰(왕약왈): 猷大誥爾多邦越爾御事(유대고이다방월이어사), 弗弔天降割于我家(불조천강할우아가), 不少延(불소연). 洪惟我幼沖人(홍유아유충인), 嗣無疆大歷服(사무강대력복). 弗造哲(불조철), 迪民康(적민강), 矧曰其有能格知天命(신왈기유능격지천명)! 已(이)! 予惟小子(여유소자), 若涉淵水(약섭연수), 予惟往求朕攸濟(여유왕구짐유제). 敷賁敷前人受命(부분부전인수명), 茲不忘大功(자불망대공). 予不敢于閉天降威用(여불감우폐천강위용).

1-2 거북점의 결과가 길하니 은나라를 정복하자

[주서周書 · 대고大誥/서경書經]

"문왕께서 나에게 큰 보배인 거북을 남겨주시어 하늘의 명을 점쳐 묻게 하였답니다. 나는 곧 하늘이 우리에게 내린 명에 대해 거북점에 물었죠. 그랬더니 '서쪽 나라에 큰 재난이 있을 것이며 그곳 서쪽 사람들은 편치 못할 것인데, 이미 재난은 시작되었다'라고 말해 주었답니다. 은나라의 작은 주인인 무경은 김히 자기들민의 왕업을 이어 천하를 다스리려 하므로 하늘이 준엄함을 보이셨으나, 저 무경은 우리나라에 병폐가 있고 백성들이 편안하지 못함을 기회 삼아 '내가 옛 영토를 수복하겠다'라고 하면서 도리어 우리 주나라를 업신여기고 있답니다. 지금 그들은 반란을 일으켰는데, 그들이 난을 일으켰다는 소식이 전해진 다음 날 어진 신하 열 명이 나를 돕고자 찾아와 말하길, 그 옛날 문왕과 무왕께서 공로를 이룩하셨던 것처럼 동쪽으로 가서 반란을 평정하자고 하였답니다.

나에게 큰일이 생겼으나 이 일은 길조랍니다. 짐이 쳐본 점의 결과도 아울러 길하다고 하였죠. 이에 나는 우리의 우방인 제후국의 임금과 백관의 수장, 여러 무관들에게 '나는 길하다는 복점을 얻었답니다. 따라서 그대들 제후국과 함께 저 은나라의 죄를 지은 신하들을 응징하러 가고자 한답니다'라고 말하고자 합니다. 그대들 제후국의 임금과 모든 무관, 관리들은 모두가 반대하여 말했습니다.

"너무나도 어려운 일입니다. 백성들이 평안하지 못한 것은 주나라 왕실의 사람들과 제후국의 임금들 때문입니다. 우리 소인들은 그분들께 효도하고 공경해야 하니 정벌할 수 없답니다. 임금님께서는 어찌하여 거북점의 결과를 어기지 못하는 겁니까?"

寧王遺我大寶龜(영왕유아대보귀), 紹天明(소천명). 即命曰(즉명왈): 有大艱于西土(유대간우서토), 西土人亦不靜(서토인역부정), 越茲蠢(월자준). 殷小腆(은소전), 誕敢紀其叙(탄감기기서), 天降威(천강위), 知我國有疵(지아국유자), 民不康(민불강), 曰予復(왈여복), 反鄙我周邦(반비아주방). 今蠢(금준), 今翼日(금익일), 民獻有十夫予翼(민헌유십부여익), 以于敉寧武圖功(이우미녕무도공). 我有大事(아유대사), 休(휴)? 朕卜並吉(짐복병길). 肆予告我友邦君越尹氏(사여고아우방군월윤씨)·庶士(서사)·어사(御事). 曰(왈): 予得吉卜(여득길복), 予惟以爾庶邦于伐殷逋播臣(여유이이서방우벌은포파신). 爾庶邦君越庶士(이서방군월서사).

御事罔不反曰(어사망불반왈): 艱大(간대), 民不靜(민부정), 亦惟在王宮邦君室(역유재왕궁방군실). 越予小子考翼(월여소자고익), 不可征(불가정), 王害不違卜(왕해불위복)?

1-3 위대한 왕업을 이룩하자

[주서周書 · 대고大誥/서경書經]

"그리하여 이 나이 어린 사람은 오랜 시간 동안 이 어려운 일을 생각하고는 '아아! 이는 외롭고 의지할 곳 없는 사람들을 괴롭히는 일이니 슬픈 일이로구나'라고 말했답니다. 이 몸은 하늘의 역할을 부여받아 중대하고도 벅찬 임무를 떠맡지 않을 수 없었습니다. 따라서 이 어린 사람은 스스로의 고달픔에 한탄만 하고 있을 순 없었답니다. 그대들 제후국의 임금과 여러 무관들 그리고 백관의 우두머리와 여러 일을 처리하는 관리들은 의당 나에게 '고달픔을 하소연하지 마시고 돌아가신 문왕과 무왕께서 이룩하신 업적을 성취하지 않으시면 안 됩니다'라고 위로의 말을 해주어야 할 겁니다. 아! 이 젊은 사람은 감히 하늘의 명을 저버릴 수 없답니다. 하늘이 문왕과 무왕에게 복을 내려 우리의 작은 주나라를 일으키게 하셨으니, 문왕께서는 거북점을 활용하여 하늘의 명을 편안하게 받들 수 있었답니다. 이제 하늘은 백성을 돕고자 하니 거북점의 결과에 따라 일을 해야 합니다. 아아! 하늘이 선을 밝혀 선앙하고 악을 빌하는 것은 우리를 도와 위대한 왕업을 이룩하게 하실 겁니다."

肆予沖人永思艱(사여충인영사간), 曰(왈): 嗚呼(오호)! 允蠢(윤준), 鰥寡哀哉(환과애재)! 予造天役(여조천역), 遺大投艱于朕身(유대투간우짐신), 越予沖人(월여충인), 不卬自恤(불앙자휼). 義爾邦君越爾多士(의이방군월이다사), 尹氏(윤씨), 御事綏予曰(어사수여왈): 無毖于恤(무비우휼), 不可不成乃寧考圖功(불가불성내녕고도공). 已(이)! 予惟小子(여유소자), 不敢替上帝命(불감체상제명). 天休于寧王(천휴우녕왕), 興我小邦

周(홍아소방주), 寧王惟卜用(영왕유복용), 克綏受茲命(극수수자명). 今天
其相民(금천기상민), 矧亦惟卜用(신역유복용). 嗚呼(오호)! 天明畏(천명
외), 弼我丕丕基(필아비비기).

1-4 조상님의 유업을 후손이 이룩해야
[주서周書 · 대고大誥/서경書經]

주나라의 성왕이 다시 말씀하셨습니다.

"그대들은 예부터 위 선조들을 섬겨온 분들이니 옛일을 상기해
보면 문왕과 무왕께서 얼마나 수고하셨는지를 알 겁니다. 하늘은
은밀히 우리가 성공할 것임을 알려왔으니, 나는 감히 적극적으로
문왕께서 도모하신 왕업을 완수하지 않을 수 없답니다. 그러므로
나는 우리 우방들의 제후들을 크게 교화하여 이끌고자 하는 겁니
다. 하늘이 정성스러운 말로 우리를 돕고 우리 백성들을 시험하고
자 하므로 내 어찌 돌아가신 조상님들께서 도모하셨던 업적을 완
수하지 않을 수 있겠습니까? 하늘이 우리 백성을 아끼고 위로함이
마치 병자를 돌보듯 하는데, 내 어찌 조상님들께서 하늘로부터 받
으신 왕업을 완수하지 않을 수 있겠습니까?"

王曰(왕왈): 爾惟舊人(이유구인), 爾丕克遠省(이비극원성), 爾知寧王
若勤哉(이지녕왕약근재). 天閟毖我成功所(천비비아성공소), 予不敢不極
卒寧王圖事(여불감불극졸녕왕도사). 肆予大化誘我友邦君(사여대화유아
우방군), 天棐忱辭(천비침사), 其考我民(기고아민), 予曷其不于前寧人
圖功攸終(여갈기불우전녕인도공유종)? 天亦惟用勤毖我民(천역유용근비
아민), 若有疾(약유질), 予曷敢不于前寧人攸受休畢(여갈감불우전녕인유

수휴필)!

성왕께서 다시 말씀하셨습니다.

"예전에 짐이 가려 했을 때에는 나 역시 이 어려운 일을 매일 고심했답니다. 이는 마치 아버지가 집을 짓겠다며 이미 그 방법을 정해 놓았는데, 그 아들이 집터를 닦지도 않고 서까래를 얹으려 하지 않는 것과도 같답니다. 또한 아버지가 땅을 1년간 가꾸었는데 그 자식이 파종하지 않으려는 것과도 같으니, 어찌 수확을 할 수 있습니까? 그 아비가 '나에게 아들이 있으니 나의 가업을 저버리지는 않을 것이다'라고 하였다면 어찌하겠습니까? 그러므로 내 어찌 문왕께서 이룩하신 국운을 안정시키려 하지 않을 수 있겠습니까? 만약 한 아버지가 있는데, 그 어떤 이가 자기의 자식을 치려고 한다면 힘써 격려하면서 그 아들을 구해 주지 않을 리가 있겠습니까?"

王曰(왕왈): 若昔朕其逝(약석짐기서), 朕言艱日思(짐언간일사). 若考作室(약고작실), 旣底法(기지법), 厥子乃弗肯堂(궐자내불긍당), 矧肯構(신긍구). 厥父菑(궐부치), 厥子乃弗肯播(궐자내불긍파), 矧肯獲(신긍획)? 厥考翼其肯曰(궐고익기긍왈): 予有後弗棄基(여유후불기기)? 肆予曷敢不越卬敉寧王大命(사여갈감불월앙미녕왕대명)? 若兄考(약형고), 乃有友伐厥子(내유우벌궐자), 民養其勸弗救(민양기권불구)?

1-5 은나라를 치러 동쪽으로 갑시다

[주서周書 · 대고大誥/서경書經]

성왕이 계속 말씀하셨습니다.

"아아! 모두가 힘써 봅시다. 그대들 모든 제후국의 군주와 일을 처리하는 관리들이여! 나라를 빛내는 것은 명철한 사람들로 인한 것인데, 이 나라에서는 오직 열 사람만이 상제의 명을 알고 있답니다. 하늘이 성실하게 돕고 있으므로 그대들은 평소에도 법을 소홀히 못 하였거늘, 하물며 지금 하늘이 주나라에 재난을 내리고 있는데 어쩌겠습니까! 크게 어려운 일을 만드는 사람들은 이웃 나라의 제후들까지 끌어들여 한 집안인 주 왕실을 공격해 오고 있으니, 그대들도 하늘이 명을 내리심이 쉽지 않음을 알 것이오. 나는 오랫동안 숙고해 보았는데, 하늘이 오직 은나라를 멸망케 하려는 것임을 깨달았답니다. 이번 일은 마치 저 농부와 같으니 내 어찌 나의 밭일을 끝내지 않을 수 있겠습니까? 하늘 또한 조상들에게 축복을 내렸는데, 내 어찌 거듭해서 거북점만을 치며 따르지 않을 수 있겠습니까? 나라를 안정시킨 분들의 뜻에 따르자면 이 강토를 잘 지키라 하였답니다. 더구나 지금의 거북점은 모두 길하지 않습니까? 그러므로 짐은 그대들과 더불어 동쪽을 정벌하러 가겠습니다. 하늘의 명은 틀림이 없을 것이며, 거북점이 가리키는 것도 이와 같을 겁니다."

王曰(왕왈): 塢呼(오호)! 肆哉(사재). 爾庶邦君(이서방군), 越爾御事(월이어사), 爽邦由哲(상방유철), 亦惟十人(역유십인), 迪知上帝命(적지상제명). 越天棐忱(월천비침), 爾時罔敢易法(이시망감역법), 矧今天降戾于周邦(신금천강려우주방). 惟大艱人(유대간인), 誕隣胥伐于厥室(탄린서벌우궐실), 爾亦不知天命不易(이역부지천명불역). 予永念曰(여영념왈), 天惟喪殷(천유상은), 若穡夫(약색부), 予曷敢不終朕畝(여갈감부종짐무),

天亦惟休于前寧人(천역유휴우전녕인), 予曷其極卜(여갈기극복), 敢弗于
從(감불우종), 率寧人(솔녕인), 有指疆土(유지강토). 矧今卜幷吉(신금복
병길). 肆朕誕以爾東征(사짐탄이이동정), 天命不僭(천명불참), 卜陳惟若
茲(복진유약자).

미자지명(微子之命)

성왕이 미자를 송땅의 제후로 봉하면서 훈시한 글

1-1 은나라의 원자여, 선왕을 본받으라

[주서周書 · 미자지명微子之命/서경書經]

주나라의 성왕은 다음과 같이 말씀하셨습니다.

"아! 은나라 임금의 맏아들인 원자여! 옛일을 잘 살펴 덕이 있는 이를 숭상하고 현인을 본받으시오. 그리고 선대 임금들의 대통을 이어받아 그분들의 예의와 법도를 닦도록 힘쓰시오. 그리고 우리 주 왕실의 귀빈이 되어 자주 찾아오고 우리 주나라와 편안함을 누려 길이 무궁하도록 하시오. 아아! 그대의 선조인 탕임금께서는 성덕을 바로 하시고 넓고 깊게 펼치셨답니다. 그리하여 하늘이 보살피고 도우셔서 나라를 이루도록 명을 내리셨던 겁니다. 황천이 돌보시고 도우셔서 하늘의 명을 크게 받을 수 있었답니다. 그 어른께서는 너그러움으로 백성들을 어루만져 편안케 하셨으며, 사악하고 포학한 자를 제거하시니, 그 공이 세월을 따라 더해져 그 덕이 후손인 그대에게까지 미치게 된 거랍니다."

王若曰(왕약왈): 猷(유)! 殷王元子(은왕원자). 惟稽古(유계고), 崇德象賢(숭덕상현). 統承先王(통승선왕), 修其禮物(수기례물), 作賓于王家(작빈우왕가), 與國咸休(여국함휴), 永世無窮(영세무궁). 塢呼(오호)! 乃祖成湯克齊聖廣淵(내조성탕극제성광연), 皇天眷佑(황천권우), 誕受厥命(탄수궐명). 撫民以寬(무민이관), 除其邪虐(제기사학), 功加于時(공가우시), 德垂後裔(덕수후예).

1-2 우리 주 왕실에 이바지하시오
[주서周書 · 미자지명微子之命/서경書經]

"그대는 조상님들의 덕행을 힘써 실천하고 닦아 오래전부터 훌륭하다는 소문이 있어 왔음을 알고 있소이다. 삼가 효행을 실천하고 엄숙하게 신을 받들고 사람들을 공경하여 대하니, 나는 곧 그대의 덕행을 아름답게 여겨 '덕행이 돈독하니 결코 은덕을 잊지 않으리라'라고 칭찬하였됩니다. 이에 싱제께서 흠향하시며 백성들이 공경하여 화합하므로, 이제 그대를 최상급의 상공의 지위에 임명하노니, 이 동쪽의 중화땅을 잘 다스려 주시오. 그대의 땅으로 가서 그대의 가르침을 두루 펼치고, 그대의 임무를 신중히 하면서 일정한 법으로 백성들을 다스려 우리 주 왕실에 이바지하도록 하시오. 공훈을 세우신 조상님의 덕을 넓히고 그대의 백성들을 법으로 다스린다면 길이길이 그 지위가 편안해질 것이며, 그것이 곧 이 한 사람을 돕는 일이 될 것이오. 그리하여 대대로 덕을 누려서 여러

나라의 모범이 되어 우리 주나라에게 배척받는 일이 없도록 하시오. 아아! 가서 훌륭한 정치를 펼치시고, 짐의 명을 저버리지 않도록 하시오."

爾惟踐修厥猷(이유천수궐유), 舊有令聞(구유령문), 恪愼克孝(각신극효), 肅恭神人(숙공신인). 予嘉乃德(여가내덕), 曰篤不忘(왈독불망). 上帝時歆(상제시흠), 下民祗協(하민지협), 庸建爾于上公(용건이우상공), 尹茲東夏(윤자동하). 欽哉(흠재), 往敷乃訓(왕부내훈), 愼乃服命(신내복명), 率由典常(솔유전상), 以蕃王室(이번왕실). 弘乃烈祖(홍내렬조), 律乃有民(율내유민), 永綏厥位(영수궐위), 毗予一人(비여일인). 世世享德(세세향덕), 萬邦作式(만방작식), 俾我有周無斁(비아유주무두). 嗚呼(오호)! 往哉惟休(왕재유휴), 無替朕命(무체짐명).

강고(康誥)

무왕의 아우인 강을
제후로 책봉하면서 내린 훈시

1-1 동쪽 땅의 제후로 책봉

[주서周書 · 강고康誥/서경書經]

3월 초승달 빛이 생겨난 그날, 주공은 동쪽의 낙수 부근에 새롭게 큰 고을을 세울 것을 처음으로 계획하게 됩니다. 이에 사방의 백성들이 그세 무리를 이루어 모여들었습니다. 제후국인 후·진·남·방·채·위나라의 제후와 백관 그리고 은나라의 유민들이 힘을 합하여 주나라 사람들을 도왔습니다. 주공은 모두를 위로하며 곧 크게 이르는 말씀을 하셨답니다.

惟三月哉生魄(유삼월재생백), 周公初基作新大邑于東國洛(주공초기작신대읍우동국락), 四方民大和會(사방민대화회). 侯甸男邦采衛(후전남방채위), 百工播民(백공파민), 和見士于周(화견사우주). 周公咸勤(주공함근), 乃洪大誥治(내홍대고치).

이를 지켜본 무왕께서는 다음과 같이 말씀하셨죠.

"제후들의 맹주요, 짐의 동생인 어린 봉은 들으라. 돌아가신 부왕이신 문왕께서는 덕을 밝게 베푸셨고 벌을 내리심에도 신중을 기하셨단다. 감히 외롭고 의지할 곳 없는 사람들을 업신여기지 않으셨으며, 부지런하고 공손하셨지. 그리고 하늘을 두려워할 줄 아셨으며 백성들을 밝게 다스려 이끄셨단다. 이리하여 이 중화땅에 우리 주나라를 세우셨으며, 몇몇 제후국과 함께 우리의 서쪽 땅을 다스렸단다. 이와 같은 사실이 위로 상제께 알려지니, 상제께서는 아름다운 일로 여기셨지. 하늘은 곧 문왕에게 크나큰 명을 내리셨단다. 오랑캐인 은나라를 멸망케 하고 왕업을 이룩하는 사명을 받들도록 하셨지. 이리하여 은나라와 그곳 백성이 안정된 삶을 누릴 수 있게 되었단다. 이제 이 형은 힘을 써서 어린 그대 봉을 동쪽 땅의 제후로 책봉하는 것이란다."

王若曰(왕약왈): 孟侯(맹후), 朕其弟(짐기제), 小子封(소자봉). 惟乃丕顯考文王(유내비현고문왕), 克明德愼罰(극명덕신벌), 不敢侮鰥寡(불감모환과), 庸庸(용용), 祇祇(지지), 威威(위위), 顯民(현민), 用肇造我區夏(용조조아구하), 越我一二邦以修我西土(월아일이방이수아서토). 惟時怙冒(유시호모), 聞于上帝(문우상제), 帝休(제휴), 天乃大命文王(천내대명문왕). 殪戎殷(에융은), 誕受厥命(탄수궐명), 越厥邦民(월궐방민), 惟時敍(유시서). 乃寡兄勖(내과형욱), 肆汝小子封在玆東土(사여소자봉재자동토).

1-2 백성을 새롭게 거듭나게 하라

[주서周書 · 강고康誥/서경書經]

무왕께서 계속 말씀하십니다.

"아아! 나의 아우 봉이여, 너는 잘 생각하여 행하라. 이제 백성들은 동생의 선친이신 문왕의 덕을 공경하며 따르는 데 달려 있으니, 은나라의 덕 있는 사람들의 말씀을 잘 듣고 판단해야 한단다. 그리고 가서 은나라의 옛 어진 임금들의 가르침을 두루 연구하여 백성들을 보호하고 다스리도록 하라. 너는 상나라의 덕망 있는 분들을 생각하고 마음으로 헤아려야 도리를 이해할 것이야. 옛 명철하신 왕들이 행하신 바를 두루 얻어들어야 백성들을 편안하게 보호할 수 있을 것이며, 크게는 하늘로부터 보살핌을 받게 될 거야. 덕행이 너의 몸 안에 충만해져야 왕명을 유폐하지 않을 것이란다."

王曰(왕왈): 嗚呼(오호)! 封(봉), 汝念哉(여념재)! 今民將在祗遹乃文考(금민장재지휼내문고), 紹聞衣德言(소문의덕언). 往敷求于殷先哲王用保乂民(왕부구우은선철왕용보예민), 汝丕遠惟商耇成人宅心知訓(여비원유상구성인댁심지훈). 別求聞由古先哲王用康保民(별구문유고선철왕용강보민). 弘于天(홍우천), 若德(약덕), 裕乃身不廢在王命(유내신불폐재왕명)!

무왕은 또 말씀하셨습니다.

"아아! 어린 봉이여! 고통과 질병은 너의 몸으로부터 비롯되는 것이니 행동을 조심해야 한단다. 하늘의 벌이란 게 비록 두렵겠지만 진실하면 돕고자 하고, 백성들의 정서는 아주 쉽게 살필 수 있으나 소인들은 보호하기가 어렵지. 그러니 가서 온 마음을 다하되 안일함과 오락에 빠지지 않는다면 곧 백성들은 잘 다스려질 거야. 내가 듣기론 '원망은 큰 데 있지 아니하고 또 작은 데도 있지 아니하니, 은혜롭지 않더라도 은혜를 베풀어야 하며 힘쓰고 싶지 않더라도 힘써야 한다'고 하였지. 아! 그대 아우여! 너의 임무는 왕실을 지키고 은나라의 백성을 보호하는 데 있으며, 또한 왕을 도와 하늘의 명을 헤아려 백성들을 새롭게 거듭나게 하는 데 있단다."

王曰(왕왈): 嗚呼(오호)! 小子封(소자봉), 恫瘝乃身(통관내신), 敬哉(경재)! 天畏棐忱(천외비침), 民情大可見(민정대가견), 小人難保(소인난보). 往盡乃心(왕진내심), 無康好逸豫(무강호일예), 乃其乂民(내기예민). 我聞曰(아문왈): 怨不在大(원부재대), 亦不在小(역부재소), 惠不惠(혜불혜), 懋不懋(무불무). 已(이)! 汝惟小子(여유소자), 乃服惟弘王應保殷民(내복유홍왕응보은민), 亦惟助王宅天命(역유조왕댁천명), 作新民(작신민).

1-3 형벌은 공평하고 신중해야 내려야
[주서周書 · 강고康誥/서경書經]

무왕께서 계속 말씀하셨습니다.

"아아, 봉이여! 벌을 내림에 있어서는 신중을 기하고 공평하여야 한단다. 만일 어떤 사람이 작은 죄를 지었는데 끝내 이를 뉘우치지 않으면 이는 스스로 불법을 자행하는 것이니, 이와 같은 자는 그 죄가 비록 작더라도 죽이지 않을 수 없지. 그러나 비록 큰 죄를 지었더라도 그것이 과실로 인한 죄이면서도 또 뉘우친다면 이런 사람은 죽여서는 아니 된단다.

王曰(왕왈): 嗚呼(오호)! 封(봉), 敬明乃罰(경명내벌). 人有小罪(인유
소죄), 非眚(비생), 乃惟終自作不典(내유종자작부전), 式爾(식이), 有厥
罪小(유궐죄소), 乃不可不殺(내불가불살). 乃有大罪(내유대죄), 非終(비
종), 乃惟眚災(내유생재), 適爾(적이), 旣道極厥辜(기도극궐고), 時乃不
可殺(시내불가살).

무왕은 계속 말씀하셨습니다.

"아아! 봉이여! 이와 같이 하면 법은 크게 공명해지고 백성들은
승복하게 되며, 백성들은 힘써 훌륭해지고 화목해질 거야. 만약 백
성들을 병자와 같이 대하면 백성들은 곧 모든 병고에서 벗어날 것
이란다. 또 만약 백성들을 갓난아이처럼 보살펴준다면 백성들은
잘 다스려져 평안함을 누리게 될 거야. 그리고 그대 봉은 함부로
사람들에게 형벌을 가하고 죽여서는 아니 되며, 마음대로 형벌을
주거나 죽이지는 말라. 그대 봉은 또한 코를 베는 의형과 귀를 베
는 이형을 행하여서는 안 되는 것이니, 마음대로 코나 귀를 베는
형벌을 실행치 않아야 한단다."

王曰(왕왈): 嗚呼(오호)! 封(봉), 有敘時(유서시), 乃大明服(내대명복),
惟民其敕懋和(유민기칙무화). 若有疾(약유질), 惟民其畢棄咎(유민기필
기구). 若保赤子(약보적자), 惟民其康乂(유민기강예). 非汝封刑人殺人
(비여봉형인살인), 無或刑人殺人(무혹형인살인). 非汝封又曰劓刵人(비여
봉우왈의이인), 無或劓刵人(무혹의이인).

1-4 형을 집행할 땐 엄중해야

[주서周書 · 강고康誥/서경書經]

무왕께서 계속 말씀하셨습니다.

"죄가 있고 없음을 판결함에 있어 너는 법률을 선포하여 은나라 법률에 이치가 있음을 깨닫게 하라."

무왕은 또 말씀하셨습니다.

"죄수를 감금하고자 할 때는 5·6일은 심사숙고해야 하며, 10일에 이르러서야 감금한 죄수의 형량을 판결토록 해야 한단다."

王曰(왕왈): 外事(외사), 汝陳時臬司師(여진시얼사사), 茲殷罰有倫(자은벌유륜).

又曰(우왈): 要囚(요수), 服念五六日至于旬時(복념오륙일지우순시), 丕蔽要囚(비폐요수).

무왕은 또 말씀하셨습니다.

"네가 법률을 선포하고 형벌을 판결할 때는 은나라 법에 의거하도록 하고 은나라가 정한 합리적인 형벌과 사형 제도를 적용하되, 너의 마음대로 즉흥적으로 판결하지는 말라. 너에게 모두가 순종하면 이는 곧 안정되었다고 할 수 있으나, 그래도 아직 따르고 받들지 않는 것으로 생각하고 더욱 노력해야 한단다. 아! 그대 어린 봉이여! 너와 같은 마음을 지닌 사람은 없을 것이야. 짐의 마음과 짐의 덕행은 오직 너만이 알 것이다. 무릇 백성들이 스스로 죄를 짓고, 빼앗고, 훔치고, 난을 일으키고, 사람을 죽여 재물을 차지하는 등 죽음이 두렵지 않다는 듯이 날뛰는 자에게는 마땅히 원망을 품지 않을 수는 없을 거야."

王曰(왕왈): 汝陳時臬事罰(여진시얼사벌), 蔽殷彝(폐은이), 用其義刑義殺(용기의형의살), 勿庸以次汝封(물용이차여봉). 乃汝盡遜曰時敍(내여진손왈시서), 惟曰未有遜事(유왈미유손사). 已(이)! 汝惟小子(여유소자), 未其有若汝封之心(미기유약여봉지심). 朕心朕德(짐심짐덕), 惟乃知(유내지). 凡民自得罪(범민자득죄), 寇攘奸宄(구양간귀), 殺越人于貨(살월인우화), 暋不畏死(민불외사), 罔弗憝(망불대).

1-5 백성들을 위해 헌신해야

[주서周書 · 강고康誥/서경書經]

무왕께서 계속 말씀하셨습니다.

"봉이여! 가장 큰 죄악은 크게 미워하는 것이거늘, 하물며 부모에게 불효하고 형제간에 우애 없음을 말해 무엇하겠는가! 자식이 그 아버지의 일을 공손하게 받들지 못하면 아버지의 마음을 크게 상하게 하는 것이니, 아버지 또한 그 자식을 싫어할 것이야. 아우로서 천노를 돌보시 않고 그 형을 공손히 받들시 않으면 형 또한 동생을 애처롭게 여길 줄 모르게 되고, 아우에게 크게 우애롭게 대하지도 않을 거야. 그러니 우리 관리들이 죄를 짓지 않더라도 하늘이 우리 백성에게 내린 법은 크게 혼란에 빠질 것이다. 그렇게 되면 너는 신속하게 문왕께서 제정하신 법을 적용하여 그와 같은 자를 벌하되 용서함도 없어야 된단다.

王曰(왕왈): 封(봉), 元惡大憝(원악대대), 矧惟不孝不友(신유불효불우). 子弗祗服厥父事(자불지복궐부사), 大傷厥考心(대상궐고심), 于父不

能字厥子(우부불능자궐자), 乃疾厥子(내질궐자). 于弟弗念天顯(우제불념천현), 乃弗克恭厥兄(내불극공궐형), 兄亦不念鞠子哀(형역불념국자애), 大不友于弟(대불우우제). 惟弔茲(유조자), 不于我政人得罪(불우아정인득죄), 天惟與我民彝大泯亂(천유여아민이대민란), 曰(왈): 乃其速由文王作罰(내기속유문왕작벌), 刑茲無赦(형자무사).

따르지 않는 쟈들은 크게 법률로 다스려야 하거늘, 하물며 대궐 밖에서 귀한 집의 자제들을 가르치는 관리나 일반 백성을 가르치는 관리 그리고 각 관청의 관리나 궁전을 출입하는 관리들이 별도로 정책을 선포하여 백성들에게 큰 칭찬을 받으려 하면서도 나라를 생각하지도 않고 힘쓰지도 않아 임금의 마음을 아프게 하는 자들이야 말해 뭐하겠는가. 이는 바로 큰 죄악으로서 짐이 가장 미워하는 것이란다. 너는 속히 합당한 법으로써 그들을 처형토록 하라.

不率大戛(불솔대알), 矧惟外庶子(신유외서자), 訓人惟厥正人越小臣(훈인유궐정인월소신), 諸節(제절). 乃別播敷(내별파부), 造民大譽(조민대예), 弗念弗庸(불념불용), 瘝厥君(관궐군), 時乃引惡(시내인악), 惟朕憝(유짐대). 已(이)! 汝乃其速由茲義率殺(여내기속유자의솔살).

그리고 나라의 임금이 되고 우두머리가 되어 잘못 가르쳐 그 집안이나 그의 안팎의 신하들이 백성들을 위협하고 포학하게 다루어 임금의 명을 크게 어긴다면, 결코 덕으로 다스릴 자들이 아니니 준엄한 벌을 내려야 한단다. 너 또한 법을 받들고 공경하여 백성들을 이끌지 않으면 아니 될 거야. 문왕께서 그러했듯이 존경하고 두려워하는 마음을 가져야만 백성들을 잘 이끌 수 있단다. 이에 따라 네가 '나는 쉴 새도 없이 백성을 위해 일한다'라고 말할 정도가 되면 이 사람은 기뻐할 것이란다."

亦惟君惟長(역유군유장), 不能厥家人越厥小臣外正(불능궐가인월궐소신외정), 惟威惟虐(유위유학), 大放王命(대방왕명), 乃非德用乂(내비덕용예). 汝亦罔不克敬典(여역망불극경전), 乃由裕民(내유유민), 惟文王之敬忌(유문왕지경기), 乃裕民曰(내유민왈): 我惟有及(아유유급). 則予一人以懌(즉여일인이역).

1-6 무왕의 은나라에 대한 배려

[주서周書 · 강고康誥/서경書經]

무왕께서 계속 말씀하셨습니다.

"봉아! 백성들을 착하고 편안한 삶을 살 수 있도록 인도하여야 한단다. 내가 은나라의 옛 명철한 임금들의 덕을 생각하고 이를 본받아 백성들을 다스리려 함은 그와 같은 훌륭한 정치를 실행하기 위해서란다. 지금 백성들을 잘 이끌지 않으면 백성들은 어느 길로 나아가야 할지 모르게 될 거야. 이들을 잘 이끌어주지 않으면 나라에 정사가 있다고는 할 수 없을 거란다."

王曰(왕왈): 封(봉), 爽惟民迪吉康(상유민적길강), 我時其惟殷先哲王德(아시기유은선철왕덕), 用康乂民作求(용강예민작구). 矧今民罔迪(신금민망적), 不適(부적), 不迪(부적), 則罔政在厥邦(즉망정재궐방).

무왕께서 다시 말씀하셨답니다.

"봉아! 내가 너에게 이른 덕치의 말과 형벌의 시행에 대해 잘 살펴보지 않으면 안 될 거야. 지금 백성들을 평화롭게 다스리지 못하고 그들의 마음을 안정시키지 못하면 하늘이 나를 벌하고자 하여도 나는 원망할 수도 없을 것이란다. 죄라는 건 큰 데 있지 않고 많은 데도 있지 아니하고, 그것이 하늘에까지 뚜렷하게 나타나는 데 있단다."

王曰(왕왈): 封(봉), 予惟不可不監(여유불가불감), 告汝德之說于罰之行(고여덕지설우벌지행). 今惟民不靜(금유민부정), 未戾厥心(미려궐심), 迪屢未同(적루미동), 爽惟天其罰殛我(상유천기벌극아), 我其不怨(아기불원). 惟厥罪無在大(유궐죄무재대), 亦無在多(역무재다), 矧曰其尙顯聞于天(신왈기상현문우천).

무왕께서 또 말씀하셨답니다.

"아아! 봉이여! 언행을 조심해야 한단다. 결코 백성들의 원성을 사는 일이 있어서는 아니 되고, 옳지 못한 계획과 올바르지 못한 법은 쓰지 말아야 한단다. 이로 인하여 진실이 가려지도록 하지 말 것이니, 그리하면 백성들은 보다 덕에 민감할 거야. 너의 마음을 평온하게 하면서 덕행을 되돌아보고, 너의 갈 길을 멀리 내다보아야만 백성들을 편안하게 할 수 있어서 너로 인하여 나라의 명운이 단절되지 않을 거야."

王曰(왕왈): 嗚呼(오호)! 封(봉), 敬哉(경재). 無作怨(무작원), 勿用非謀非彝(물용비모비이), 蔽時忱(폐시침). 丕則敏德(비즉민덕), 用康乃心(용강내심), 顧乃德(고내덕), 遠乃猷(원내유), 裕乃以(유내이), 民寧(민

녕), 不汝瑕殄(불여하진).

　무왕이 계속 말씀하셨습니다.

　"아아! 그대 나이 어린 봉이여! 하늘의 명은 무상한 것이니 너는 잘 생각하여 우리 선조들의 제사가 끊어지는 일이 없도록 해야 할 거야. 너의 직무에 힘쓰고 널리 귀를 기울여 백성들이 편안히 살 수 있도록 해야 한단다."

　王曰(왕왈): 嗚呼(오호)! 肆汝小子封(사여소자봉). 惟命不于常(유명불우상), 汝念哉(여념재)! 無我殄享(무아진향), 明乃服命(명내복명), 高乃聽(고내청), 用康乂民(용강예민).

　무왕은 또 다음과 같이 말씀하셨답니다.

　"가라, 봉이여! 삼가 선왕들의 법전을 저버리지 말고, 짐이 이른 말을 귀담아들어야 할 거야. 그래야만 그대는 은나라의 유민들과 더불어 대대손손 국운이 이어지게 될 거야."

　王若曰(왕약왈). 往哉(왕재)! 封(봉), 勿替敬典(물체경전), 聽朕告(청짐고), 汝乃以殷民世享(여내이은민세향).

주고(酒誥)

술을 삼가라고 한
경계의 글

1-1 술에 대한 교훈

[주서周書 · 주고酒誥/서경書經]

주나라의 성왕께서 다음과 같이 말씀하셨습니다.

"상나라의 도읍이었던 매나라에 커다란 명을 밝혀 선포하시오. 그대의 훌륭하신 아버지 문왕께서는 서쪽 땅에 나라를 창건하셨지. 그분은 여러 나라의 관원들과 부관장 및 일반 관원들에게 아침저녁으로 말씀하시길 '제사에만 이 술을 마시라'고 타이르셨답니다. 오직 하늘이 명을 내려 우리 백성들을 거느리게 된 것은 오직 큰 제사 때문이라오. 그러나 하늘이 벌을 내려 우리 백성들은 큰 혼란에 빠져 덕을 잃게 되었는데, 이는 술을 마시는 풍조에서 기인되지 아니한 것이 없소. 크고 작은 나라들의 멸망 또한 술의 허물이 아님이 없소."

王若曰(왕약왈): 明大命于妹邦(명대명우매방). 乃穆考文王肇國在西土(내목고문왕조국재서토). 厥誥毖庶邦庶士越少正御事(궐고비서방서사월소정어사), 朝夕曰(조석왈): 祀茲酒(사자주). 惟天降命(유천강명), 肇我民(조아민), 惟元祀(유원사). 天降威(천강위), 我民用大亂喪德(아민용대란상덕), 亦罔非酒惟行(역망비주유행), 越小大邦用喪(월소대방용상), 亦罔非酒惟辜(역망비주유고).

또 말씀하셨습니다.

"문왕께서는 젊은 사람과 관의 벼슬아치 그리고 일반 관원들에게 술 마시는 것을 금하여 왔답니다. 여러 나라들에서는 술을 마시는 일을 오직 제사 때만으로 한정하였으며, 덕으로 제약을 하여 취하지 못하도록 하였죠. 또 말씀하시기를 '우리 백성들이 젊은 사람들에게 땅에서 나는 곡식을 아낄 것을 힘써 가르치면 그들의 심성이 착해질 것이다. 그러니 선조와 부친이 남긴 교훈을 밝혀 경청하도록 하여 작거나 큰 행위를 뛰어넘어 젊은 사람들이 한결같도록 해야 한다'라고 하셨답니다."

文王誥教小子有正有事(문왕고교소자유정유사), 無彝酒(무이주). 越庶國(월서국), 飲惟祀(음유사), 德將無醉(덕장무취). 惟曰我民迪小子惟土物愛(유왈아민적소자유토물애), 厥心臧(궐심장). 聰聽祖考之遺訓(총청조고지유훈), 越小大德(월소대덕), 小子惟一(소자유일).

1-2 자기 일에 충실한 후에야 술을 마셔야

[주서周書 · 주고酒誥/서경書經]

"매나라가 계속해서 그대의 팔다리와 같은 신민이 될 수 있도록 하고, 백성들이 여러 곡식을 가꾸는 데 정성을 다하여 분주하게 다니면서 그들의 부모와 웃어른들을 잘 모시도록 하시오. 그리고 소달구지를 끌고 먼 곳까지 가서 장사하여 번 돈으로 그들의 부모님에게 잘 봉양하고 효도하게 하여, 그 부모님들이 경사롭게 여기시면, 비로소 풍성하게 음식을 차리고 술을 빚어 마시도록 하라.

妹土(매토), 嗣爾股肱(사이고굉), 純其藝黍稷(순기예서직), 奔走事厥考厥長(분주사궐고궐장). 肇牽車牛(조견거우), 遠服賈用(원복가용). 孝養厥父母(효양궐부모), 厥父母慶(궐부모경), 自洗腆(자세전), 致用酒(치용주).

모든 관원과 관의 우두머리 그리고 여러 제후와 관직이 있는 사람들도 짐의 교훈을 받들도록 하라! 그대들이 노인과 임금에게 음식을 성대하게 바쳐야 그대들도 취하도록 마시고 배불리 먹을 수 있으리라. 또한 그대들은 오랫동안 자신을 살피고 반성하여 중용의 미덕에 합당한 후에야 제사를 받들어 모실 수 있고, 그대들 스스로 즐거움을 구할 수 있을 거야. 이와 같아야만 충실히 임금의 일을 관장하거나 처리하는 신하라 할 수 있지. 이와 같아야만 하늘도 훌륭한 덕을 지닌 사람을 지원하며, 그러한 사람은 영원토록 왕실에서도 잊지 못할 거야."

庶士·有正越庶伯·君子(서사·유정월서백·군자), 其爾典聽朕教(기이전청짐교)! 爾大克羞耇惟君(이대극수구유군), 爾乃飮食醉飽(이내음식취포). 丕惟曰爾克永觀省(비유왈이극영관성), 作稽中德(작계중덕), 爾尙克羞饋祀(이상극수궤사). 爾乃自介用逸(이내자개용일), 玆乃允惟王正事之臣(자내윤유왕정사지신). 玆亦惟天若元德(자역유천약원덕), 永不忘在王家(영불망재왕가).

성왕이 계속 말씀하셨답니다.

"봉이여! 우리 서쪽 땅을 돕던 옛 제후국의 군주나 일을 처리하던 관리는 물론 젊은이들까지도 문왕의 교훈을 받들어 술독에 빠지는 일이 없었단다. 그랬기 때문에 우리는 지금에 이르기까지 은나라의 명을 물려받게 된 것이란다."

王曰(왕왈): 封(봉), 我西土棐徂(아서토비조), 邦君御事小子尙克用文王敎(방군어사소자상극용문왕교), 不腆于酒(부전우주). 故我至于今(고아지우금), 克受殷之命(극수은지명).

1-3 주지육림에 빠진 폭군 주왕

[주서周書 · 주고酒誥/서경書經]

성왕이 말씀하셨습니다.

"봉이여! 내가 들은 걸 말하자면, '옛날 은나라의 지혜로운 임금님들께서는 하늘을 두려워하고 백성들을 잘 이끌어 빛나게 했을 뿐만 아니라 덕성으로 경륜했으며 아울러 지혜로움을 겸비했다고 한다. 또한 탕왕으로부터 상나라 주왕의 아버지인 제을에 이르기까지 왕업을 이룩하고 보좌하는 신하들을 정중하게 대했다고 한

다. 일반 관리들 또한 감히 태만하거나 안일함을 추구하지 않았으
니, 하물며 감히 떼를 지어 술을 마시는 일이 있었겠는가? 더욱이
제후국인 후·전·남·위 같은 군주들은 물론 조정 안의 백관, 관의 우
두머리, 부관장, 정사를 맡은 종친들, 향리에 은거하는 옛 관리 등
도 술에 빠지는 일이 없었으며, 또 그럴 만한 한가한 시간들도 없
었다고 한다. 이들은 오직 임금을 도와 훌륭한 덕을 더욱 빛나게
했으며, 백성들을 다스려 법을 공경토록 하였단다."

王曰(왕왈): 封(봉), 我聞惟曰(아문유왈): 在昔殷先哲王迪畏天顯小
民(재석은선철왕적외천현소민), 經德秉哲(경덕병철). 自成湯咸至于帝乙
(자성탕함지우제을), 成王畏相惟御事(성왕외상유어사), 厥棐有恭(궐비유
공), 不敢自暇自逸(불감자가자일), 矧曰其敢崇飮(신왈기감숭음)? 越在
外服(월재외복), 侯甸男衛邦伯(후전남위방백), 越在內服(월재내복), 百
僚庶尹惟亞惟服宗工越百姓里居(백료서윤유아유복종공월백성리거), 罔
敢湎于酒(망감면우주). 不惟不敢(불유불감), 亦不暇(역불가), 惟助成王
德顯越(유조성왕덕현월), 尹人祇辟(윤인지벽).

또 내가 듣기론 '근래에 성군의 뒤를 이은 주왕은 술 마시기를
즐겼으며, 그의 명은 백성들에게 알려지지도 않았고 백성들에게
원성이 높았으나 그의 나쁜 습성은 고치지도 않았다는구나. 그는
방종하게도 지나친 향락을 즐기며 법도를 준수하지도 않았지. 여
기에 잦은 주연 탓에 위엄과 법도를 잃어 백성들은 비통해하며 상
심에 빠졌단다. 그는 지나치게 술독에 빠져서는 스스로 멈추지 못
하고 안일함만을 추구했으며, 그의 마음은 악독하고 사나워 죽음

도 두려워하지 않았다. 천하의 죄가 상나라에 쌓여 그로 인해 은나라가 멸망해 가도 근심조차도 하지 않았지. 덕행의 향기나 제사의 향내가 하늘에 전해지지 않아 백성들의 원성만 사게 되었단다. 여기에 많은 신하들까지 떼를 지어 술을 마셔대니, 그 술기운은 하늘에까지 전해졌지. 이 때문에 하늘은 은나라에 천벌을 내려 은나라를 멸망시켰으며, 다시는 은나라를 돌보지 않았단다. 이는 오로지 향락에 빠진 안일함 때문이었지. 하늘이 그들을 학대한 것이 아니라 그들 스스로가 자초한 죄업이란다."

我聞亦惟曰(아문역유왈): 在今後嗣王(재금후사왕), 酣(감), 身厥命(신궐명), 罔顯于民祇(망현우민지), 保越怨不易(보월원불역). 誕惟厥縱(탄유궐종), 淫泆于非彝(음일우비이), 用燕喪威儀(용연상위의), 民罔不盡傷心(민망불혁상심). 惟荒腆于酒(유황전우주), 厥心疾很(궐심질흔), 不克畏死(불극외사). 辜在商邑(고재상읍), 越殷國滅(월은국멸), 無罹(무리). 弗惟德馨香祀(불유덕형향사), 登聞于天(등문우천), 誕惟民怨(탄유민원), 庶群自酒(서군자주), 腥聞在上(성문재상). 故天降喪于殷(고천강상우은), 罔愛于殷(망에우은), 惟逸(유일). 天非虐(천비하), 惟民自速辜(유민자속고).

1-4 다시 강조하는 금주령

[주서周書 · 주고酒誥/서경書經]

성왕은 계속 말씀하셨습니다.

"봉이여! 나는 이와 같은 많은 훈계를 하려는 게 아니란다. 옛사람들이 말하길 '사람은 물에 자신을 비추어볼 것이 아니라 마땅히 민심에 비추어 보아야 한다'고 하였지. 오늘날 은나라는 하늘이 내린 명을 잃었으니, 내가 어찌 이를 크게 거울삼아 위로 삼지 않을 수 있겠는가!

王(왕): 封(봉), 予不惟若玆多誥(여불유약자다고). 古人有言曰(고인유언왈): 人無於水監(인무어수감), 當於民監(당어민감). 今惟殷墜厥命(금유은추궐명), 我其可不大監撫于時(아기가부대감무우시)!

내가 오직 말하고자 하는 것은 그대가 은나라의 어진 신하들과 후·전·남·위 등의 제후들에게 타일러 가르쳐 주라는 거란다. 이들뿐만 아니라 태사와 내사들 그리고 어진 관리들과 관직에 있는 종친들에게도 타이르라는 거란다. 그리고 연회를 맡은 관리들과 조정의 제사를 맡은 관리들, 또 반역배의 토벌을 맡은 사마, 백성들을 먹여 살리는 사도, 법을 제정하는 사공 등에게도 일러 가르치고, 그대도 술 마시는 것을 엄격하게 금해야 할 거야."

予惟曰(여유왈): 汝劼毖殷獻臣侯甸男衛(여할비은헌신후전남위), 矧太史友(신태사우), 內史友(내사우), 越獻臣百宗工(월헌신백종공), 矧惟爾事服休(신유이사복휴), 服采(복채), 矧惟若疇(신유약주), 圻父薄違(기부박위), 農夫若保(농부약보), 宏父定辟(굉부정벽), 矧汝(신여), 剛制于酒(강제우주).

혹 그 누가 '떼를 지어 술을 마십니다'라고 일러주면 그대는 용서 없이 그들을 체포 구금하여 주나라로 압송해라. 그러면 내가 그들을 사형에 처하리라. 그러나 은나라의 옛 신하들이나 관리들이 술을 마신다면 죽이지는 말고 훈계하여 오직 제사를 지낼 때만 술을 마시게 하라. 이를 따르면 밝게 누릴 것이나 내가 이르는 말을 듣지 않으면 곧 이 한 몸의 뜻을 거역하는 일일 뿐만 아니라 국사를 그르치는 것이니 죽을죄에 해당한단다."

厥或誥曰(궐혹고왈): 群飮(군음), 汝勿佚(여물일). 盡執拘以歸于周(진집구이귀우주), 予其殺(여기살). 又惟殷之迪諸臣惟工(우유은지적제신유공), 乃湎于酒(내면우주), 勿庸殺之(물용살지), 姑惟敎之(고유교지). 有斯明享(유사명향), 乃不用我敎辭(내불용아교사), 惟我一人弗恤弗蠲(유아일인불휼불견), 乃事時同于殺(내사시동우살).

성왕이 다시 말씀하셨습니다.

"봉이여! 그대는 늘 나의 가르침을 따라서 그대의 백성들이 술독에 빠지는 일이 없도록 하라."

王曰(왕왈): 封(봉), 汝典聽朕毖(여전청짐비), 勿辯乃司民湎于酒(물변내사민면우주).

자재(梓材)

주공이 강숙을
가래나무로 된 재목에 비유

1-1 너그러운 용서가 최선의 다스림

[주서周書 · 자재梓材/서경書經]

무왕이 말씀하셨습니다.

"봉(강숙)이여! 일반 백성들과 신하들의 뜻이 높은 자리에 있는 관리들에게 통하도록 하고, 또 높은 자리에 있는 신하들의 뜻이 임금에게 통하도록 해야만 한 나라의 군왕이 될 수 있단다. 그대는 항상 다음과 같이 말해야 되느니, '내가 스승으로 삼을 만한 사도·사마·사공 및 관의 우두머리와 일반 관리들이여! 나는 결코 억울한 사람을 죽이는 일이 없을 거야'라고 말이지. 그 임금이 먼저 백성을 공경하고 애를 쓰면, 그들도 마침내는 돌아가서 공경하고 수고를 아끼지 않게 될 거야. 그대는 가서 난을 일으키는 자, 살인자, 법을 어지럽히는 자들이라도 사정에 따라 용서하고, 그들 임금의 행동에 따라 사람들에게 박해를 가한 자도 용서하라.

王曰(왕왈): 封(봉), 以厥庶民暨厥臣達大家(이궐서민기궐신달대가), 以厥臣達王惟邦君(이궐신달왕유방군), 汝若恒越曰(여약항월왈): 我有師師(아유사사)·司徒(사도)·司馬(사마)·司空(사공)·尹(윤)·旅(려). 曰(왈): 予罔厲殺人(여망려살인). 亦厥君先敬勞(역궐군선경로), 肆徂厥敬勞(사조궐경로). 肆往(사왕), 奸宄(간귀)·殺人(살인)·歷人(역인), 宥(유), 肆亦見厥君事(사역견궐군사), 戕敗人(장패인), 宥(유).

임금이 제후를 내세우는 것은 그러한 난리에서도 백성을 백성답게 하기 위해서지. 그러니 '백성을 박대하지 말고 학대하지도 말며, 외롭고 의지할 곳 없는 사람이나 비천한 여인들에게도 보호의 손길을 내밀도록 해야 한다'고 하신 거란다. 임금이 모든 제후와 일반 관리들에게 본보여야 할 것은, '그 명을 내리는 것은 무엇 때문인가? 양육함으로 인도하고 편안함으로 인도하기 위해서였단다. 예부터 임금이 이와 같았다면 제후들은 사악할 수가 없었지.'

王啟監(왕계감), 厥亂爲民(궐란위민). 曰(왈): 無胥戕(무서장), 無胥虐(무서학), 至于敬寡(지우경과), 至于屬婦(지우속부), 合由以容(합유이용). 王其效邦君越御事(왕기효방군월어사): 厥命曷以(궐명갈이)? 引養引恬(인양인념). 自古王若茲(자고왕약자), 監罔攸辟(감망유벽).

즉, 다음과 같이 말할 수 있단다. '이는 곧 밭을 개간하는 것과 같으니, 부지런히 밭을 새로 개간하였다면 힘써 밭을 가꾸고 갈아야 하며, 그 두둑과 이랑을 내야 하지. 또한 집을 짓는 것과도 같으니,

부지런히 담장과 벽을 세웠다면 담과 벽에 흙을 바르고 지붕에 이 엉을 얹어야 하는 게지. 또 나무 그릇을 만드는 것과도 같으니, 부 지런히 나무껍질을 벗겨 다듬고 깎아서 모양이 갖추어지면 붉은 물감으로 칠해야 하는 것이란다.'

惟曰(유왈): 若稽田(약계전), 旣勤敷菑(기근부치), 惟其陳修(유기진 수), 爲厥疆畎(위궐강견). 若作室家(약작실가), 旣勤垣墉(기근원용), 惟 其塗墍茨(유기도기자). 若作梓材(약작재재), 旣勤樸斲(기근박착), 惟其 塗丹雘(유기도단확).

1-2 밝은 덕을 베풀어 백성을 이끌라

[주서周書 · 자재梓材/서경書經]

곧바로 무왕께서는 계속 말씀하셨답니다.

"선왕께서는 이미 힘써 덕을 밝힘으로써 제후들을 회유하시어 주나라 왕실을 보좌케 하였단다. 그리하여 모든 제후국에서는 공 물을 진상했고 형제국이 되어 우호관계를 맺어 찾아들게 하였지. 또한 밝은 덕을 펼친다면 제후들이 찾아들고 여러 나라에서 커다 란 공물을 바치게 될 거야. 하늘이 선왕에게 중국의 국민과 강토를 내리셨단다. 따라서 임금된 자는 오직 덕을 베풀어 먼저 미혹된 백 성들을 깨우쳐 이끌고, 선왕께서 받은 명을 완수토록 해야 한단다. 아! 그대는 이를 거울로 삼으라."

今王惟曰(금왕유왈): 先王旣勤用明德(선왕기근용명덕), 懷爲夾(회위 협), 庶邦享(서방향), 作兄弟方來(작형제방래). 亦旣用明德(역기용명덕), 后式典集(후식전집), 庶邦丕享(서방비향). 皇天旣付中國民越厥疆土于

先王(황천기부중국민월궐강토우선왕), 肆王惟德用(사왕유덕용), 和懌先後迷民(화역선후미민), 用懌先王受命(용역선왕수명). 已(이)! 若茲監(약자감).

다만 말하려는 것은 "만년에 이르도록 왕업을 유지하려면 오직 자자손손 길이길이 백성을 지켜야 할 거야."

惟曰(유왈): 欲至于萬年(욕지우만년), 惟王子子孫孫永保民(유왕자자손손영보민).

소고(召誥)

소공이 주나라 성왕에게
훈계한 글

1-1 새로운 도읍지의 선정

[주서周書 · 소고召誥/서경書經]

성왕이 즉위한 지 7년이 지난 2월 16일에서 엿새가 지난 을미일에 성왕은 주나라의 호경에서 걸어나와 문왕이 도읍을 세웠던 풍읍에 이르렀답니다. 태보인 소공은 주공보다 먼저 가서 낙읍이 될 땅을 살폈습니다. 다음 달 3월 초승달이 떠오르는 병오일에서 3일이 지난 무신일 아침에 태보는 낙땅에 이르러 성터를 점쳐 길한 점괘를 얻자 측량을 하고 표지를 세웠습니다. 3일이 지난 경술일에 태보는 곧이어 은나라 백성들에게 낙수의 북쪽에 터를 잡게 하였답니다. 5일이 지난 갑인일에는 모든 터가 완성되었습니다.

惟二月旣望(유이월기망), 越六日乙未(월륙일을미), 王朝步自周(왕조보자주), 則至于豐(즉지우풍). 惟太保先周公相宅(유태보선주공상택), 越

若來三月(약약래삼월), 惟丙吾朏(유병오비). 越三日戊申(월삼일무신), 太保朝至于洛(태보조지우락), 卜宅(복택). 厥旣得卜(궐기득복), 則經營(즉경영). 越三日庚戌(월삼일경술), 太保乃以庶殷攻位于洛汭(태보내이서은공위우락예). 越五日甲寅(월오일갑인), 位成(위성).

이튿날인 을묘일 아침에 주공이 낙땅에 이르러 새로운 고을을 전체적으로 살펴보았답니다. 사흘이 지난 정사일에 희생물을 잡아 하늘에 교제를 올렸는데, 소 두 마리를 바쳤답니다. 그 다음 날인 무오일에는 새로운 도읍지에 땅의 신에 대한 사제를 올렸는데, 소 한 마리와 양 한 마리 그리고 돼지 한 마리가 바쳐졌죠.

若翼日乙卯(약익일을묘), 周公朝至于洛(주공조지우락), 則達觀于新邑營(즉달관우신읍영). 越三日丁巳(월삼일정사), 用牲于郊(용생우교), 牛二(우이). 越翼日戊吾(월익일무오), 乃社于新邑(내사우신읍), 牛一(우일), 羊一(양일), 豕一(시일).

/일이 시난 갑사일 아침에 주공은 문서를 작성하여 모든 은나라 백성들에게 명하였는데, 후·전·남 등 각 제후국의 군주 등에게도 명을 내렸습니다. 주공의 명이 은나라 백성들에게 전달되자, 은나라 백성들은 곧 일을 시작하였답니다. 태보는 이에 모든 제후국의 군주들과 함께 나가 옥과 비단 등을 가지고 돌아와서 주공에게 바쳤답니다.

越七日甲子(월칠일갑자), 周公乃朝用書(주공내조용서), 命庶殷侯甸男邦伯(명서은후전남방백). 厥旣命殷庶(궐기명은서), 庶殷丕作(서은비

작). 太保乃以庶邦冢君出取幣(태보내이서방총군출취폐), 乃復入錫周公
(내부입석주공).

1-2 멸망 직전의 은나라 정황

[주서周書 · 소고김誥/서경書經]

소공은 말하였습니다.

"손을 이마에 대고 큰절을 하면서 임금님과 주공께 아룁니다. 또
한 모든 은나라 백성과 그들의 관리들에게도 알리는 바입니다. 아
아! 넓은 하늘의 상제께서는 그 원자인 주왕과 이 큰 나라인 은의
명운을 바꾸셨습니다. 왕께서 그 명을 받드시게 되었으니, 끝없이
기쁜 일이기도 하지만 근심스럽기도 하답니다. 아아! 어찌 근신하
지 않을 수 있겠습니까?

日(왈): 拜手稽首(배수계수), 旅王若公(여왕약공), 誥告庶殷越自乃御
事(고고서은월자내어사). 塢呼(오호)! 皇天上帝(황천상제), 改厥元子玆
大國殷之命(개궐원자자대국은지명). 惟王受命(유왕수명), 無疆惟休(무강
유휴), 亦無疆惟恤(역무강유휼). 塢呼(오호)! 曷其奈何弗敬(갈기내하불
경)?

하늘은 이미 큰 나라인 은의 명운을 단절하였답니다. 이러한 은
나라의 많은 지혜로운 왕들께서 이미 하늘나라에 계시는데, 그 뒤
의 은왕과 백성들은 그분들의 명에 복종하였습니다. 그러나 말기
에 이르러 지혜로운 사람들은 모두 숨어버리고 병폐 있던 자들만
남아 조정의 일을 맡게 되었습니다. 그리하여 지아비들은 그들의

처자식을 업고 안아 부축하면서 슬픔으로써 하늘에 호소하며 달아났으나 도망자를 붙잡아 가두었답니다."

天旣遐終大邦殷之命(천기하종대방은지명), 茲殷多先哲王在天(자은다선철왕재천), 越厥後王后民(월궐후왕후민), 茲服厥命(자복궐명). 厥終(궐종), 智藏瘝在(지장관재). 夫知保抱攜持厥婦子(부지보포휴지궐부자), 以哀籲天(이애유천), 徂厥亡(조궐망), 出執(출집).

1-3 백성들의 여론을 살피고 두려워해야

[주서周書 · 소고김誥/서경書經]

소공이 계속 말했습니다.

"아아! 하늘은 천하의 백성들을 불쌍히 여기시니 임금님께서도 하늘의 명을 받들어 정사에 힘쓰시고, 하루라도 빨리 훌륭한 덕을 공경토록 하십시오. 옛 하나라 사람들을 살펴보면, 처음 하늘은 이들을 자애롭게 보살펴주셨지만, 하늘의 뜻을 어기자 지금은 나라를 잃고 말았습니다. 오늘날의 은나라를 보십시오. 처음에는 하늘이 노훔의 손실을 내밀었시만, 하늘의 뜻을 어기사 지금은 나라를 잃어버렸습니다.

嗚呼(오호)! 天亦哀于四方民(천역애우사방민), 其眷命用懋(기권명용무). 王其疾敬德(왕기질경덕). 相古先民有夏(상고선민유하), 天迪從子保(천적종자보), 面稽天若(면계천약). 今時旣墜厥命(금시기추궐명). 今相有殷(금상유은), 天迪格保(천적격보), 面稽天若(면계천약), 今時旣墜厥命(금시기추궐명).

이제 젊으신 임금님께서 왕위를 이으셨으니, 나이 많은 사람들의 지혜를 저버리지 마십시오. 임금님께서 말씀하시길 우리 옛 어른들의 덕행을 헤아려보아야겠다고 한다는 것, 하물며 하늘과 의논할 수 있어야 한다는 것은 말해 뭐하겠습니까? 아아! 임금님께서는 비록 나이가 젊지만 하늘이 내리신 천자이시니, 백성들을 넓게 화합시킬 수만 있다면 오늘날의 복일 겁니다. 임금님께서는 일을 감히 뒤로 미루시지 마시고, 백성들의 여론을 되돌아보면서도 두려워 하셔야 합니다."

今沖子嗣(금충자사), 則無遺壽者(칙무유수구). 曰其稽我古人之德(왈기계아고인지덕), 矧曰其有能稽謀自天(신왈기유능계모자천)? 嗚呼(오호)! 有王雖小(유왕수소), 元子哉(원자재). 其丕能諴于小民(기비능함우소민), 今休(금휴). 王不敢後(왕불감후), 用顧畏于民碞(용고외우민암).

1-4 주나라는 하·은나라를 반면교사 삼아야
[주서周書·소고召誥/서경書經]

"임금님께서 오셔서 상제의 뜻을 이어 스스로 중화땅을 다스려야 합니다. 주공인 단(旦)이 말하기를 '여기에 큰 고을을 세우려는 것은 하늘의 뜻과 조화를 이루자는 것이며, 또 하늘과 땅의 신에게 제사를 올려 중원땅을 평안히 다스리게 하자는 겁니다. 임금님께서 받으신 명을 이루어 백성을 다스리면 이제 훌륭한 업적이 될 겁니다'라고 하였답니다. 임금님께선 먼저 은나라 관리들을 복종케 하시고, 우리 주나라의 관리들과 친하고 가깝도록 해야 합니다. 그리고 성정을 절제하시어 날마다 모든 일에 매진해야 합니다. 그러니 임금님께서 처신을 삼가 조신하시고 덕을 공경하지 않으면 안 될 겁니다."

王來紹上帝(왕래소상제), 自服于土中(자복우토중). 旦曰(단왈): 其作大邑(기작대읍), 其自時配皇天(기자시배황천), 毖祀于上下(비사우상하). 其自時中乂(기자시중예), 王厥有成命(왕궐유성명), 治民今休(치민금휴). 王先服殷御事(왕선복은어사), 比介于我有周御事(비개우아유주어사), 節性惟日其邁(절성유일기매). 王敬作所(왕경작소), 不可不敬德(불가불경덕).

"우리는 하나라를 거울로 삼지 않을 수 없으며, 또한 은나라도 거울로 삼지 않을 수 없답니다. 제가 감히 안다고 말할 수는 없지만 하나라는 천명을 받아 잘 봉행하였으므로 오랫동안 천하를 다스렸습니다. 또 제가 감히 잘 알지는 못하지만 하나라가 더 이어지지 못한 것은 덕을 공경하지 않아서 일찍이 그 명을 잃었기 때문입니다. 제가 감히 안다고 할 순 없지만 은나라도 천명을 받아 오랫동안 나스렸습니다. 제가 감히 안다고 할 수 없지만 너 이상 연장되지 못한 것은 그 덕을 삼가 공경치 않아 일찍이 그 명운을 잃었답니다. 지금 임금님께선 그 명을 이어받으셨으니, 우리는 또한 이 두 나라의 명운을 깊이 성찰하여 왕업을 계속 이어나가야 할 겁니다."

我不可不監于有夏(아불가불감우유하), 亦不可不監于有殷(역불가불감우유은). 我不敢知曰(아불감지왈), 有夏服天命(유하복천명), 惟有歷年(유유력년). 我不敢知曰(아불감지왈), 不其延(불기연). 惟不敬厥德(유불경궐덕), 乃早墜厥命(내조추궐명). 我不敢知曰(아불감지왈), 有殷受天命(유은수천명), 惟有歷年(유유력년). 我不敢知曰(아불감지왈), 不其延(불기연). 惟不敬厥德(유불경궐덕), 乃早墜厥命(내조추궐명). 今王嗣受厥命(금왕사수궐명), 我亦惟茲二國命(아역유자이국명), 嗣若功(사약공).

1-5 신하 소공의 간절한 기원

[주서周書 · 소고김誥/서경書經]

소공은 계속해서 말했습니다.

"임금님께선 처음으로 정사에 임하셨습니다. 아아! 마치 자식을 낳아 어릴 때부터 교육을 잘 시켜 하늘이 내린 명을 밝히도록 하는 것과도 같답니다. 따라서 지금 하늘이 내린 명이 밝은 것인지, 또 그 명이 길한 것인지 흉한 것인지, 또한 긴 것인지 짧은 것인지도 알 수 없습니다. 이제 우리는 처음 정사에 임하여 새로운 고을에 살게 된 것이니, 임금님께서는 서둘러 덕행을 공경토록 해야 합니다. 임금님께선 덕행을 펴시어 하늘이 내린 명이 영원하도록 기원하셔야 합니다.

王乃初服(왕내초복). 烏呼(오호)! 若生子(약생자), 罔不在厥初生(망부재궐초생), 自貽哲命(자이철명). 今天其命哲(금천기명철), 命吉凶(명길흉), 命歷年(명력년). 知今我初服(지금아초복), 宅新邑(댁신읍), 肆惟王其疾敬德(사유왕기질경덕). 王其德之用(왕기덕지용), 祈天永命(기천영명).

임금님께선 낮은 백성들이 지나치게 법을 어긴다고 하여 그들을 사형에 처하는 일이 없도록 하십시오. 이와 같이 하여 백성을 편안하게 다스리면 곧 공로를 인정받게 됩니다. 임금님께서는 덕행을 으뜸으로 삼아 모범을 보이셔야 백성들은 본받을 것이며, 이를 천하세상에 펼치시면 임금님께선 밝게 빛나실 겁니다. 위로 하늘과 아래로 백성들을 힘써 보살피신다면, 흔히 말하듯 '우리가 받은 하늘의 명은 크기가 하나라와 같이 길고 은나라와 같이 길어 결코 어긋남이 없어야 한다'고 할 수 있을 겁니다. 임금님께선 백성들과 더불어 하늘의 영구한 명을 받으시길 기원하겠습니다."

其惟王勿以小民淫用非彝(기유왕물이소민음용비이), 亦敢殄戮用乂民(역감진륙용예민), 若有功(약유공). 其惟王位在德元(기유왕위재덕원), 小民乃惟刑用于天下(소민내유형용우천하), 越王顯(월왕현). 上下勤恤(상하근휼), 其曰我受天命(기왈아수천명), 丕若有夏歷年(비약유하력년), 式勿替有殷歷年(식물체유은력년). 欲王以小民受天永命(욕왕이소민수천영명).

소공은 큰절을 하고 다시 말을 이어갔습니다.

"저 같은 소신은 임금님을 원망하는 은나라의 유민과 모든 관원 및 우호적인 백성과 더불어 왕의 위엄과 명령 그리고 밝은 덕을 받아 지키려 합니다. 임금님께서 끝내 밝은 명을 내리시면 왕께선 밝게 빛나게 될 겁니다. 저는 감히 수고한다 할 수 없으며, 다만 옥과 비단 등을 공손히 받쳐 들고 임금님께 바치어 하늘의 영원한 명을 받으시길 기원하겠습니다."

拜手稽首(배수계수).

曰(왈): 予小臣(여소신), 敢以王之讎民(감이왕지수민), 百君子越友民(백군자월우민), 保受王威命明德(보수왕위명명덕). 王末有成命(왕말유성명), 王亦顯(왕역현). 我非敢勤(아비감근), 惟恭奉幣(유공봉폐), 用供王能祈天永命(용공왕능기천영명).

낙고(洛誥)

낙읍이 건설되자
성왕이 주공에게 부탁한 내용

1-1 주공에게 가르침을 청한 성왕

[주서周書 · 낙고洛誥/서경書經]

주공은 양손을 이마에 대고 큰절을 하며 말하였습니다.

"나는 다시금 밝으신 임금님께 알립니다. 임금님께서는 하늘이 내린 명으로 신성이신 문왕께서 이룩힌 창업의 공과 무왕께서 천하를 안정시킨 공로에 미치지 못하실까 염려하신 걸 지켜본 제가 계속 보좌하였답니다. 그리고 여기 동쪽 땅을 두루두루 살핀 것도 백성들에게 밝은 임금이 되도록 돕고자 보좌한 겁니다. 나는 을묘일 아침에 사람이 많은 이곳 낙읍에 이르러 황허강 북쪽의 여수땅을 점쳐 보았고, 나는 다시 간수 동쪽과 전수 서쪽 땅을 점쳐 보았으나 오로지 낙수 쪽만이 길하였답니다. 나는 다시 전수 동쪽을 점쳐 보았지만 역시 또한 낙수 쪽만 길하였답니다. 그래서 임금님을 직접 오시게 하여 지도와 함께 점친 결과를 바치려고 한 겁니다."

周公拜手稽首曰(주공배수계수왈): 朕復子明辟(짐부자명벽). 王如弗敢及天基命定命(왕여불감급천기명정명), 予乃胤保(여내윤보), 大相東土(대상동토), 其基作民明辟(기기작민명벽). 予惟乙卯(여유을묘), 朝至于洛師(조지우락사). 我卜河朔黎水(아복하삭려수), 我乃卜澗水東(아내복간수동), 瀍水西(전수서), 惟洛食(유락식). 我又卜瀍水東(아우복전수동), 亦惟洛食(역유락식). 伻來以圖及獻卜(팽래이도급헌복).

성왕께서 양손을 이마에 대고 주공에게 큰절을 하며 말씀하셨습니다.

"공께서는 감히 하늘의 아름다움을 감히 공경하지 않을 수 없어 이곳에 와서 거처를 살피고는 주나라의 왕업에 합당한 아름다움을 이룩하셨습니다. 공께서 이미 이곳에 거처를 정하시고 오라 하니 왔답니다. 이곳에 와서 나의 점괘를 살펴보니 아름답고 항상 길하다는 것은 우리 두 사람이 다 같이 곧기 때문인 것 같습니다. 공께서는 나에게 억만년까지 하늘의 아름다운 명을 공경하게 하니, 고개 숙여 큰절을 하며 가르침의 말씀을 듣고자 합니다."

王拜手稽首曰(왕배수계수왈): 公不敢不敬天之休(공불감불경천지휴), 來相宅(내상댁), 其作周匹休(기작주필휴). 公旣定宅(공기정댁), 伻來(팽래), 來視予卜休恒吉(내시여복휴항길), 我二人共貞(아이인공정). 公其以予萬億年敬天之休(공기이여만억년경천지휴), 拜手稽首誨言(배수계수회언).

1-2 왕업의 기반을 다지기 위해

[주서周書 · 낙고洛誥/서경書經]

주공이 말하였습니다.

"임금님께선 이제 은나라의 제례를 거행토록 해야 한답니다. 새로운 도읍지에서 제사를 올리되 모두가 질서가 잡혀 문란하지 않아야 합니다. 저는 모든 관원들을 정비하여 임금님을 모시고 주나라의 도읍으로 가게 하면서 '그곳에서도 여러 가지 일이 있을 것이다'라고 말하겠습니다. 이제 임금님께선 '공로를 기념하여 성대하게 하늘에 제사를 올리고 연호를 고치도록 하겠다'고 명을 내리십시오. 그리고 '그대들은 선왕의 명을 받들어 왕실을 충실히 보좌하라'고 명을 하소서. 그들의 공로를 크게 보아 기록하셔야 되는데, 이내 당신께서 모든 일을 손수 신하들에게 가르쳐야 하기 때문이랍니다.

周公曰(주공왈): 王(왕), 肇稱殷禮(조칭은례), 祀于新邑(사우신읍), 咸秩無文(함질무문). 予齊百工(여제백공), 伻從王于周(팽종왕우주), 予惟曰(여유왈): 庶有事(시유사). 今王即命曰(금왕즉명왈): 記功(기공), 宗以功作元祀(종이공작원사). 惟命曰(유명왈): 汝受命篤弼(여수명독필), 丕視功載(비시공재), 乃汝其悉自教工(내여기실자교공).

젊은 사람들은 붕당을 형성하기 쉬우니, 만약 젊은이들이 붕당을 형성하면 그 퍼져나가는 불길이 처음엔 미약하게 타오르는 걸 내버려두었다가, 불길이 커져 활활 타오르게 되면 끌 수가 없는 것과 같습니다. 임금님께선 제가 그랬듯이 올바른 법을 따르고 일에 대해선 위로하십시오. 그리고 주나라의 새 도읍지로 신하들을 데리고 가서 그들에게 힘써 일하도록 하셔야 합니다. 그리하면 임금님의 공로는 밝아지면서 두텁고도 광대해져 왕업은 길이 이어져나갈 겁니다."

孺子其朋(유자기붕), 孺子其朋(유자기붕), 其往(기왕), 無若火始焰焰(무약화시염염), 厥攸灼敘(궐유작서), 弗其絕(불기절). 厥若彝及撫事如子(궐약이급무사여자), 惟以在周工往新邑(유이재주공왕신읍), 伻向即有僚(팽향즉유료), 明作有功(명작유공). 惇大成裕(돈대성유), 汝永有辭(여영유사).

1-3 임금님 스스로 백성을 위해 힘써야

[주서周書 · 낙고洛誥/서경書經]

주공은 계속 말했습니다.

"아! 그대는 젊은 사람이니 끝맺음이 훌륭해야 합니다. 그대는 여러 제후들이 바치는 공물을 신중하게 기억해 두어야 하며, 공물을 바치지 않은 자도 기억해 두어야 할 겁니다. 공물을 바치는 데는 많은 의례가 있는데, 의례가 공물만큼 장중하지 않으면 이는 곧 공물을 바침에 성의가 없다는 겁니다. 모든 백성이 공물을 바치지 않으려 하면 곧 정사를 그르치게 되고 그들로부터 업신여김을 받게 될 겁니다. 이런 일은 어린 임금님께서 분별하여 처리하도록 하십시오. 나는 그러한 일을 살필 겨를이 없답니다.

公曰(공왈): 已(이)! 汝惟沖子(여유충자), 惟終(유종). 汝其敬識百辟享(여기경식백벽향), 亦識其有不享(역식기유불향). 享多儀(향다의), 儀不

及物(의불급물), 惟曰不享(유왈불향). 惟不役志于享(유불역지우향), 凡民惟曰不享(범민유왈불향), 惟事其爽侮(유사기상모). 乃惟孺子頒(내유유자반), 朕不暇聽(짐불가청).

제가 임금님께 가르쳐 드릴 건 백성을 다스리는 통상적인 법일 뿐이랍니다. 임금님께서 힘쓰지 않으면 왕업은 길이 유지될 수 없을 겁니다. 관장들에게 두터운 벼슬자리를 내리시면 따르지 않을 자가 없을 것이며, 저 역시도 임금님의 명을 거역하지 못할 겁니다. 임금님께서는 매사에 신중을 기하십시오. 그러면 저 역시도 온 정성을 다하게 될 것입니다. 우리 백성들을 잘 감싸 보호해 주시면 먼 곳에 있는 사람들도 명을 어기지 않을 겁니다."

朕教汝于棐民(짐교여우비민), 彝汝乃是不蘉(이여내시불망), 乃時惟不永哉(내시유불영재). 篤敍乃正父罔不若予(독서내정부망불약여), 不敢廢乃命(불감폐내명). 汝往敬哉(여왕경재). 茲予其明農哉(자여기명농재). 彼裕我民(피유아민), 無遠用戾(무원용려).

1-4 성왕의 주공에 대한 부탁

[주서周書 · 낙고洛誥/서경書經]

성왕께서는 다음과 같이 말씀하셨습니다.

"공이시여! 이 젊은 사람을 분명하게 지켜주십시오. 공께서는 크고 밝은 덕을 드러내시어 이 어린 사람이 문왕과 무왕께서 이룩한 업적과 같이 드높이게 해주소서. 하늘이 내린 명에 보답하여 천하 세상의 백성을 늘 화목하게 해주면서 이 사땅인 낙읍에서 살도록 해주십시오. 두텁고 성대한 예를 거행하여 큰 제사를 올리되 모두가 질서 있고 문란하지 않게 해주십시오. 오직 공의 덕은 밝아 하늘과 땅에 빛나 천지 사방에 힘써 펼치시니, 두루 아름답기만 하여 문왕과 무왕께서 내린 은근한 교훈을 어지럽히지 않았습니다. 이 젊은 사람은 아침부터 밤까지 경건히 제사를 모실 따름입니다."

성왕께서 또 말씀하셨답니다.

"공의 공로는 훌륭하면서도 크니, 언제나 이렇지 않음이 없도록 하십시오."

王若曰(왕약왈): 公(공)! 明保予沖子(명보여충자). 公稱丕顯德(공칭비현덕), 以予小子揚文武烈(이여소자양문무렬). 奉答天命(봉답천명), 和恒四方民(화항사방민), 居師(거사). 惇宗將禮(돈종장례), 稱秩元祀(칭질원사), 咸秩無文(함질무문). 惟公德明光于上下(유공덕명광우상하), 勤施于四方(근시우사방), 旁作穆穆(방작목목), 迓衡不迷(아형불미). 文武勤教(문무근교), 予沖子夙夜毖祀(여충자숙야비사).

王曰(왕왈): 公功棐迪(공공비적), 篤罔不若時(독망불약시).

성왕께서 말씀을 이어가셨습니다.

"공이시여! 이 나이 어린 사람은 주나라로 돌아가 왕위에 오르도록 하겠으니 공께서는 이곳에 남도록 하십시오. 사방은 아직 안정되지 않았고, 제사의 예에 대한 공의 일도 아직 끝나지 않았답니다. 공이 이곳에 남아 주재하시되 우리의 사(土)·사(師)·공(工)의 관원들을 감독하여 문왕과 무왕께서 이어받은 백성들을 보호하시고, 우리 왕실의 튼실한 벽이 되어주십시오."

王曰(왕왈): 公(공)! 予小子其退(여소자기퇴), 即辟于周(즉벽우주), 命
公後(명공후). 四方迪亂未定(사방적란미정), 于宗禮亦未克敉(우종례역
미극미). 公功迪將(공공적장), 其後監我士師工(기후감아사사공), 誕保文
武受民(탄보문무수민), 亂爲四輔(난위사보).

성왕은 또 말씀하셨습니다.

"공은 이곳에 머물러주십시오. 저는 돌아가야겠습니다. 공의 일
은 이제 많이 줄어들게 되어 기뻐할 수 있게 되었으니, 이제 공께
서는 곤란한 점이 없을 겁니다. 이제 제가 게으르지 않게 일을 하
면 모든 정사가 순조로워질 겁니다. 공께서 모범을 저버리지 않으
시면 사방의 제후국은 대대손손 공물을 바치게 될 겁니다."

王曰(왕왈): 公定(공정), 予往已(여왕이). 公功肅將祗歡(공공숙장지
환), 公無困哉(공무곤재). 我惟無斁其康事(아유무두기강사), 公勿替刑
(공물체형), 四方其世享(사방기세향).

1-5 은나라 백성들을 포용함

[주서周書 · 낙고洛誥/서경書經]

주공은 양손을 이마에 대고 큰절을 하며 말했습니다.

"임금님께서는 저에게 명하시어 할아버지 문왕께서 하늘로부터
이어받은 백성들을 보호하고, 빛나는 공을 세우신 선친 무왕을 받
들게 하시니 삼가 저는 크게 공손히 받들겠습니다. 젊으신 임금님
께서 이 낙읍을 시찰하러 오셨으니, 은나라의 어진 백성들에게 크
게 봉록을 내리시고 이들을 사방의 새로운 제후로 삼으시어 주나

라의 왕업을 이룩함에 있어선 공손함을 우선으로 삼으십시오. 이어 말씀하시길 이후부터 중원이 잘 다스려지면 많은 나라들이 기뻐할 것이며, 임금님의 업적은 이루어지게 되는 겁니다. 이 몸 단은 여러 공경대부 및 관원들과 더불어 선인들께서 이룩하신 업적을 더욱 두터이 하여 은나라 유민들의 기대에 보답하고자 하며, 주나라의 왕업을 이루기 위해선 믿음이 우선입니다. 나의 밝은 임금님의 법을 이루어 할아버지 문왕의 덕을 빛내고자 합니다.

周公拜手稽首曰(주공배수계수왈): 王命予來承保乃文祖受命民(왕명여래승보내문조수명민), 越乃光烈考武王(월내광렬고무왕), 弘朕恭(홍짐공). 孺子來相宅(유자래상택), 其大惇典殷獻民(기대돈전은헌민), 亂爲四方新辟(난위사방신벽), 作周恭先(작주공선). 曰其自時中乂(왈기자시중예), 萬邦咸休(만방함휴), 惟王有成績(유왕유성적). 予旦以多子越御事篤前人成烈(여단이다자월어사독전인성렬), 答其師(답기사), 作周孚先(작주부선). 考朕昭子刑(고짐소자형), 乃單文祖德(내단문조덕).

임금님께서 사자를 보내 은나라 유민들을 훈계하시고 또 저를 위문하게 하시되 검은 기장술 두 통을 가져와 '정결하게 인제(禋祭: 희생의 제물 밑에 나뭇단을 쌓아 불을 붙여 연기가 치솟게 하는 제사)를 지내되 양손을 이마에 대고 큰절을 하며 훌륭하게 제사를 모셔라'고 명을 내리십시오. 그러시면 저는 감히 하룻밤이라도 술을 묵히지 않고 문왕과 무왕에게 즉시 인제를 올리겠습니다. 은혜롭고도 단단하게 질서를 유지하며 국민 스스로가 질병에 걸리지 않도록 하면 만년토록 임금님의 덕에 만족하여 은나라 백성들은 인도되며 깊이 고려할 겁니다. 임금님께서는 은나라 백성들에게 곧 영원토록 우리 왕실의 차례를 계승케 하면, 그들은 길이 우리 임금님을 보살피면서 그 은덕을 가슴에 간직할 겁니다."

伻來毖殷(팽래비은), 乃命寧予以秬鬯二卣(내명녕여이거창이유). 日明禋(왈명인), 拜手稽首休享(배수계수휴향). 予不敢宿(여불감숙), 則禋于文王武王(즉인우문왕무왕). 惠篤敍(혜독서), 無有遘自疾(무유구자질), 萬年厭于乃德(만년염우내덕), 殷乃引考(은내인고). 王伻殷乃承敍萬年(왕팽은내승서만년), 其永觀朕子(기영관짐자), 懷德(회덕).

1-6 주공을 대를 잇는 후사로 임명하다

[주서周書 · 낙고洛誥/서경書經]

성왕 7년 12월 그믐날인 무진일에 성왕은 새 고을인 낙읍에서 겨울 제사를 올리고 다음 해의 풍년을 기원하였습니다. 문왕에게 붉은 소 한 마리, 무왕에게도 붉은 소 한 마리를 제물로 바쳤답니다. 성왕은 문서관인 일(逸)에게 책문을 짓도록 하고 축원케 하여 주공을 대를 잇는 후사로 세웠음을 문왕과 무왕에게 알렸답니다.

戊辰(무진), 王在新邑烝(왕재신읍증), 祭歲(제세). 文王騂牛一(문왕성우일), 武王騂牛一(무왕성우일). 王命作册逸祝册(왕명작책일축책), 惟告周公其後(유고주공기후).

성왕께서 주공을 빈객으로 대접하고 붉은 소를 잡아 인제를 올리자 모든 신들이 강림하였답니다. 임금님은 침묘 가운데 위치한 태실에 들어가서 기장술을 땅에 부었습니다. 임금님께선 주공을 후사로 세울 것을 명하며 문서관인 일에게 알렸습니다. 주공의 섭정이 끝난 것은 12월이었는데, 이는 곧 주공이 문왕과 무왕이 받은 천명을 지켜 왕실을 보좌한 지 7년째 되는 해였답니다.

王賓殺禋咸格(왕빈살인함격), 王入太室(왕입태실), 祼(관). 王命周公後(왕명주공후), 作册逸誥(작책일고), 在十有二月(재십유이월). 惟周公誕保文武受命(유주공탄보문무수명), 惟七年(유칠년).

다사(多士)

상나라의 여러 관원들에게
낙읍으로 이주할 것을 권고한 글

1-1 은나라를 징벌하는 이유

[주서周書 · 다사多士/서경書經]

성왕 7년 3월, 주공은 새 고을인 낙읍에서 처음으로 상나라 임금의 관리였던 문·무신들에게 말하였습니다.

"임금님께서는 다음과 같이 말씀하셨딥니다. 그대들, 은나라의 남겨진 많은 관리들이여! 불행하게도 하늘은 은나라에 커다란 멸망의 재앙을 내렸습니다. 우리 주나라는 하늘의 명을 받들어 앞으로 하늘의 위엄을 분명히 하여 왕이 된 자의 징벌을 실행하고, 은나라의 명운을 상제의 칙령으로 끝맺게 할 겁니다. 그래서 그대들 많은 관원들은, 우리 같은 작은 나라가 은나라의 명운을 빼앗는 게 아니라, 하늘은 진정 확실하게 난을 다스리지 않는 자들에게 주지 아니하시고 우리를 돕는 것임을 알아야 합니다. 우리가 어찌 감히 왕위를 빼앗으려 할 수 있겠습니까? 오로지 상제께서 주시지 않는 것은 우리 백성들의 마음가짐과 행위 때문이니, 이는 곧 하늘의 두려움을 밝힌 것이라 할 수 있답니다."

惟三月(유삼월), 周公初于新邑洛(주공초우신읍락), 用告商王士(용고상왕사).

王若曰(왕약왈): 爾殷遺多士(이은유다사), 弗弔(불조), 旻天大降喪于殷(민천대강상우은). 我有周佑命(아유주우명), 將天明威(장천명위), 致王罰(치왕벌), 敕殷命終于帝(칙은명종우제). 肆爾多士(사이다사), 非我小國敢弋殷命(비아소국감익은명). 惟天不畀允罔固亂(유천불비윤망고란). 弼我(필아), 我其敢求位(아기감구위)? 惟帝不畀(유제불비), 惟我下民秉爲(유아하민병위), 惟天明畏(유천명외).

1-2 크고 작은 나라들이 멸망한 이유

[주서周書 · 다사多士/서경書經]

주공은 계속 말을 이어갔습니다.

"내 듣자니 '상제는 백성들이 편안한 삶을 누리도록 인도한다'고 하였습니다. 하나라 백성들은 편안한 삶을 누리지 못했기 때문에 상제께서 강림하시어 하나라로 향하셨답니다. 그러나 하늘의 뜻을 받들지 아니하고 크게 지나친 향락만을 일삼아 나쁜 말이 돌게 되었죠. 그리하여 하늘은 들을 생각도 하지 아니하고 커다란 명인 원명을 거두어들이고 벌을 내리셨답니다. 이내 그대들의 선조이신 상나라의 개국군주인 성탕에게 명하여 하나라의 명운을 바꾸게 하고 뛰어난 백성들을 뽑아 사방을 다스리게 하였답니다. 성탕으로부터 제을에 이르기까지 덕을 밝히고 제사를 신중하게 모시지 않는 이가 없었습니다. 또한 하늘도 은나라를 세우고 보호하니 은나라의 임금님도 상제의 뜻을 감히 어기지 아니하였고, 하늘의 은택에 부합하지 않는 이가 없었답니다.

我聞曰(아문왈): 上帝引逸(상제인일), 有夏不適逸(유하부적일). 則惟帝降格(즉유제강격), 嚮于時夏(향우시하). 弗克庸帝(불극용제), 大淫洪有辭(대음일유사). 惟時天罔念聞(유시천망념문), 厥惟廢元命(궐유폐원명), 降致罰(강치벌). 乃命爾先祖成湯革夏(내명이선조성탕혁하), 俊民甸四方(준민전사방). 自成湯至于帝乙(자성탕지우제을), 罔不明德恤祀(망불명덕휼사). 亦惟天丕建(역유천비건), 保乂有殷(보예유은), 殷王亦罔敢失帝(은왕역망감실제), 罔不配天其澤(망불배천기택).

그런데 이번에 뒤를 이은 주왕은 덕을 하늘에 밝히지도 못했는데, 하물며 선왕들이 나라를 위해 애쓰셨던 것을 듣거나 생각하기나 했겠습니까? 그는 지나치게 향락만을 일삼은 나머지 하늘의 밝은 도와 백성늘을 공경해야 하거늘 거늘떠보지도 않았답니다. 이에 상제는 그를 지켜주지 않았고, 이와 같은 멸망의 재앙을 내린 겁니다. 이는 오로지 하늘이 덕을 밝히지 않는 사람에게는 명을 내리지 않는 것이니, 대개 천하의 크고 작은 나라들이 멸망한 것은 모두가 그들의 죄업 때문이 아닌 것이 없다오."

在今後嗣王(재금후사왕), 誕罔顯于天(탄망현우천), 矧曰其有聽念于先王勤家(신왈기유청념우선왕근가)? 誕淫厥洪(탄음궐일), 罔顧于天顯民祇(망고우천현민지), 惟時上帝不保(유시상제불보), 降若玆大喪(강약자대상), 惟天不畀不明厥德(유천불비불명궐덕), 凡四方小大邦喪(범사방소대방상), 罔非有辭于罰(망비유사우벌).

1-3 은나라 관리들에게 명함

[주서周書 · 다사多士/서경書經]

성왕께서 다음과 같이 말씀하셨습니다.

"그대들 은나라의 많은 관리들이여! 오늘날에는 나 주나라 임금만이 하늘이 부여한 사명을 이어받아 훌륭히 수행할 수 있다네. 하늘은 명하시길 '은나라의 명운을 끊으라'고 하였는데, 이는 상제께서 내린 칙령이라네. 나의 주된 임무는 다른 곳에 있지 아니하니, 그대들은 나를 따라야 한다네. 내가 말하고자 하는 것은 그대들은 아주 크게 법도에 어긋났다는 것이지. 내가 소란을 일으킨 게 아니라 잘못은 그대들 나라로부터 비롯된 게야. 나 또한 하늘이 곧 은나라에 크게 죄를 물을 거라 생각하였는데, 그대들이 바르지 못했기 때문이리라."

王若曰(왕약왈): 爾殷多士(이은다사), 今惟我周王丕靈承帝事(금유아주왕비령승제사), 有命曰(유명왈): 割殷(할은), 告敕于帝(고칙우제). 惟我事不貳適(유아사불이적), 惟爾王家我適(유이왕가아적). 予其曰惟爾洪無度(여기왈유이홍무도), 我不爾動(아불이동), 自乃邑(자내읍). 予亦念天(여역념천), 卽于殷大戾(즉우은대려), 肆不正(사불정).

성왕은 또 말씀하셨답니다.

"아! 그대들 많은 관원들에게 이르노니, 나는 곧 그대들을 서쪽 땅으로 이주시키고자 한다네. 나 한 사람의 성정이 덕을 받들고 평안함을 누리지 못하기 때문이 아니라, 이는 곧 하늘의 명이니 그대들은 이 명을 어기지 말라. 나는 감히 천명을 지체할 수 없으니, 나를 원망하지 말라. 그대들 은나라의 조상들에게는 서책과 경전들이 있으니, 은나라가 하나라의 국운을 개혁한 사실을 알고 있을 게야. 이제 그대들에게 다시 말하겠는데, '하나라의 남겨진 신하들은 선택되어 은나라 조정의 일을 맡아 보았으며, 모든 관리들과 함께 직위를 가질 수 있었다'고 하네. 나 한 사람은 그대들의 말을 경청하고 덕을 갖춘 사람을 임용할 것이라네. 그렇기 때문에 감히 이 큰 상나라 고을에서 그대들을 구하려는 게야. 나는 옛일을 따르고 있어 그대들을 가엾게 여기고 있으니, 이는 나의 허물이 아니고 하늘이 명하신 것임을 알아야 할 게야."

王曰(왕왈): 猷(유)! 告爾多士(고이다사), 予惟時其遷居西爾(여유시기천거서이), 非我一人奉德不康寧(비아일인봉덕불강녕), 時惟天命(시유천명). 無違(무위), 朕不敢有後(짐불감유후), 無我怨(무아원). 惟爾知(유이시), 惟殷先人有册有典(유은선인유책유전), 殷革夏命(은혁하명). 今爾又曰(금이우왈): 夏迪簡在王庭(하적간재왕정), 有服在百僚(유복재백료). 予一人惟聽用德(여일인유청용덕), 肆予敢求爾于天邑商(사여감구이우천읍상), 予惟率肆矜爾(여유솔사긍이). 非予罪(비여죄), 時惟天命(시유천명).

1-4 성왕이 은나라 백성들에게 타이름

[주서周書 · 다사多士/서경書經]

성왕께선 또 말씀하셨습니다.

"많은 관리들이여! 옛적에 짐이 엄땅에서 돌아왔을 때, 나는 그대들 사방의 나라 백성들에게 커다란 명을 내렸었지. 나는 곧 하늘의 징벌을 밝혀 시행하고 그대들을 먼 곳으로 이주시키려 한다네. 그대들은 우리 주나라를 받들어 모든 일에 순종토록 하라."

王曰(왕왈): 多士(다사), 昔朕來自奄(석짐래자엄), 予大降爾四國民命(여대강이사국민명). 我乃明致天罰(아내명치천벌), 移爾遐逖(이이하적), 比事臣我宗多遜(비사신아종다손).

성왕은 다시 말씀하셨답니다.

"그대들 모든 은나라 관원들에게 알리노라. 이제 나는 그대들을 크게 문책하진 않을 것이며, 그러한 명을 거듭하여 내리는 바이다. 오늘날 짐이 이 낙땅에 커다란 고을을 세우는 건 사방의 나라들이 찾아와 빈객의 예를 갖출 곳이 없다고 하여서이며, 또한 그대들 여러 관원들이 우리 주나라에 복종하고 힘써 받들어 모든 일에 순종하길 바라는 마음에서라네. 그대들은 여전히 그대들의 영토를 소유할 수 있으며, 평안한 삶을 누릴 수 있다네. 그대들이 삼가 근신한다면 하늘은 곧 그대들을 불쌍히 여길 것이나, 그대들이 근신치 않으면 그대들의 땅을 소유할 수 없을 뿐 아니라 나 또한 하늘의 벌을 그대들의 몸에 미치도록 할 게야.

王曰(왕왈): 告爾殷多士(고이은다사), 今予惟不爾殺(금여유불이살), 予惟時命有申(여유시명유신). 今朕作大邑于玆洛(금짐작대읍우자락), 予惟四方罔攸賓(여유사방망유빈), 亦惟爾多士攸服奔走臣我多遜(역유이다사유복분주신아다손). 爾乃尙有爾土(이내상유이토), 爾用尙寧干止(이용상녕간지). 爾克敬(이극경), 天惟畀矜爾(천유비긍이). 爾不克敬(이불극경), 爾不啻不有爾土(이불시불유이토), 予亦致天之罰于爾躬(여역치천지벌우이궁).

이제 그대들은 그대들의 고을에 거처할 수 있고, 계속하여 주거할 수 있다네. 이 낙읍에서 몸을 보존하여 영구히 살 수 있으니, 그대들 자손들도 함께 일어나 그대들을 따라 이주해 올 거야."

성왕은 또 말씀하셨답니다.

"지금 내가 그대들에게 말한 걸 기억하여 편안한 삶을 누리기 바라오."

今爾惟時宅爾邑(금이유시댁이읍), 繼爾居(계이거). 爾厥有干有年于茲洛(이궐유간유년우자락). 爾小子乃興(이소자내흥), 從爾遷(종이천).

王曰(왕왈): 又曰時予(우왈시여), 乃或言爾攸居(내혹언이유거).

무일(無逸)

일상에서 편안함만을
추구하지 말라는 권고의 글

1-1 부모를 업신여기는 자식들

[주서周書 · 무일無逸/서경書經]

주공은 말하였답니다.

"아아! 관직에 있는 사람은 안일함에 빠지지 않아야 할 겁니다. 먼저 농사일의 어려움을 이해한 후에 안락을 누려야만 백성들의 고충을 알게 될 겁니다. 낮은 백성들을 보면 부모들은 농사일에 힘쓰고 있는데, 그 자식들은 농사일의 어려움을 모르고 안일과 향락만을 일삼고 있는 것은 곧 방탕한 짓이랍니다. 그러면서도 그들의 부모를 업신여기면서 말하길 '늙은이들은 듣고 아는 게 없다'고들 한답니다."

周公曰(주공왈): 烏呼(오호)! 君子(군자), 所其無逸(소기무일). 先知稼穡之艱難(선지가색지간난), 乃逸(내일), 則知小人之依(즉지소인지의). 相

小人(상소인), 厥父母勤勞稼穡(궐부모근로가색), 厥子乃不知稼穡之艱難(궐자내부지가색지간난), 乃逸乃諺旣誕(내일내언기탄). 否則侮厥父母曰(부즉모궐부모왈): 昔之人無聞知(석지인무문지).

1-2 왕들의 재위기간

[주서周書 · 무일無逸/서경書經]

주공은 또 말했답니다.

"아아! 내 듣자니, 옛 은나라의 임금이셨던 중종께서는 엄중하시고 공손하시며 근엄하시고 어려워할 줄 아셨다 합니다. 그는 하늘이 내린 명운을 스스로 헤아려 백성들을 다스릴 때 공경하면서도 두려워하셨으며 감히 편안함만을 추구하지 않았으므로 75년이란 기간 동안 왕위에 있었다고 합니다. 고종이 재위에 계실 때에는 오랫동안 밖에서 일하면서 백성들과 더불어서 지냈답니다. 왕위에 올라서 상을 당하시고는 3년 동안이나 말을 하지 않았다고 합니다. 그는 말을 하지는 않았으나 말을 하게 되면 매우 온화했다고 합니다. 그는 감히 편안함을 추구하지 않았기 때문에 은나라가 평온함을 누릴 수 있었답니다. 그리고 지위가 낮건 높건 그를 원망하는 사람이 없었으니, 고종은 59년 동안 왕위를 지킬 수 있었습니다.

周公曰(주공왈): 塢呼(오호)! 我聞曰(아문왈): 昔在殷王中宗(석재은왕중종), 嚴恭寅畏(엄공인외), 天命自度(천명자도), 治民祇懼(치민지구), 不敢荒寧(불감황녕). 肆中宗之享國七十有五年(사중종지향국칠십유오년). 其在高宗(기재고종), 時舊勞于外(시구로우외), 爰暨小人(원기소인). 作其即位(작기즉위), 乃或亮陰(내혹량음), 三年不言(삼년불언). 其惟不言

(기유불언), 言乃雍(언내옹). 不敢荒寧(불감황녕), 嘉靖殷邦(가정은방). 至于小大(지우소대), 無時或怨(무시혹원). 肆高宗之享國五十年有九年(사고종지향국오십년유구년).

　무정의 아들인 조갑 때에 이르러선 그는 장자를 제쳐두고 왕이 되는 것은 불의한 짓이라 여기며 오랫동안 평민의 신분으로 살았는데, 왕위에 올라서는 평민의 고충을 이해하였답니다. 그리고 서민들을 보호하고 은혜롭게 여겼으며, 또 감히 홀아비나 과부들을 업신여기지 않았습니다. 이에 조갑은 33년 동안 왕위를 지킬 수 있었답니다. 그 이후 왕위에 오른 임금들은 날 때부터 안일함을 누렸는데, 날 적부터 안일함에 빠져들었기 때문에 농사일의 어려움도 모르고 백성들의 수고로움도 들으려 하지 않았을 뿐만 아니라 지나친 향락에만 탐닉했답니다. 그 이후로부터는 장수를 누린 임금들이 없었으며, 재위기간이 고작해야 10년, 아니면 7·8년, 또는 5·6년이나 3·4년에 지나지 않았답니다."

　其在祖甲(기재조갑), 不義惟王(불의유왕), 舊爲小人(구위소인). 作其即位(작기즉위), 爰知小人之依(원지소인지의), 能保惠于庶民(능보혜우서민), 不敢侮鰥寡(불감모환과). 肆祖甲之享國三十有三年(사조갑지향국삼십유삼년). 自時厥後立王(자시궐후립왕), 生則逸(생즉일), 生則逸(생즉일), 不知稼穡之艱難(부지가색지간난), 不聞小人之勞(불문소인지로), 惟耽樂之從(유탐악지종). 自時厥後(자시궐후), 亦罔或克壽(역망혹극수). 或十年(혹십년), 或七八年(혹칠팔년), 或五六年(혹오륙년), 或四三年(혹사삼년).

1-3 선왕들의 업적

[주서周書 · 무일無逸/서경書經]

주공은 말하였습니다.

"아아! 우리 주나라의 태왕과 왕계께서는 스스로를 낮추었고 하늘이 부여한 사명을 두려워하실 줄 알았답니다. 문왕께서는 허름한 옷차림으로 황량한 들일과 밭일을 몸소 하셨습니다. 그분은 온화하며 부드럽고 어질면서도 공손하셨으며, 백성들을 잘 보살펴주시고 홀아비나 과부들에게도 항상 은혜로움을 베풀었답니다. 아침부터 정오까지, 때로는 해가 기울 때까지 식사할 틈도 없이 온 세상의 백성들과 함께하셨습니다. 문왕께서는 놀이나 사냥을 즐기지 않으셨으며, 여러 나라를 다스릴 때 바름으로써 공손하게 처리하셨답니다. 문왕께서는 중년에서야 명을 받고 왕위에 오르셨는데, 재위 기간은 50년이었죠."

周公曰(주공왈): 嗚呼(오호)! 厥亦惟我周太王王季(궐역유아주태왕왕계), 克自抑畏(극자억외). 文王卑服(문왕비복), 即康功田功(즉강공전공). 徽柔懿恭(휘유의공), 懷保小民(회보소민), 惠鮮鰥寡(혜신환과). 自朝至于日中昃(자조지우일중측), 不遑暇食(불황가식), 用咸和萬民(용함화만민). 文王不敢盤于游田(문왕불감반우유전), 以庶邦惟正之供(이서방유정지공). 文王受命惟中身(문왕수명유중신), 厥享國五十年(궐향국오십년).

주공은 다시 말했습니다.

"아아! 왕위를 계승한 임금님들께서는 지나친 놀이나 안일함 그리고 유람이나 사냥에 빠지지 마시고 백성들과 더불어 오로지 정사에만 몰두해야 합니다. 혹여라도 '오늘은 마음껏 즐겨야겠다'고 말씀하지 마십시오. 이는 곧 백성들이 교훈으로 삼을 것도 아니며, 이와 같은 사람은 크게 허물을 지게 되는 겁니다. 은나라 주왕같이 미혹되고 난잡한 임금이 되지 마시고, 술독에 빠지는 짓도 하지 말아야 합니다!"

周公曰(주공왈): 嗚呼(오호)! 繼自今嗣王(계자금사왕), 則其無淫于觀(즉기무음우관), 于逸(우일)·于游(우유)·于田(우전), 以萬民惟正之供(이만민유정지공). 無皇曰(무황왈): 今日耽樂(금일탐락). 乃非民攸訓(내비민유훈), 非天攸若(비천유약), 時人丕則有愆(시인비즉유건). 無若殷王受之迷亂(무약은왕수지미란), 酗于酒德哉(후우주덕재)!

1-4 주공의 간절한 부탁

[주서周書 · 무일無逸/서경書經]

주공은 다시 말했습니다.

"아아! 내 듣자니 옛날 사람들은 서로 타이르고 서로 보호하고 돌보며, 서로 일깨워주었으므로 백성들은 서로 속이거나 거짓말을 하지 않았다고 합니다. 이와 같은 미덕을 경청하지 않으면 사람들이 그것을 본받아 선왕들의 정치와 형법을 변경시키고 문란케 하여, 크고 작은 일들이 그 지경에 이를 겁니다. 이리하여 백성들은 그렇지 않으면 그 마음을 어깃장 놓고 원망하거나 그들의 입으로 저주할 겁니다."

周公曰(주공왈): 嗚呼(오호)! 我聞曰(아문왈): 古之人猶胥訓告(고지인유서훈고), 胥保惠(서보혜), 胥教誨(서교회), 民無或胥譸張爲幻(민무혹

서주장위환), 此厥不聽(차궐불청), 人乃訓之(인내훈지), 乃變亂先王之正刑(내변란선왕지정형), 至于小大(지우소대). 民否則厥心違怨(민부즉궐심위원), 否則厥口詛祝(부즉궐구저축).

주공은 계속해서 말했습니다.

"아아! 은나라의 임금이신 중종을 비롯하여 고종과 조갑 그리고 우리 주나라의 문왕, 이렇게 네 분은 명철하셨답니다. 혹 어떤 사람이 '백성들이 당신을 원망하고 욕을 합니다'라고 알리면 곧바로 자신의 언행을 조심하였답니다. 그리고 허물을 들추어내면 '나의 허물은 진실로 이와 같다'고 할 뿐만 아니라 성내지도 않았답니다. 이와 같은 걸 경청하지 않으면 사람들은 곧 기만하게 되고 거짓말을 하게 된답니다. 즉 '백성들이 당신을 원망하고 욕을 합니다'라고 말하면 곧 그 말을 믿어 버립니다. 이와 같으면 임금은 법도를 멀고 길게 생각하지도 않게 될 것이며, 그 마음은 너그럽고 온화하지 못하여 죄 없는 사람을 함부로 벌하고 무고한 사람을 죽이게 될 겁니다. 그리하여 끝내는 원한이 쌓이고 쌓여 임금 자신에게도 모이게 될 겁니다."

周公曰(주공왈): 嗚呼(오호)! 自殷王中宗及高宗及祖甲及我周文王(자은왕중종급고종급조갑급아주문왕), 茲四人迪哲(자사인적철). 厥或告之曰(궐혹고지왈): 小人怨汝詈汝(소인원여리여). 則皇自敬德(즉황자경덕). 厥愆(궐건), 曰(왈): 朕之愆(짐지건), 允若時(윤약시), 不啻不敢含怒(불시불감함노). 此厥不聽(차궐불청), 人乃或譸張爲幻(인내혹주장위환), 曰小人怨汝詈汝(왈소인원여리여), 則信之(즉신지), 則若時(즉약시), 不永

念厥辟(불영념궐벽), 不寬綽厥心(불관작궐심), 亂罰無罪(난벌무죄), 殺無辜(살무고). 怨有同(원유동), 是叢于厥身(시총우궐신).

주공은 마지막으로 말했습니다.

"아아! 선왕의 뒤를 이으신 임금님께서는 저의 말을 삼가 거울로 삼아 살피십시오."

周公曰(주공왈): 塢呼(오호)! 嗣王其監于茲(사왕기감우자).

군석(君奭)

주공이 소공 군석에게
성왕을 함께 보좌할 것을 권유한 글

1-1 조상들이 빛낸 업적을 계승해야

[주서周書 · 군석君奭/서경書經]

주공은 다음과 같이 말하였습니다.

"군석(소공)이여! 불행하게도 하늘은 은나라에 멸망의 재앙을 내려, 은나라는 이미 ㄱ 명운을 상실하고 우리 주나라가 ㄱ 명을 이어받았다오. 나는 감히 안다고 말할 수는 없지만, 우리 왕업의 기반이 영원히 길함과 부합되어 유지되어갈지를 말이오. 또한 하늘이 우리를 정성으로 돕고 있지만, 우리가 끝내 상서롭지 못한 길을 걷게 되지 않을지는 나 역시 감히 안다고 할 순 없다오.

周公若曰(주공약왈): 君奭(군석)! 弗弔天降喪于殷(불조천강상우은), 殷旣墜厥命(은기추궐명), 我有周旣受(아유주기수). 我不敢知曰厥基永孚于休(아불감지왈궐기영부우휴). 若天棐忱(약천비침), 我亦不敢知曰其

終出于不祥(아역불감지왈기종출우불상).

아아! 군석이여! 모든 일은 이미 나에게 달려 있다고 했다오. 나 역시 감히 상제의 명을 편안하게 기다릴 수만은 없으며, 하늘의 위엄이 우리 백성들을 초월하여 길게 멀리까지 염두하진 않을 게요. 잘못되고 어긋남이 없게 하는 건 오직 사람입니다. 우리 뒤를 이을 자손들이 하늘과 백성을 크게 공경치 못하게 되면 옛사람들이 나라에서 빛냈던 것을 그만 잃고 놓치게 될 겁니다. 조정에서 물러나 집에 있으면서 내 알 바가 아니라고 하겠는가. 하늘의 명은 쉽지 않은지라 하늘을 믿기 어려우니, 그 명을 상실하는 것은 선조의 공손하고 밝은 덕을 오랫동안 이어가지 못했기 때문이오. 지금 이 작은 사람 단이 나 자신을 훌륭하다고 말하는 것이 아니라오. 다만 조상들께서 빛낸 업적을 우리 성왕으로 하여금 빛내게 하자는 것이오."

嗚呼(오호)! 君已曰時我(군이왈시아), 我亦不敢寧于上帝命(아역불감녕우상제명), 弗永遠念天威越我民(불영원념천위월아민). 罔尤違(망우위), 惟人(유인). 在我後嗣子孫(재아후사자손), 大弗克恭上下(대불극공상하), 遏佚前人光(알일전인광), 在家不知(재가부지), 天命不易(천명불역), 天難諶(천난심), 乃其墜命(내기추명), 弗克經歷(불극경력). 嗣前人(사전인), 恭明德(공명덕), 在今予小子旦非克有正(재금여소자단비극유정), 迪惟前人光施于我沖子(적유전인광시우아충자).

주공은 또 말하였답니다.

"하늘만을 믿고 있을 순 없다오. 우리가 가야 할 길은 오직 문왕께서 이룩하신 덕을 이어나가 하늘이 문왕으로 하여금 이어받게 한 사명을 저버리지 않도록 하는 것이라오."

又曰(우왈): 天不可信(천불가신), 我道惟寧王德延(아도유녕왕덕연), 天不庸釋于文王受命(천불용석우문왕수명).

1-2 주공의 간절한 부탁

[주서周書 · 군석君奭/서경書經]

주공이 말했습니다.

"군석이여! 내 듣자니, 그 옛적에 성탕께서 천명을 받았을 때는 이윤과 같은 신하가 있어 크나큰 하늘의 주재자인 황천을 감동시켰다 하오. 태갑 때에는 보형(이윤)과 같은 이가 있었고, 태무 때에는 이척과 신호와 같은 사람이 있어서 상제를 감동시켰으며, 무함이란 신하가 있어 왕실을 보전하였다오. 조을 때에는 무현과 같은 이가 있었으며, 무정 때에는 감반 같은 사람이 있었다오. 이와 같은 사람들을 곁에 두어 은나라를 보좌하고 다스렸기에 은나라의 제례에는 돌아가신 영가들이 승천하여 하늘과 짝하였기 때문에 오랜 세월 동안 유지될 수 있었답니다.

公曰(공왈): 君奭(군석)! 我聞在昔成湯旣受命(아문재석성탕기수명), 時則有若伊尹(시즉유약이윤), 格于皇天(격우황천). 在太甲(재태갑), 時則有若保衡(시즉유약보형). 在太戊(재태무), 時則有若伊陟臣扈(시즉유약이척신호), 格于上帝(격우상제), 巫咸乂王家(무함예왕가). 在祖乙(재조을), 時則有若巫賢(시즉유약무현). 在武丁(재무정), 時則有若甘盤(시즉

유약감반). 率惟茲有陳(솔유자유진), 保乂有殷(보예유은), 故殷禮陟配天
(고은례척배천), 多歷年所(다력년소).

하늘은 보좌할 사람들에게 명하였기에 곧 상나라는 충실해져 모
든 백성과 왕실 사람들은 덕을 지니고서 자애로움을 밝히지 않는
이가 없었다오. 낮은 신하들은 물론 여러 제후들까지도 나랏일을
위해 모두가 분주하게 힘썼답니다. 오로지 자애로움과 덕행으로
그들의 임금을 위해 다스렸기 때문에 한 사람이 사방을 다스릴 수
있었으며, 마치 거북점이나 시초점의 결과처럼 그들의 임금을 믿
지 않는 백성이 없었다오."

天維純佑命(천유순우명), 則商實(즉상실), 百姓王人(백성왕인). 罔不
秉德明恤(망불병덕명휼), 小臣屛侯甸(소신병후전), 矧咸奔走(신함분주).
惟茲惟德稱(유자유덕칭), 用乂厥辟(용예궐벽), 故一人有事于四方(고일
인유사우사방), 若卜筮罔不是孚(약복서망불시부).

주공은 다시 말했습니다.

"군석이여! 하늘은 정사를 공평하게 바로잡는 이를 오래가게 하
는 것이니, 이 때문에 은나라를 보호하고 다스렸던 거랍니다. 그러
나 은나라를 이어받은 주왕이 공평치 않았으니 하늘은 그를 멸망
케 하여 위엄을 보인 거라오. 이제 그대가 깊고 멀리 생각하여 천
명을 굳건히 지켜야만, 우리가 세운 새로운 나라를 밝고 빛나게 할
수 있답니다."

公曰(공왈): 君奭(군석)! 天壽平格(천수평격), 保乂有殷(보예유은), 有

殷嗣(유은사), 天滅威(천멸위). 今汝永念(금여영념), 則有固命(즉유고명), 厥亂明我新造邦(궐란명아신조방).

1-3 소공에게 협력을 요청한 주공

[주서周書 · 군석君奭/서경書經]

주공이 말하였습니다.

"군석이여! 옛날 상제께서는 무도한 자에게는 재앙을 내렸고 나라를 안정시킨 임금들의 덕성을 거듭 권장하면서, 커다란 사명을 그분들의 몸에 내리셨답니다. 특히 문왕께서는 우리 중화를 다스리어 늘 백성들이 화합하도록 하였죠. 여기엔 조력자로서 괵숙 같은 분은 물론 굉요·산의생·태전·남궁괄 같은 신하들이 있었답니다.

公曰(공왈): 君奭(군석)! 在昔上帝割(재석상제할), 申勸寧王之德(신권녕왕지덕), 其集大命于厥躬(기집대명우궐궁). 惟文王尙克修和我有夏(유문왕상극수화아유하). 亦惟有若虢叔(역유유약괵숙), 有若閎夭(유약굉요), 有若散宜生(유약산의생), 有若泰顚(유약태전), 有若南宮括(유약남궁괄).

주공이 또 말하였습니다.

"만약 이분들이 이곳을 오가며 떳떳한 도리를 가르치지 않았다면, 문왕께서도 나라 사람들에게 은덕을 베풀지 못했을 겁니다. 이 또한 이들이 덕을 지니고서 힘써 받들고 하늘이 벌을 내리는 까닭에, 이로써 문왕을 보좌하였기 때문에 문왕의 업적이 빛날 수 있었던 게요. 이와 같은 사실이 위에까지 들리게 되어 상제께서 들으시게 되었고, 이에 문왕에게 은나라의 사명을 이어받도록 하였죠. 무왕 대에 이르러서는 이들 네 사람의 보필 덕에 하늘의 명을 보전할 수 있답니다. 후에 무왕은 이들과 함께 하늘의 징벌을 받들어 나라의 적들을 모두 주살하였고, 이들 네 사람이 무왕을 보좌하고 이끌면서 힘써 정사를 다스린 끝에 크게 은덕을 베풀 수 있었답니다.

又曰(우왈): 無能往來茲迪彝教(무능왕래자적이교), 文王蔑德降于國人(문왕멸덕강우국인). 亦惟純佑秉德(역유순우병덕), 迪知天威(적지천위), 乃惟時昭文王迪見冒(내유시소문왕적견모), 聞于上帝(문우상제). 惟時受有殷命哉(유시수유은명재). 武王惟茲四人尙迪有祿(무왕유자사인상적유록). 後曁武王誕將天威(후기무왕탄장천위), 咸劉厥敵(함류궐적). 惟茲四人昭武王惟冒(유자사인소무왕유모), 丕單稱德(비단칭덕).

이제 부덕한 단은 큰 하천을 건너야 할 처지인데, 나와 그대 소공이 함께 나아가 건너야 할 것 같소. 지금 성왕은 나이가 어려 제위에 없는 것과도 같은데 나를 도와 책임을 단행할 사람이 없소. 그대가 물러나 부족한 점을 책하고 이끌어주지 않는다면 나는 늙도록 백성들에게 덕을 베풀 수 없을 것이오. 나는 새가 우는 소리조차도 듣지 못하는데, 하물며 신을 강림케 할 능력이 있다고 말할 수 있겠습니까?"

今在予小子旦(금재여소자단), 若游大川(약유대천), 予往曁汝奭其濟(여왕기여석기제). 小子同未在位(소자동미재위), 誕無我責收(탄무아책수), 罔勖不及(망욱불급), 耉造德不降我則(구조덕부강아즉). 我則鳴鳥

不聞(아즉명조불문), 矧曰其有能格(신왈기유능격)?

1-4 주공의 군석에 대한 조언

[주서周書 · 군석君奭/서경書經]

주공이 말하였습니다.

"아아! 군석 소공이여! 이상의 내 말들을 살펴 거울로 삼으시오. 우리 주나라가 하늘의 명을 받은 것은 무궁한 경사이나 또한 커다란 어려움이오. 공에게 이와 같은 도리를 말하는 것은 우리 후손들이 미혹됨에 빠지지 않게 하려는 것이오."

公曰(공왈): 嗚呼(오호)! 君(군), 肆其監于茲(사기감우자)! 我受命于疆惟休(아수명우강유휴), 亦大惟艱(역대유간). 告君(고군), 乃猷裕我(내유유아), 不以後人迷(불이후인미).

주공은 다시 말하였답니다.

"무왕께서는 그 마음을 여시고 상세하게 그대에게 명하여 그대를 백성들의 모범이 되도록 만들고자 하였다오. 그리고 말씀하시길 '그대는 밝게 힘써 임금을 돕고 온 정성을 다하라. 이 커다란 하늘의 명을 이어받아 오직 문왕의 덕행을 계승하여 늘 나랏일을 근심토록 하라'고 하였다오."

公曰(공왈): 前人敷乃心(전인부내심), 乃悉命汝(내실명여), 作汝民極(작여민극). 曰(왈): 汝明勖偶王(여명욱우왕), 在亶乘茲大命(재단승자대명), 惟文王德丕承(유문왕덕비승), 無疆之恤(무강지휼).

주공은 계속 말을 이어나갔답니다.

"군석이여! 내 그대에게 진실을 이를 것이오. 태보인 석이여! 그대는 삼가 나와 더불어 은나라가 멸망할 것 같은 좋지 못한 일을 살펴야 하고, 우리도 자칫 천벌을 받을 수 있다는 점을 유념해야 한다오. 내가 진실치 않은 마음으로 이같이 말한다고 생각하시오? 내 오직 말하노니, 우리 두 사람이 이루어놓아야 하오. 그대와 나는 뜻이 맞으며, 보통 말하길 '우리 두 사람에게 달려 있다'고 하였다오. 하늘의 축복이 풍성하게 이르면 우리 두 사람은 그 은혜를 감당치 못할 것이니, 그대는 조심스럽게 덕행을 쌓아 우리의 뛰어난 인재를 발탁하여 후손들에게 크게 번성하는 시기를 맞도록 해야 한다오.

公曰(공왈): 君(군)! 告汝朕允(고여짐윤), 保奭(보석). 其汝克敬(기여극경), 以予監于殷喪大否(이여감우은상대부), 肆念我天威(사념아천위). 予不允惟若玆誥(여불윤유약자고), 予惟曰(여유왈): 襄我二人(양아이인), 汝有合哉(여유합재). 言曰(언왈): 在時二人(재시이인). 天休玆至(천휴자지), 惟時二人弗戡(유시이인불감). 其汝克敬德(기여극경덕), 明我俊民(명아준민), 在讓後人于丕時(재양후인우비시).

아아! 우리 두 사람이 온 정성을 다하여 왕을 보좌한다면 우리 주나라는 편안히 다스려질 겁니다. 우리 모두 문왕의 업적으로 공로를 이루는 데 게으름을 피우지 말 것이며, 힘써 노력하여 저 해가 돋는 바닷가 끝이라도 순종치 않는 곳이 없도록 해야 할 겁니다."

嗚呼(오호)! 篤棐時二人(독비시이인), 我式克至于今日休(아식극지우 금일휴)? 我咸成文王功于不怠(아함성문왕공우불태). 조冒海隅出日(비모해우출일), 罔不率俾(망불솔비).

주공은 또 말했습니다.

"군석이여! 내가 은혜를 베풀지도 않고서 이와 같이 말을 많이 한다고 생각하는가. 나는 다만 하늘과 백성을 근심할 뿐이라오."

公曰(공왈): 君(군)! 予不惠若茲多誥(여불혜약자다고), 予惟用閔于天越民(여유용민우천월민).

주공은 또 말했답니다.

"아아! 군석 소공이여! 그대는 백성의 덕을 알 것이니, 처음부터 잘하지 않음이 없어야 하고, 또한 그 끝맺음도 잘해야 할 것이오. 이처럼 공경하는 자세로 앞으로는 근신하며 잘 다스려주시오."

公曰(공왈): 嗚呼(오호)! 君(군)! 惟乃知民德(유내지민덕), 亦罔不能厥初(역망불능궐초), 惟其終(유기종). 祗若茲(지약자), 往敬用治(왕경용치).

채중지명(蔡仲之命)

주공이 현명한 신하 채중을
제후로 책봉하면서 내린 명

1-1 주공과 성왕의 정치력

[주서周書 · 채중지명蔡仲之命/서경書經]

주공이 섭정의 자리에 올라 모든 관원들을 다스리게 되었답니
다. 그때 몇몇 성왕의 숙부들이 유언비어를 퍼뜨렸습니다. 주공은
이들을 국법으로 다스려 관숙을 상나라에서 처형하고, 채숙을 곽
린땅에 감금하되 수레 7채를 주었답니다. 또 곽숙을 평민으로 강등
시켜 3년 동안 지위를 회복시켜주지 않았습니다. 채숙의 아들 채중
은 언행이 조신하고 덕행을 행하여 주공은 경사라는 벼슬을 주었
습니다. 그의 아버지가 죽자 왕에게 여쭙고 채나라의 제후로 명하
였답니다.

惟周公位冢宰(유주공위총재), 正百工(정백공), 群叔流言(군숙류언).
乃致辟管叔于商(내치벽관숙우상), 囚蔡叔于郭鄰(수채숙우곽린), 以車七

乘(이차칠승). 降霍叔于庶人(강곽숙우서인), 三年不齒(삼년불치). 蔡仲
克庸只德(채중극용지덕), 周公以爲卿士(주공이위경사). 叔卒(숙졸), 乃
命諸王邦之蔡(내명저왕방지채).

성왕은 다음과 같이 말씀하셨답니다.

"어린 호여! 덕행을 하고 언행을 개선했으며, 도리를 신중하
게 행하였다. 이에 내가 그대를 동쪽 땅의 제후로 임명하니, 봉지
로 가서 근신하며 나라를 다스리라. 그대가 선친의 과오를 지우고
자 한다면 오직 충성하고 효행을 하라. 그대는 그대가 가야 할 길
을 매진하여 나아가되 부지런하고 게으름을 피우지 말라. 그리하
여 후손들에게 모범이 되도록 하라. 그대의 조부이신 문왕의 법도
와 가르침을 받들어 그대의 선친과 같이 왕명을 어기는 일이 없도
록 하라."

王若曰(왕약왈): 小子胡(소자호), 惟爾率德改行(유이솔덕개행), 克慎
厥猷(극신궐유), 肆予命爾侯于東土(사여명이후우동토). 往即乃封(왕즉내
봉), 敬哉(경새). 爾尙蓋前人之愆(이상개선인지건), 惟忠惟孝(유충유효).
爾乃邁跡自身(이내매적자신), 克勤無怠(극근무태). 以垂憲乃後(이수헌
내후). 率乃祖文王之遺訓(솔내조문왕지유훈), 無若爾考之違王命(무약이
고지위왕명).

1-2 사방의 이웃과 화목하게 지내라
[주서周書 · 채중지명蔡仲之命/서경書經]
성왕은 계속 말했습니다.

"황천인 하늘은 특별하게 가까이하는 사람이 없으며 오직 덕 있는 사람을 돕고, 백성의 마음은 한결같지 않아서 오직 은혜를 베풀어야 가슴에 품는단다. 선을 행함은 같지 않으나 다 같이 다스려지고, 악을 행함은 같지 않으나 다 같이 어지러움으로 돌아간다. 그대는 그것을 경계해야 한다. 처음부터 신중을 기하여 유종의 미를 거두면 끝에 이르러선 곤란을 겪지 않으며, 그렇지 않으면 끝내는 곤궁함을 당하리라."

皇天無親(황천무친), 惟德是輔(유덕시보). 民心無常(민심무상), 惟惠之懷(유혜지회). 爲善不同(위선부동), 同歸于治(동귀우치). 爲惡不同(위악부동), 同歸于亂(동귀우란). 爾其戒哉(이기계재). 愼厥初(신궐초), 惟厥終(유궐종), 終以不困(종이불곤). 不惟厥終(불유궐종), 終以困窮(종이곤궁).

"힘써 그대의 공적을 쌓고 사방의 이웃과 화목하게 지내도록 함으로써 왕실의 울타리가 되어주고, 형제들과 우애롭게 지내면서도 백성들을 평안하게 다스려라. 언제나 중용의 길을 따르고, 총명한 척하며 옛 법을 문란시키지 말라. 그리고 보고 듣는 일을 상세하게 하여 치우친 말로 법도를 고치지 않도록 하라. 이와 같이 하면 나는 그대를 칭찬할 것이다."

懋乃攸績(무내유적), 睦乃四鄰(목내사린), 以蕃王室(이번왕실), 以和兄弟(이화형제), 康濟小民(강제소민). 率自中(솔자중), 無作聰明亂舊章(무작총명란구장). 詳乃視聽(상내시청), 罔以側言改厥度(망이측언개궐도). 則予一人汝嘉(즉여일인여가).

성왕은 이어서 말씀하셨답니다.

"아아! 어린 호여! 그대는 봉지에 가서도 짐이 명한 것을 저버리는 일이 없도록 하라."

王曰(왕왈): 塢呼(오호)! 小子胡(소자호), 汝往哉(여왕재), 無荒棄朕命(무황기짐명).

다방(多方)

주공이 성왕의 명을 빌어
여러 나라 사람들에게 한 말

1-1 하나라가 멸망한 이유

[주서周書 · 다방多方/서경書經]

5월 정해일에 왕께서는 엄땅으로부터 종주인 호경에 이르러셨습니다. 주공이 이르길, 왕께서는 다음과 같이 말씀하셨답니다.

"아! 그대들 천하의 모든 나라와 은나라의 제후가 다스리는 백성들에게 이르노라. 내가 그대들에게 커다란 명을 내렸음은 그대들도 모르지는 않을 것이다. 그대들은 하늘의 명을 크게 도모할 줄은 알았으나 제사를 길이 공경하여 돌볼 생각은 하지 않았다. 옛날 상제께서 하나라에 강림하시어 하나라로 하여금 편안함을 누리도록 하였으나 하나라 임금은 백성들의 삶을 근심하지도 않았지. 하나라는 크게 음란하고 어리석었을 뿐 아니라 상제의 길을 힘써 받들지도 못하였다. 여기에 대해선 그대들도 이미 들었을 것이오.

惟五月丁亥(유오월정해), 王來自奄(왕래자엄), 至于宗周(지우종주).

周公曰(주공왈): 王若曰(왕약왈): 猷告爾四國多方(유고이사국다방), 惟爾殷侯尹民(유이은후윤민). 我惟大降爾命(아유대강이명), 爾罔不知(이망부지). 洪惟圖天之命(홍유도천지명), 弗永寅念于祀(불영인념우사), 惟帝降格于夏(유제강격우하). 有夏誕厥逸(유하탄궐일), 不肯慼言于民(불긍척언우민), 乃大淫昏(내대음혼), 不克終日勸于帝之迪(불극종일권우제지적), 乃爾攸聞(내이유문).

하나라는 상제의 명을 도모할 줄은 알았으나 백성들을 법망에서 개방시키려고 하진 않았다. 이에 하늘은 큰 벌을 내려 하나라를 크게 문란해지도록 하였소. 이로 인해 하나라는 내란이 끊이질 않았다오. 그 나라는 백성들을 잘 보호하지도 못했으며, 오직 재물을 바치지 않는 이가 없게 했으니, 하나라는 백성을 크게 해치게 되었다. 그렇게 되니 백성들은 탐욕과 울분이 날로 성하여졌고, 하나라를 갈기갈기 찢어놓는 결과가 되었다. 이에 하늘은 백성들의 주인을 구하기에 이르렀고, 성탕에게 밝고 훌륭한 크나큰 사명을 내려 하나라를 멸망시켜 버렸다."

厥圖帝之命(궐도제지명), 不克開于民之麗(불극개우민지려), 乃大降罰(내대강벌), 崇亂有夏(숭란유하). 因甲于內亂(인갑우내란), 不克靈承于旅(불극령승우려). 罔丕惟進之恭(망비유진지공), 洪舒于民(홍서우민). 亦惟有夏之民叨懫日欽(역유유하지민도치일흠), 劓割夏邑(의할하읍). 天惟時求民主(천유시구민주), 乃大降顯休命于成湯(내대강현휴명우성탕), 刑殄有夏(형진유하).

1-2 천명을 누리지 못한 까닭

[주서周書 · 다방多方/서경書經]

"하늘이 복을 주지 않은 것은 폭군 걸왕이 여러 나라의 양민들을 오랫동안 안락한 삶을 누리게 하지 못했기 때문이었지. 하나라에서 많은 관리들도 백성들을 밝게 보호하여 안락한 삶을 누리게 하지도 못했고, 도리어 서로들 백성들을 학대하였다오. 여러 가지 방법을 동원하기에 이르렀고, 백성들에게 해방감을 주지도 못했다. 이에 탕임금이 그대들 여러 나라로써 하나라를 대신하여 백성들의 임금이 되셨다오.

惟天不畀純(유천불비순), 乃惟以爾多方之乂民(내유이이다방지예민), 不克永于多享(불극영우다향). 惟夏之恭多士(유하지공다사), 大不克明保享于民(대불극명보향우민), 乃胥惟虐于民(내서유학우민). 至于百爲(지우백위), 大不克開(대불극개). 乃惟成湯克以爾多方簡(내유성탕극이이다방간), 代夏作民主(대하작민주).

그리하여 탕임금께서 법망을 신중히 하여 백성들이 힘쓰게 하니 백성들이 본받아 힘써 노력하게 되었다오. 제을에 이르기까지 덕을 밝히고 형벌을 신중히 하지 않는 사람이 없었으며, 또한 백성들이 선에 힘쓰도록 할 수 있었다오. 죄수들을 감금하고 죄 많은 자들을 죽이는 것도 백성들이 힘쓰도록 하기 위해서였고, 무고한 사람들을 풀어 석방해 주는 것도 백성들이 힘쓰도록 하기 위해서였다오. 그러다가 지금의 그대들 임금인 폭군 주왕에 이르러 그대들의 나라가 화합하지 못하여 하늘의 명을 누리지 못하게 된 것이라오."

慎厥麗(신궐려), 乃勸(내권), 厥民刑(궐민형), 用勸(용권). 以至于帝乙(이지우제을), 罔不明德慎罰(망불명덕신벌), 亦克用勸(역극용권). 要囚殄戮多罪(요수진륙다죄), 亦克用勸(역극용권). 開釋無辜(개석무고), 亦克用勸(역극용권). 今至于爾辟(금지우이벽), 弗克以爾多方(불극이이다방), 享天之命(향천지명).

1-3 주나라 임금에게 부여한 사명
[주서周書 · 다방多方/서경書經]

"아아! 임금님께서는 다음과 같이 말씀하셨소. '그대들 여러 나라에 알리노라. 하늘이 하나라를 버린 것이 아니고 하늘이 은나라의 임금을 버린 것도 아니라오. 다만 그대들의 임금이 그대들 모든 나라와 더불어 지나치게 하늘의 명을 가벼이 여기고 많은 죄를 지었기 때문이오. 하나라는 그들의 정사를 가볍게 여겨 안락함을 누릴 수도 없었소. 하늘은 멸망의 벌을 내려 다른 나라가 대신하게 하였다오. 그대들 상나라의 마지막 임금인 주왕은 지나친 안락을 추구하면서 정사를 업신여겼고, 정성껏 제사를 모시지 않았으므로 하늘이 멸망의 벌을 내린 것이오.

塢呼(오호)! 王若曰(왕약왈): 誥告爾多方(고고이다방), 非天庸釋有夏(비천용석유하), 非天庸釋有殷(비천용석유은). 乃惟爾辟以爾多方大淫(내유이벽이이다방대음), 圖天之命屑有辭(도천지명설유사). 乃惟有夏圖厥政(내유유하도궐정), 不集于享(부집우향), 天降時喪(천강시상), 有邦間之(유방간지). 乃惟爾商後王逸厥逸(내유이상후왕일궐일), 圖厥政不蠲烝(도궐정불견증), 天惟降時喪(천유강시상).

성인이라 할지라도 늘 생각하지 않으면 어리석게 되고, 어리석은 자도 늘 생각하면 명철한 성인이 될 수 있었다오. 하늘은 5년이란 시간을 주며 상나라의 자손인 주왕에게 아량을 베풀어 백성들의 임금이 되길 바랐으나, 그는 하늘의 명을 들을 생각조차 안 했답니다. 하늘은 모든 나라를 문책하시고 크게 위엄으로 움직이시었는데, 이는 하늘을 돌보고 깨우치도록 하기 위함이었습니다. 그러나 그대들 여러 나라는 돌아봄을 감당치도 못하였답니다. 우리 주나라 임금님께서는 백성을 잘 받들고 덕행을 감당하셨으며, 오직 신과 하늘을 받들어 모셨습니다. 이에 하늘은 우리에게 복된 길을 가는 법을 가르쳐주었으며, 우리를 선택하여 은나라에 부여된 사명을 내리시고 그대들 여러 나라를 다스리도록 하였다오."

惟聖罔念作狂(유성망념작광), 惟狂克念作聖(유광극념작성). 天惟五年須暇之子孫(천유오년수가지자손), 誕作民主(탄작민주), 罔可念聽(망가념청). 天惟求爾多方(천유구이다방), 大動以威(대동이위), 開厥顧天(개궐고천). 惟爾多方罔堪顧之(유이다방망감고지). 惟我周王靈承于旅(유아주왕령승우려), 克堪用德(극감용덕), 惟典神天(유전신천). 天惟式教我用休(천유식교아용휴), 簡畀殷命(간비은명), 尹爾多方(윤이다방).

1-4 만약 그대들이 명을 따르지 않는다면
[주서周書 · 다방多方/서경書經]

"오늘 내 어찌 여러 말로 더 훈계할 수 있겠는가? 나는 이미 커다란 명을 그대들 사방의 나라 백성들에게 내렸는데, 그대들은 어찌하여 여러 나라 백성들에게 일러주지 않았는가? 그대들은 어찌

하여 우리 주나라 임금을 보좌하여 다스리지 않으면서 천명을 누리려 하지 않는 것인가? 지금 그대들은 아직도 그대들 집에 기거할 수 있으며 그대들의 농지를 경작할 수 있는데, 그대들은 어찌하여 왕실에 순종하여 하늘의 명을 빛내려 하지 않는 건가?

今我曷敢多誥(금아갈감다고)? 我惟大降爾四國民命(아유대강이사국민명). 爾曷不忱裕之于爾多方(이갈불침유지우이다방)? 爾曷不夾介乂我周王享天之命(이갈불협개예아주왕향천지명)? 今爾尙宅爾宅(금이상택이댁), 畋爾田(전이전), 爾曷不惠王熙天之命(이갈불혜왕희천지명)?

그대들은 이내 누차에 걸쳐 조용하지 못했으며, 그대들 마음은 아직도 사랑하지 못하고 있다오. 그대들은 크게 하늘의 명을 헤아리지도 않았으며, 그대들은 스스로 법도에 어긋난 짓을 하면서 올바름을 왜곡시키려 했소. 나는 그대들을 가르쳐 인도하였으며, 나는 그대들을 조심스럽게 붙잡아 감금하되 두 번은 봐주고 세 번까지도 봐주겠소. 이내 내가 내린 명을 그대들이 따르지 않는다면, 나는 곧 크게 벌을 주고 주살해 버릴 게요. 이는 우리 주나라가 넉을 갖추지 못해서 평안함을 누리지 못한 게 아니라, 그대들 스스로가 초래한 죄과인 것이오."

爾乃迪屢不靜(이내적루부정), 爾心未愛(이심미애). 爾乃不大宅天命(이내불대댁천명), 爾乃屑播天命(이내설파천명), 爾乃自作不典(이내자작부전), 圖忱于正(도침우정). 我惟時其敎告之(아유시기교고지), 我惟時其戰要囚之(아유시기전요수지), 至于再(지우재), 至于三(지우삼). 乃有不用我降爾命(내유불용아강이명), 我乃其大罰殛之(아내기대벌극지). 非我

有周秉德不康寧(비아유주병덕불강녕), 乃惟爾自速辜(내유이자속고).

1-5 화목하고 공경하시오
[주서周書 · 다방多方/서경書經]
임금님께서 말씀하셨습니다.

"아아! 그대들 여러 나라의 관리들과 은나라의 관원들에게 이르 노라! 이제까지 그대들은 나의 감독하에 분주하게 일한 지 5년이 되었소. 저 여러 관리들과 높고 낮은 여러 관장들이여! 그대들은 법을 지키지 않으면 안 된다오. 스스로들 화목하지 못한 분위기에 있다면 그대들은 오직 화목해야 하오. 그대들 집안에서도 화목하 지 못했다면 그대들은 오직 화목해야 한다오.

王曰(왕왈): 嗚呼(오호)! 猷告爾有方多士(유고이유방다사), 暨殷多士 (기은다사), 今爾奔走臣我監五祀(금이분주신아감오사). 越惟有胥伯小 大多正(월유유서백소대다정), 爾罔不克臬(이망불극얼). 自作不和(자작불 화). 爾惟和哉(이유화재). 爾室不睦(이실불목), 爾惟和哉(이유화재).

그대들은 고을을 밝게 하고서야 그대들의 일에 힘쓸 수 있을 게 요. 그대들은 흉악한 덕행을 크게 두려워 말고 또한 화목하고 공경 함으로써 그대들의 지위를 지키면서 그대들의 도읍을 잘 살피어 돕는 걸 꾀하시오. 그대들은 곧 지금부터 이 낙읍에서 그대들의 농 지를 길이길이 힘써 가꾸어주기 바란다오. 하늘은 이제 그대들에 게 동정을 베풀 것이오. 우리 주나라는 그대들을 크게 돕고 상을 줄 것이며, 간택하여 임금의 궁정에 있게 할 것이다. 그대들의 일에 힘쓰라. 그리하면 큰 관리로서 복무하게 될 것이오."

爾邑克明(이읍극명), 爾惟克勤乃事(이유극근내사). 爾尙不忌于凶德(이상불기우흉덕), 亦則以穆穆在乃位(역즉이목목재내위), 克閱于乃邑謀介(극열우내읍모개). 爾乃自時洛邑(이내자시락읍), 尙永力畋爾田(상영력전이전), 天惟畀矜爾(천유비긍이), 我有周惟其大介賚爾(아유주유기대개뢰이), 迪簡在王庭(적간재왕정). 尙爾事(상이사), 有服在大僚(유복재대료).

임금님께서 말씀하셨습니다.

"아아! 많은 관리들이여! 그대들이 힘써 나의 명을 믿고 의지하지 못한다면 그대들 또한 편안함을 누리지 못할 것이며, 모든 백성들도 안락함을 누리지 못할 것이다. 그대들이 이내 안일하고 비뚤어져 왕명을 크게 멀리한다면, 그대들 모든 나라는 하늘의 위엄을 거스르는 것이다. 그러면 나는 하늘의 벌을 내리게 하여 그대들의 땅으로부터 멀리 떠나가게 할 것이다."

王曰(왕왈): 嗚呼(오호)! 多士(다사), 爾不克勸忱我命(이불극권짐아명), 爾亦則惟不克享(이역즉유불극향), 凡民惟曰不享(범민유왈불향). 爾乃惟逸惟頗(이내유일유파), 大遠王命(대원왕명), 則惟爾多方探天之威(즉유이다방탐천지위). 我則致天之罰(아즉치천지벌), 離逖爾土(이적이토).

임금님께서 말씀하셨습니다.

"나는 많은 말을 하고 싶은 게 아니라오. 나는 다만 하늘의 명을 그대들에게 알렸을 뿐이라오."

또 말씀하셨습니다.

"이는 그대들에겐 시작일 뿐이니, 화합하면서 공경치도 못한다
면 나를 원망하지 말라."

王曰(왕왈): 我不惟多誥(아불유다고), 我惟祗告爾命(아유기고이명).

又曰(우왈): 時惟爾初(시유이초), 不克敬于和(불극경우화), 則無我怨
(즉무아원).

입정(立政)

주공이 성왕에게
좋은 정치를 확립하자고 주청한 글

1-1 주공이 소공에게 간절히 부탁함

[주서周書 · 입정立政/서경書經]

주공은 다음과 같이 말하였답니다.

"양손을 이마에 대고 머리를 숙인 예를 갖추면서 천자의 자리를 이으신 임금님께 아룁니다."

그리고 여러 가지 일에 대해 경계하여 임금님에게 말하였습니다.

"임금님의 좌우 곁에 있는 상백·상임·준인·철의·호분 등의 관직은 중요합니다."

周公若曰(주공약왈): 拜手稽首(배수계수), 告嗣天子王矣(고사천자왕의).

用咸戒于王曰(용함계우왕왈): 王左右常伯(왕좌우상백)·常任(상임)·準

人(준인)·綴衣(철의)·虎賁(호분).

주공은 말을 이어갔습니다.

"아아! 이러한 관직은 훌륭하지만 조심할 줄 아는 자는 드물답니다. 옛날 사람으로서 이 도를 행한 것은 하나라 때의 우(禹)시대였습니다. 곧 왕실이 크게 강성할 때에도 현인을 맞이하여 천제를 존숭했으며, 아홉 가지 덕행을 충실하게 실행할 줄 알았답니다. 그리고 그 임금을 가르치는 교훈으로 '양손을 이마에 대고 머리를 숙인 예를 갖추면서 아뢰길 임금님의 일을 바르게 처리할 육경(六卿)과 제후국을 잘 다스릴 주목(州牧) 그리고 준법을 잘 행사할 옥관(獄官)에 적임자를 배치하십시오. 그래야만 군주라고 할 수 있을 겁니다'라고 했답니다. 얼굴만을 앞세우며 크게 교훈이 될 덕만을 활용하고 사람을 임명하시면 이는 곧 세 가지 벼슬자리에 의로운 백성이 없을 겁니다.

周公曰(주공왈): 塢呼(오호)! 休茲知恤(휴자지휼), 鮮哉(선재). 古之人迪惟有夏(고지인적유유하). 乃有室大競(내유실대경), 籲俊尊上帝迪(유준존상제적), 知忱恂于九德之行(지침순우구덕지행). 乃敢告教厥后曰(내감고교궐후왈): 拜手稽首后矣(배수계수후의). 曰(왈): 宅乃事(댁내사), 宅乃牧(댁내목), 宅乃準(댁내준), 茲惟后矣(자유후의). 謀面(모면), 用丕訓德(용비훈덕), 則乃宅人(즉내댁인), 茲乃三宅無義民(자내삼댁무의민).

그러나 걸왕의 덕행이라는 게 오직 그 옛날 임용의 선례를 따르지 않고서 포악한 짓만을 일삼으니 대를 이을 후사마저 끊겨버리고 말았답니다. 그러나 탕왕 때는 그 도가 하늘에까지 들려 상제의 빛나는 명운을 내려받게 된 거랍니다. 여기엔 삼택(三宅: 참혹한 악인을 중원의 외곽에 위치한 세 지방으로 유배 보내는 것)과 유형(流刑: 중한 죄를 범했을 때 차마 사형에는 처하지 못하고 먼 곳으로 보내어 죽을 때까지 고향에 돌아오지 못하게 하는 형벌)의 법으로 범죄인의 주거를 제한하고, 삼덕(三德: 강강剛·유유柔·정직正直)에 뛰어난 사람을 관직에 등용했답니다. 탕왕이 위엄을 떨친 것은 이러한 큰 규정, 즉 삼택삼준법(三宅三俊法)을 잘 활용했기 때문입니다. 그리하여 상나라의 고을들은 협치를 잘 이루었고, 주변 사방 나라들에도 이러한 큰 규범으로써 덕행을 드러냈답니다.

桀德(걸덕), 惟乃弗作往任(유내불작왕임), 是惟暴德罔後(시유폭덕망후). 亦越成湯陟(역월성탕척), 丕釐上帝之耿命(비리상제지경명), 乃用三有宅(내용삼유댁). 克即宅(극즉댁), 曰三有俊(왈삼유준), 克即俊(극즉준). 嚴惟丕式(엄유비식), 克用三宅三俊(극용삼댁삼준), 其在商邑(기재상읍), 用協于厥邑(용협우궐읍), 其在四方(기재사방), 用丕式見德(용비식견덕).

아아! 그런데 은나라의 주왕 수(受=폭군 주왕紂王)는 덕행이라는 게 난폭함에만 있어서, 형벌을 악용하고 포악한 짓을 일삼는 자들과 더불어 그 나라를 함께 다스렸죠. 여러 가지로 그릇된 행동이 습관이 된 자들과 한패가 되어 나라의 정사를 함께했으니, 상제께서는 고심 끝에 엄벌을 내렸답니다. 우리 주나라에 중화를 맡겨 상나라가 받았던 천명을 기준 삼아 영토와 만백성을 다스리게 하였답니다.

塢呼(오호)! 其在受德暋(기재수덕민), 惟羞刑暴德之人(유수형폭덕지인), 同于厥邦(동우궐방). 乃惟庶習逸德之人(내유서습일덕지인), 同于厥政(동우궐정). 帝欽罰之(제흠벌지). 乃伻我有夏(내팽아유하), 式商受命(식상수명), 奄甸萬姓(엄전만성).

또한 문왕과 무왕 때는 앞서 설명한 삼택법과 삼준법의 심사를 잘 파악하고 드러냄으로써 상제를 공경하고 섬기게 하였습니다. 그러고는 백성들을 이끌 관장을 세웠답니다. 정책을 입안하는 데 있어서는 일을 맡을 사람과 법을 집행할 사람 그리고 고을을 다스릴 목민관 등 세 가지 일자리를 만들었죠. 또 여기에 호분·철의·취마라는 낮은 관리가 있었고, 좌우에서 일을 돕는 사람들, 여러 창고를 관리하는 많은 사람들이 있었답니다. 또 큰 도시와 작은 고을의 관리와 그들을 돕는 사람들, 나라 땅의 표시를 관리하는 여러 사람들, 태사와 윤백, 상시적인 훌륭한 여러 관리들이 있었죠. 또 사도와 사마, 사공 그리고 아와 려가 있었으며, 이족과 미족과 노 땅의 우두머리들, 삼박의 판윤 등에 적임자를 임명하였습니다.

亦越文王武王(역월문왕무왕), 克知三有宅心(극지삼유댁심), 灼見三有俊心(작견삼유준심), 以敬事上帝(이경사상제). 立民長伯(입민장백). 立政(입정), 任人(임인)·準夫(준부)·牧(목)·作三事(작삼사). 虎賁(호분)·綴衣(철의)·趣馬(취마)·小尹(소윤), 左右攜僕(좌우휴복)·百司庶府(백사서부). 大都小伯(대도소백)·藝人(예인)·表臣百司(표신백사)·太史(태사)·尹伯(윤백), 庶常吉士(서상길사). 司徒(사도)·司馬(사마)·司空(사공)·亞(아)·旅(려). 夷(이)·微(미)·盧烝(노증). 三亳阪尹(삼박판윤).

한편으로 문왕께서는 사람을 등용하는 데 마음을 두었으므로, 상시적으로 일을 처리하고 고을을 다스려줄 목민관을 세우는 데는 뛰어나면서 덕이 있는 사람으로 하였답니다. 문왕께서는 여러 명령이나 여러 옥사와 삼가야 할 일까지는 관여하지 않고, 해당 목민관에게 맡겼으며 단지 훈계로써 이를 어기지 않게 했답니다. 여러 송사와 여러 삼가야 할 일까지 문왕께서는 알려고도 하지 않았답니다. 또한 무왕께서는 이미 안정된 공업을 따를 뿐 감히 의로운 덕을 지체하지 않고, 너그러운 덕을 따르고 도모함으로써 이 크나큰 터전을 받으시게 되었답니다.

文王惟克厥宅心(문왕유극궐댁심), 乃克立茲常事司牧人(내극립자상사사목인), 以克俊有德(이극준유덕). 文王罔攸兼于庶言庶獄庶慎(문왕망유겸우서언서옥서신), 惟有司之牧夫(유유사지목부), 是訓用違(시훈용위). 庶獄庶慎(서옥서신), 文王罔敢知于茲(문왕망감지우자). 亦越武王(역월무왕), 率惟敉功(솔유미공), 不敢替厥義德(불감체궐의덕), 率惟謀從容德(솔유모종용덕), 以並受此丕丕基(이병수차비비기).

아아! 젊으신 임금님이시여! 이제부터는 선왕들을 계승하여 저는 정책을 입안하겠습니다. 일을 입안할 삼공과 같은 사람과 법을 맡을 사람, 고을을 다스릴 사람 등은 우리가 그들이 순종할 사람인지를 파악하고서 크게 다스리게 해야 할 겁니다. 우리가 받은 백성들을 잘 돌보고, 여러 옥사와 신중해야 할 일을 조화롭게 처리해야 합니다. 그렇게 하여 그들 사이를 이간시키는 일이 없도록 하셔야 하며, 한 소절의 이야기나 말 한마디까지도 그리해야 합니다. 우리는 곧 끝까지 훌륭한 덕을 이룬 인사로만 우리가 받은 백성들을 다스려야 합니다.

嗚呼(오호)! 孺子王矣(유자왕의)! 繼自今我其立政(계자금아기립정). 立事(입사)·準人(준인)·牧夫(목부), 我其克灼知厥若(아기극작지궐약), 丕乃俾亂(비내비란). 相我受民(상아수민), 和我庶獄庶慎(화아서옥서신). 時則勿有間之(시즉물유간지), 自一話一言(자일화일언). 我則末惟成德之彦(아즉말유성덕지언), 以乂我受民(이예아수민).

아아! 이 단은, 사람들에게 받은 훌륭한 말들을 모두 젊으신 임금님께 이미 아뢰었습니다. 지금부터는 계속해서 문왕의 자식과 후손으로서 여러 소송이나 삼가야 할 일에 그릇됨이 없이 오직 정의롭게 다스려 나가야 할 겁니다.

嗚呼(오호)! 予旦(여단), 已受人之徽言(이수인지휘언), 咸告孺子王矣(함고유자왕의). 繼自今文子文孫(계자금문자문손), 其勿誤于庶獄庶慎(기물오우서옥서신), 惟正是乂之(유정시예지).

옛 상나라 사람들과 주나라 문왕께서는 정책을 입안할 때, 일을 세우는 사람이나 고을을 맡은 사람과 법을 맡을 사람을 임명할 때는 그곳 사람을 임용하고 그들을 간택하여 이들로 하여금 다스리게 하였답니다. 나라에 입안된 정책도 없으면서 간사한 자들을 등용하고 덕을 따르지 않으면 그 세상을 밝힐 수가 없습니다. 지금부터는 정책을 세우실 때 간교한 자는 임용하지 마시고 오직 선량한 인사들을 등용시켜서 우리 국가를 위해 힘써주시기 바랍니다.

自古商人亦越我周文王立政(자고상인역월아주문왕립정), 立事(입사)·牧夫(목부)·準人(준인), 則克宅之(즉극댁지), 克由繹之(극유역지), 茲乃俾乂(자내비예). 國則罔有立政(국즉망유립정), 用憸人(용섬인), 不訓于德(불훈우덕), 是罔顯在厥世(시망현재궐세). 繼自今立政(계자금립정), 其勿以憸人(기물이섬인), 其惟吉士(기유길사), 用勵相我國家(용려상아국가).

지금부터 문왕의 자손으로서 젊으신 임금님이시여! 송사에 잘못됨이 없게 하시고 오직 고을을 다스리는 목민관들에게 맡기십시오. 당신의 군대를 통솔할 때는 우임금의 발자취를 따라 천하를 순행하시어 멀리 바다 끝까지 복종하지 않는 자가 없도록 하십시오. 그리하여 문왕의 밝은 빛을 알현하시고 무왕의 큰 공을 드날리십시오. 아아! 지금부터 계속해서 임금님께서 정책을 입안할 때는 오직 떳떳한 사람만을 등용시켜야 할 겁니다."

今文子文孫(금문자문손), 孺子王矣(유자왕의)! 其勿誤于庶獄(기물오우서옥), 惟有司之牧夫(유유사지목부). 其克詰爾戎兵以陟禹之跡(기극힐이융병이척우지적), 方行天下(방행천하), 至于海表(지우해표), 罔有不服(망유불복). 以覲文王之耿光(이근문왕지경광), 以揚武王之大烈(이양무왕지대렬). 嗚呼(오호)! 繼自今後王立政(계자금후왕립정), 其惟克用常人(기유극용상인).

주공은 계속해서 다음과 같이 말했습니다.

"태사와 사구이신 소공이여! 공경을 법 삼아 송사를 잘 처리함으로써 우리 왕국을 길이 빛내 주십시오. 이러한 규범들을 신중하게 적용하여 중용의 도로 형벌을 처리하십시오."

周公若曰(주공약왈): 太史(태사), 司寇蘇公(사구소공), 式敬爾由獄(식경이유옥), 以長我王國(이장아왕국). 茲式有慎(자식유신), 以列用中罰(이렬용중벌).

주관(周官)

주나라의
다양한 관제편성

1-1 삼공과 관리들에게 당부하는 성왕

[주서周書 · 주관周官/서경書經]

주나라의 성왕은 여러 나라의 난리를 평정하고 후복(侯服)과 전복(甸服) 지역을 순행하면서 부정한 제후들을 사방으로 처단하여 많은 백성들을 편인하게 하였습니다. 그러니 여섯 개 지역의 군주로서 성왕의 덕을 받들지 않는 자가 없었답니다. 그런 다음 성왕은 종주(鎬京: 호경)로 돌아와 직무를 관장하는 백관들을 정비하였습니다.

惟周王撫萬邦(유주왕무만방), 巡侯(순후)·甸(전), 四征弗庭(사정불정), 綏厥兆民(수궐조민). 六服群辟(육복군벽), 罔不承德(망불승덕). 歸于宗周(귀우종주), 董正治官(동정치관).

성왕께서 말씀하셨습니다.

"옛날 큰 도가 행해질 때에는 아직 어지러워지기 전에 정치제도를 확립하였고, 위태로워지기 전에 나라를 보호하였답니다."

王曰(왕왈): 若昔大猷(약석대유), 制治于未亂(제치우미란), 保邦于未危(보방우미위).

성왕께서 또 말씀하셨습니다.

"당요(요임금)와 우순(순임금)은 예전의 도에 따라 백관을 세웠습니다. 안으로 백규와 사악을 두고 밖으로는 주목과 후백을 두니, 모든 정사가 안정되어 모든 나라가 두루 편안해졌답니다. 하나라와 상나라에서는 관직이 두 배가 되었으나 역시 잘 다스려졌죠. 밝은 임금은 정책을 입안할 때 관직을 세우는 데 치중하는 게 아니라 그 자리에 맞는 인재를 얻는 데 중점을 두었답니다. 지금 나는 덕을 공경하고 이른 아침부터 늦은 저녁까지 닦는 데 힘쓰고 있으나 옛사람들에게는 미치지 못한답니다. 그래서 앞 시대를 우러르고 따르고자 하여 그대들 관리들에게 훈시하는 거랍니다.

曰(왈): 唐虞稽古(당우계고), 建官惟百(건관유백). 內有百揆四岳(내유백규사악), 外有州(외유주)·州牧(목)·侯伯(후백). 庶政惟和(서정유화), 萬國咸寧(만국함녕). 夏商官倍(하상관배), 亦克用乂(역극용예). 明王立政(명왕립정), 不惟其官(불유기관), 惟其人(유기인). 今予小子(금여소자), 祗勤于德(지근우덕), 夙夜不逮(숙야불체). 仰惟前代時若(앙유전대시약), 訓迪厥官(훈적궐관).

태사와 태부 그리고 태보를 두었으니, 아들이 바로 삼공이지요. 도를 논하고 나라를 경영하며 음양의 변화를 조화롭게 다스리는 것이지요. 이러한 관직은 인원수가 채워지지 않더라도, 그 일에 적당한 인재가 있어야 합니다. 소사와 소부 그리고 소부를 삼고라고 합니다. 삼공의 차관으로 하늘과 땅을 공경하고 밝히어 나 한 사람을 돕는 거랍니다.

立太師(입태사)·太傅(태부)·太保(태보), 茲惟三公(자유삼공). 論道經邦(논도경방), 燮理陰陽(섭리음양). 官不必備(관불필비), 惟其人(유기인). 少師(소사)·少傅(소부)·少保(소보), 曰三孤(왈삼고). 貳公弘化(이공홍화), 寅亮天地(인량천지), 弼予一人(필여일인).

천관(天官)의 우두머리인 총재는 나라의 다스림을 관장하고 모든 관리들을 통솔하여 나라 전체를 조화롭게 해야 합니다. 사도는 나라의 교육을 관장하고 오상(五常: 인의예지신仁義禮智信)의 가르침을 펼쳐 만백성을 화목하게 한답니다. 종백은 나라의 예법을 관장하여 천시신과 사람을 나스러 위아래를 조화시킨답니다. 사마는 나라의 정사를 관장하고 육군을 통솔하여 나라의 국방을 지켜 평화를 유지한답니다. 사구는 나라의 금령을 관장하여 간사하고 사특한 자를 문책하고 난폭한 자들을 형법으로 다스립니다. 사공은 나라의 토목사업을 관장하여 사농공상의 백성들을 각 곳에 거주시켜 시절에 맞게 땅의 이로움을 취하게 한답니다. 이와 같이 육경들의 직책을 나누어 각각 그 소속을 통솔하고 9주의 목민관을 인도하여 만백성이 번성하도록 하는 겁니다. 그리고 6년에 한 번 조정에 알현하고 또 6년이 지난 후에는 왕도 철마다 순행하여 사악의 기슭에서 해당지역의 제도를 살핍니다. 제후들은 각기 자기가 속한 산 기슭에서 왕을 알현하며, 악인은 내쫓고 선인은 승진시키는 출척을 대대적으로 밝힌답니다.”

塚宰掌邦治(총재장방치), 統百官(통백관), 均四海(균사해). 司徒掌邦教(사도장방교), 敷五典(부오전), 擾兆民(요조민). 宗伯掌邦禮(종백장방례), 治神人(치신인), 和上下(화상하). 司馬掌邦政(사마장방정), 統六師(통륙사), 平邦國(평방국). 司寇掌邦禁(사구장방금), 詰奸慝(힐간특), 刑暴亂(형폭란). 司空掌邦土(사공장방토), 居四民(거사민), 時地利(시지리). 六卿分職(육경분직), 各率其屬(각솔기속), 以倡九牧(이창구목), 阜成兆民(부성조민). 六年(육년), 五服一朝(오복일조). 又六年(우육년), 王乃時巡(왕내시순), 考制度于四岳(고제도우사악). 諸侯各朝于方岳(제후각조우방악), 大明黜陟(대명출척).

성왕은 계속 말씀하셨습니다.

“아아! 모든 관직을 맡고 있는 군자들이여! 그대들이 맡고 있는 직무를 소중하게 여기고, 명령을 내릴 때는 신중을 기하라. 명령을 내렸을 때는 반드시 시행하고 돌이켜 취소하지 말라. 사사로움을 버리고 공평하게 행하면 백성들은 진심으로 따를 것이다. 옛 교훈을 배우고 관직에 나아가 정사를 논의하여 결정한다면 정사는 이내 미혹에 빠지지는 않을 게야. 그대들은 일정한 규정에 따르는 것을 사표로 삼고, 입발림으로 벼슬자리를 문란케 해서는 아니 된다오. 의심이 많으면 계획이 실패하고, 게으르고 소홀하면 정사가 황폐해지며, 익혀 배우지 않으면 벽을 마주한 것 같아서 일을 처리하는 것이 더욱 번거롭게 될 것이오.

王曰(왕왈): 塢呼(오호)! 凡我有官君子(범아유관군자), 欽乃攸司(흠내유사), 愼乃出令(신내출령), 令出惟行(영출유행), 弗惟反(불유반). 以公滅私(이공멸사), 民其允懷(민기윤회). 學古入官(학고입관), 議事以制(의사이제), 政乃不迷(정내불미). 其爾典常作之師(기이전상작지사), 無以利口亂厥官(무이리구란궐관). 蓄疑敗謀(축의패모), 怠忽荒政(태홀황정), 不學牆面(불학장면), 蒞事惟煩(리사유번).

그대들 모든 높고 낮은 관리들에게 훈계하자면, 큰 공적은 오직 본인의 의지에 달려 있고 폭넓은 업적은 오직 근면함에 달려 있다오. 과감하게 결단할 수 있으면 뒷걱정은 없을 것이오. 벼슬자리에 있다고 교만해서는 아니 되고, 녹봉이 많다고 사치에 빠져서는 아니 되오. 오직 덕행은 공손하고 검소한 데서 비롯되니, 그대들은 거짓됨을 몸에 실어서는 아니 되오. 덕을 짓게 되면 마음이 편안해지면서 날로 여유롭고 관대해질 것이지만, 거짓된 행위를 일삼다 보면 마음이 고달프고 날로 옹졸해질 것이오.

戒爾卿士(계이경사), 功崇惟志(공숭유지), 業廣惟勤(업광유근), 惟克果斷(유극과단), 乃罔後艱(내망후간). 位不期驕(위불기교), 祿不期侈(녹불기치). 恭儉惟德(공검유덕), 無載爾僞(무재이위). 作德(작덕), 心逸日休(심일일휴), 作僞(작위), 心勞日拙(심로일졸).

영화를 누리고 있을 때 위태로움을 생각해야 하며, 두려워하지 않음이 없도록 해야 하오. 두려워하지 않으면 두려워야 할 일을 당하는 법이오. 어진 현인을 천거하고 능력자에게 양보하면 모든 관리들이 이내 화합할 것이지만 화목하지 않으면 정사는 어지러워질 것이오. 천거한 이가 자기의 관직을 잘 수행하면 이는 곧 그대의 능력이지만, 그 사람을 칭찬할 만하지도 못한다면 그건 그대가 임무를 다하지 못한 겁니다."

居寵思危(거총사위), 罔不惟畏(망불유외), 弗畏入畏(불외입외). 推賢讓能(추현양능), 庶官乃和(서관내화), 不和政龐(불화정방). 舉能其官(거능기관), 惟爾之能(유이지능). 稱匪其人(칭비기인), 惟爾不任(유이불임).

성왕께서 말씀하셨습니다.

"오호! 중요한 세 가지 일을 맡은 삼공과 대부들이여! 그대들의 관직을 경애하고 그대들의 정사를 잘 다스려 임금인 나를 잘 보좌해 주시오. 그리고 길이 만백성을 편안하게 해주면 주변의 온 나라들도 우리 주나라를 싫어하진 않을 겁니다."

王曰(왕왈): 塢呼(오호)! 三事暨大夫(삼사기대부), 敬爾有官(경이유관), 亂爾有政(난이유정), 以佑乃辟(이우내벽). 永康兆民(영강조민), 萬邦惟無斁(만방유무두).

군진 (君陳)

사람 이름으로
주공의 아들이라는 설이 있음

백성들을 좋은 쪽으로 교화하시오

[주서周書 · 군진君陳/서경書經]

성왕께서 다음과 같이 말씀하셨습니다.

"군진이여! 그대는 덕이 높아 평소에도 효도하고 공손하였소. 오직 효도하는 사람이라야 형제간에 우애도 싶고 성사노 살 베풀 수 있다오. 그대를 저 동교를 다스릴 우두머리로 임명하노니, 삼가 공경하는 마음으로 봉행하시오. 예전에 주공께서는 만민을 이끌고 보호하셨는데, 백성들은 그 덕을 가슴속에 품었다오. 이제 그곳으로 가서 그대가 맡은 직무를 신중하게 진행하면서, 여기에 그 상례대로 이끌면서 주공의 교훈을 힘써 밝히다 보면 백성들은 잘 다스려질 겁니다.

王若曰(왕약왈): 君陳(군진), 惟爾令德孝恭(유이령덕효공). 惟孝友于

兄弟(유효우우형제), 克施有政(극시유정). 命汝尹茲東郊(명여윤자동교), 敬哉(경재). 昔周公師保萬民(석주공사보만민), 民懷其德(민회기덕). 往慎乃司(왕신내사), 茲率厥常(자솔궐상), 懋昭周公之訓(무소주공지훈), 惟民其乂(유민기예).

내가 듣기론 '지극한 정치는 꽃다운 향기와 같아서 하늘과 땅의 신령인 신명도 감동시킨다고 하오. 제사상에 놓인 찰기장과 메기장이 향기로운 게 아니라, 그것을 바치는 인간의 밝은 덕이 향기로운 것이다'라고 했다오. 그대에게 바라건대 이 주공의 도리와 교훈을 본받아 날마다 부지런히 힘쓸 뿐, 결코 멋대로 즐기며 노는 데 빠지진 마시오. 보통사람은 성인을 아직 보지 못했을 때에는 만날 수 없는 것처럼 여기고, 막상 성인을 만나면 또한 성인은 따를 수 없는 법이니, 그대는 이 점을 경계해야 될 게요!

我聞曰(아문왈): 至治馨香(지치형향), 感于神明(감우신명). 黍稷非馨(서직비형), 明德惟馨(명덕유형). 爾尙式時周公之猷訓(이상식시주공지유훈), 惟日孜孜(유일자자), 無敢逸豫(무감일예). 凡人未見聖(범인미견성), 若不克見(약불극견), 旣見聖(기견성), 亦不克由聖(역불극유성), 爾其戒哉(이기계재)!

그대는 바람이라면 아래의 백성은 바람결에 일렁이는 풀과 같은 존재라오. 그러나 정사를 도모하는 것이 어렵진 않을 것이라 생각하지는 마오. 일을 폐하거나 일으킴에 있어 그대 자문관들의 의견들을 오가면서 경청하며 여러 의견들이 일치하면 곧 시행하시오.

그대에게 좋은 계획이나 계책이 있으면 곧 입궐하여 그대의 임금에게 보고하고, 그대는 궁 밖으로 나가 백성들이 순수하게 따르도록 하시오. 그리고 '이 좋은 계책과 생각이야말로 오로지 우리 임금님의 은덕이다'라고 말하시오. 아아! 모든 신하들이 이와 같다면 정말 조정이 빛나게 될 것인데 말이오."

爾惟風(이유풍), 下民惟草(하민유초). 圖厥政(도궐정), 莫或不艱(막혹불간), 有廢有興(유폐유흥), 出入自爾師虞(출입자이사우), 庶言同則繹(서언동즉역). 爾有嘉謀嘉猷(이유가모가유), 則入告爾后于內(즉입고이후우내), 爾乃順之于外(이내순지우외). 曰(왈): 斯謀斯猷(사모사유), 惟我后之德(유아후지덕). 嗚呼(오호)! 臣人咸若時(신인함약시), 惟良顯哉(유량현재).

성왕께서 계속 말씀하셨습니다.

"군진이여! 그대는 주공의 크나큰 교훈을 널리 펼치도록 하시오. 그러나 그 위세만을 믿고 으르렁거리진 말아야 한답니다. 또한 법률을 빙사하여 모질어서는 아니 되고, 너그러우면서도 법도가 있되 침착하고 조용함으로써 화합하게 해야 한다오. 은나라 백성으로서 죄를 지은 자일지라도 내가 처벌하라고 해서 무조건 벌주지 말고, 내가 용서하라 했다 해서 덮어놓고 풀어주어서도 아니 된다오. 오로지 중용에 따라 처리해야 합니다.

王曰(왕왈): 君陳(군진)! 爾惟弘周公丕訓(이유홍주공비훈). 無依勢作威(무의세작위), 無倚法以削(무의법이삭). 寬而有制(관이유제), 從容以和(종용이화). 殷民在辟(은민재벽), 予曰辟(여왈벽), 爾惟勿辟(이유물벽),

予曰宥(여왈유), 爾惟勿宥(이유물유), 惟厥中(유궐중).

그대의 정사에 따르지 않는 사람이 있거나 그대의 훈계에도 동화되지 않는 자가 있다면, 벌을 줌으로써 죄를 방지하는 것이니 이것이 곧 형벌이 형벌다운 것이라오. 간사하고 사악함이 습관이 된 자, 일상의 법도를 어긴 자, 미풍양속을 어지럽히는 자는 세 가지 중 하나만 범해도 결코 용서치 말아야 합니다. 그러나 어리석고 완고한 백성에게 화를 내거나 미워해선 아니 되며, 한 사람의 필부에게 완전하게 갖출 것을 요구해서도 안 된다오. 반드시 참고 견뎌내야만 그들을 구제할 수 있답니다. 너그러운 관용이 있어야 덕이 이내 커질 겁니다.

有弗若于汝政(유불약우여정), 弗化于汝訓(불화우여훈), 辟以止辟(벽이지벽), 乃辟(내벽). 狃于奸宄(뉴우간귀), 敗常亂俗(패상란속), 三細不宥(삼세불유). 爾無忿疾于頑(이무분질우완), 無求備于一夫(무구비우일부). 必有忍(필유인), 其乃有濟(기내유제). 有容(유용), 德乃大(덕내대).

덕을 닦은 사람을 분별하고 또한 덕을 닦지 않는 자도 가려내어, 자질이 뛰어난 사람을 선발하여 불량한 자들을 통솔케 하시오. 백성들은 나면서부터 인정이 두터우나 사물과 부대끼면서 변하는 법이랍니다. 또한 위에서 명한 바를 어기고 그들이 좋아하는 것만을 좇는 법이라오. 그대가 법전을 공경하여 덕행을 지키면 이에 변화되지 않을 자가 없게 될 것이며, 진실로 크나큰 계획을 이룰 수 있을 것이오. 그리하면 나 한 사람은 가슴속 깊이 많은 복을 받을 것이며, 그대의 훌륭함도 마침내는 길이길이 대를 이으며 찬사를 얻게 될 겁니다."

簡厥修(간궐수), 亦簡其或不修(역간기혹불수). 進厥良(진궐량), 以率其或不良(이솔기혹불량). 惟民生厚(유민생후), 因物有遷(인물유천). 違上所命(위상소명), 從厥攸好(종궐유호). 爾克敬典在德(이극경전재덕), 時乃罔不變(시내망불변), 允升于大猷(윤승우대유), 惟予一人膺受多福(유여일인응수다복), 其爾之休(기이지휴), 終有辭於永世(종유사어영세).

고명 (顧命)

임금이 신하에게
뒷일을 부탁함

1-1 강왕의 즉위식

[주서周書 · 고명顧命/서경書經]

4월 달그림자가 드리우기 시작한 날, 성왕께서는 마음이 유쾌하지 않았습니다. 갑자일에 왕께서는 물로 손과 얼굴을 씻고 시종에게 면복을 입히게 한 다음 옥으로 만든 사방침에 기대셨답니다. 이윽고 모두를 부르셨는데, 태보인 석·예백·동백·필공·위후·모공·사씨·호신·백윤 등은 물론 왕의 일을 돕는 어사들을 모두 불러들였습니다.

惟四月哉生魄(유사월재생백), 王不懌(왕불역). 甲子(갑자), 王乃洮頮水(왕내조회수), 相被冕服(상피면복), 憑玉几(빙옥궤). 乃同召(내동소), 太保奭(태보석)·芮伯(예백)·彤伯(동백)·畢公(필공)·衛侯(위후)·毛公(모공)·師氏(사씨)·虎臣(호신)·百尹(백윤)·御事(어사).

성왕께서 말씀하셨습니다.

"오호! 나의 질환이 점차 심해져 이젠 목숨마저 위태롭구나. 병이 날로 중해지고 오랫동안 물러가지 않으니, 분명한 말로 내 뜻을 전하지 못할까 두렵구나. 이에 나는 분명하게 그대들에게 살펴 훈계를 하려 한다오. 선군이셨던 문왕과 무왕께서는 빛나는 덕을 널리 펴서 교훈을 남기셨으니 수고로운 일이었다오. 그렇게 고생하셔서 도리에 위배됨이 없이 은나라의 큰 명운을 결집하여 달성하셨답니다.

王曰(왕왈): 塢呼(오호)! 疾大漸(질대점), 惟幾(유기), 病日臻(병일진). 旣彌留(기미류), 恐不獲誓言嗣(공불획서언사), 玆予審訓命汝(자여심훈명여). 昔君文王(석군문왕)·武王宣重光(무왕선중광), 奠麗陳敎(전려진교). 則肄肄不違(즉이이불위), 用克達殷集大命(용극달은집대명).

그 후손인 나는 하늘의 위엄을 공경히 맞이하고 문왕과 무왕의 크나큰 유훈을 이어받아 지키며 감히 어둡게 하거나 잘못 인도하는 일은 없었소. 이제 하늘은 나에게 질병을 내려 일어나지도 정신을 차리지도 못할 지경에 처하고 말았답니다. 그대들은 짐의 말을 잘 살펴 들으시오. 그리하여 태자 교를 도와 어려움을 잘 구제하기 바라오. 먼 곳에 있는 나라는 물론 가까이 있는 나라들도 화친하여 크고 작은 여러 나라들과 평화롭게 지내도록 힘쓰시오. 무릇 사람들이란 위엄과 예의를 스스로 어지럽힐 수도 있으니, 그대들은 태자 교가 법도가 아닌 것에 무모하게 뛰어들지 않도록 하시오."

在後之侗(재후지동), 敬迓天威(경아천위), 嗣守文武大訓(사수문무대훈), 無敢昏逾(무감혼유). 今天降疾(금천강질), 殆弗興弗悪(태불흥불오).
爾尙明時朕言(이상명시짐언), 用敬保元子釗弘濟于艱難(용경보원자쇠
홍제우간난), 柔遠能邇(유원능이), 安勸小大庶邦(안권소대서방). 思夫人
自亂于威儀(사부인자란우위의). 爾無以釗冒貢于非幾(이무이쇠모공우비
기).

이에 명을 받은 여러 신하들은 각자 자기 자리로 돌아가 상례를
치르기 위해 마당에 장막을 쳤답니다. 그 다음 날인 을축일에 성왕
께서는 붕어하셨습니다. 태보인 소공은 중환과 남궁모 두 사람을
태공망(강태공)의 아들이자 제나라 제후인 여급에게 보냈는데, 두
사람은 방패와 창을 들고 호분의 병사 100명을 거느리고 태자인
교를 남문 밖에서 맞아들이도록 하였습니다. 그리하여 태자를 익
실로 인도하여 상복을 입히고서는 상을 총괄하는 종주로 삼았습니
다. 정묘일에는 사관에게 명하여 성왕의 유언을 책으로 만들게 하
였답니다. 그로부터 7일이 지난 계유일에는 백상인 소공의 명령으
로 필요한 물품을 갖추게 하였습니다.

茲旣受命(자기수명), 還出綴衣于庭(환출철의우정). 越翼日乙丑(월익
일을축), 王崩(왕붕). 太保命仲桓南宮毛(태보명중환남궁모), 俾爰齊侯呂
伋(비원제후려급), 以二干戈(이이간과), 虎賁百人(호분백인), 逆子釗於
南門之外(역자쇠어남문지외). 延入翼室(연입익실), 恤宅宗(휼댁종). 丁卯
(정묘), 命作册度(명작책도). 越七日癸酉(월칠일계유), 伯相命士須材(백
상명사수재).

그리고 적인으로 하여금 검고 흰 도끼무늬의 병풍인 보의와 햇빛 가리개인 철의를 설치하게 하였습니다. 창 사이에는 남향으로 흑백무늬의 비단으로 꾸민 대자리를 깔고 화옥의 사방침인 안석을 놓았답니다. 서쪽 벽에는 동향으로 잡색비단으로 꾸민 지석을 겹쳐 깔고 문패의 사방침을 놓았습니다. 동쪽 벽에는 서향으로 무늬 비단으로 꾸민 풍석을 겹쳐 깔고 옥을 조각한 사방침을 놓았답니다. 서쪽 협실에는 남향으로 검은색 끈으로 꾸민 순석을 겹쳐 깔고 옻칠한 사방침을 놓았습니다. 동서 벽에는 또 다섯 줄의 구슬과 보물을 진열했답니다. 적도·대훈·홍벽·완염은 서벽에 놓았습니다. 대옥·이옥·천구·하도는 동벽에 놓았답니다.

狄設黼扆(적설보의)·綴衣(철의). 牖間南嚮(유간남향), 敷重篾席(부중멸석), 黼純(보순), 華玉(화옥), 仍几(잉궤). 西序東嚮(서서동향), 敷重底席(부중지석), 綴純(철순), 文貝(문패), 仍几(잉궤). 東序西嚮(동서서향), 敷重豐席(부중풍석), 畫純(화순), 雕玉(조옥), 仍几(잉궤). 西夾南嚮(서협남향), 敷重筍席(부중순석), 玄紛純(현분순), 漆仍几(칠잉궤). 越玉五重(월옥오중), 陳寶(진보). 赤刀(적도)·大訓(대훈)·弘璧(홍벽)·琬琰(완염), 在西序(재서서). 大玉(대옥)·夷玉(이옥)·天球(천구)·河圖(하도), 在東序(재동서).

윤나라의 무용의상·큰 조개·큰 북은 서쪽 방에 놓았습니다. 태가 만든 창·화가 만든 활·수가 만든 대나무 화살은 동쪽 방에 놓았답니다. 대로수레는 빈객용 섬돌 앞에, 철로수레는 조계 앞에, 선로수레는 왼쪽 문간방 앞에, 차로수레는 오른편 문간방 앞에 놓았답니다.

胤之舞衣(윤지무의)·大貝(대패)·鼖鼓(분고), 在西房(재서방). 兌之戈
(태지과)·和之弓(화지궁)·垂之竹矢(수지죽시), 在東房(재동방). 大輅在
賓階面(대로재빈계면), 綴輅在阼階面(철로재조계면), 先輅在左塾之前
(선로재좌숙지전), 次輅在右塾之前(차로재우숙지전).

두 사람이 참새머리 같은 작변을 쓰고 혜의 창을 손에 잡고 필문
안쪽에 섰고, 네 사람이 기변을 쓰고 밖으로 향한 창을 손에 잡고,
섬돌을 끼고 양쪽에 서 있었답니다. 한 사람이 면을 쓰고 도끼를
손에 잡고 당의 동쪽에 서고, 한 사람이 면을 쓰고 큰 도끼를 손에
잡고 당의 서쪽에 서고, 한 사람이 면을 쓰고 규라는 창을 손에 잡
고 동쪽 옆 계단에 서고, 한 사람이 면을 쓰고 구의 창을 손에 잡고
서쪽 옆 계단에 서고, 한 사람이 면을 쓰고 예의 창을 잡고 북쪽 계
단에 섰답니다.

二人雀弁(이인작변), 執惠(집혜), 立于畢門之內(입우필문지내). 四人
綦弁(사인기변), 執戈上刃(집과상인), 夾兩階阤(협량계사). 一人冕(일인
면), 執劉(집류), 立于東堂(입우동당), 一人冕(일인면), 執鉞(집월), 立于
西堂(입우서당). 一人冕(일인면), 執戣(집규), 立于東垂(입우동수). 一人
冕(일인면), 執瞿(집구), 立于西垂(입우서수). 一人冕(일인면), 執銳(집
예), 立于側階(입우측계).

강왕은 삼베관을 쓰고 보불(임금이 예복으로 입던 하의인 곤상袞裳에
놓은 도끼와 '아亞' 자 모양의 수)의 바지를 입고 빈객용 섬돌 위로 올랐
습니다. 공경대부와 제후들은 삼베관을 쓰고 검은 바지를 입고 들

어와 제자리에 앉았답니다. 태보와 태사와 태종도 모두 삼베관을 쓰고 붉은 바지를 입었습니다. 그리고 태보가 큰 홀을 받들어 들었고, 상종, 즉 태종은 술잔을 받쳐 들고 동쪽 조계를 올라갔답니다. 태사는 성왕의 유언서를 들고 빈계를 올라가 그 유언을 기록한 책서를 왕에게 바치면서 말했습니다.

"임금님께서 옥으로 만든 안석에 기대어 마지막 명을 선언하셨습니다. 당신에게 명하시길 '교훈을 이어받아 주나라 임금으로 임하여 큰 법도를 따르고 지켜 천하세상을 조화시키고, 문왕과 무왕의 빛나는 교훈에 보답하고 드날려라'라고 하셨답니다."

王麻冕黼裳(왕마면보상), 由賓階隮(유빈계제). 卿士邦君麻冕蟻裳(경사방군마면의상). 入卽位(입즉위). 太保(태보)·太史(태사)·太宗皆麻冕彤裳(태종개마면동상). 太保承介圭(태보승개규), 上宗奉同瑁(상종봉동모), 由阼階隮(유조계제). 太史秉書(태사병서), 由賓階隮(유빈계제), 御王册命(어왕책명).

曰(왈): 皇后憑玉几(황후빙옥궤), 道揚末命(도양말명). 命汝嗣訓(명여사훈), 臨君周邦(임군수방), 率循大卜(솔순대변), 燮和天下(섭화천하), 用答揚文(용답양문)·武之光訓(무지광훈).

강왕은 재배하고 일어서서 대답하셨습니다.

"미미하고 힘이 없는 제가 천하 사방을 다스리고 하늘의 위엄을 삼가 공경할 수 있겠습니까?"

그리고 동과 모를 받은 다음, 왕은 세 번 술잔을 신위 앞에 바치고, 세 번 술을 부은 다음, 세 번 술잔을 놓았답니다. 상종인 태종은

'음복하십시오'라고 말씀하셨습니다. 태보는 동을 받아들고 당에서 내려와 손을 씻고는 다른 동을 가지고 장옥을 손에 들고서 술을 권한 후, 종인에게 동을 돌리고 절을 하였습니다. 왕도 답하여 절을 하셨답니다. 태보는 동을 받아 왕이 한 것처럼 술을 붓고 음복한 다음, 그 자리에서 종인에게 동을 돌리고 절을 하였답니다. 왕도 답하여 절을 하셨답니다. 태보가 당에서 내려오니 일을 돕는 자가 기구들을 치웠습니다. 즉위식이 끝난 다음 제후들은 종묘의 문을 나와서 왕의 명령을 기다렸답니다.

王再拜(왕재배), 興(흥).

答曰(답왈): 眇眇予末小子(묘묘여말소자), 其能而亂四方以敬忌天威(기능이란사방이경기천위).

乃受同瑁(내수동모), 王三宿(왕삼숙), 三祭(삼제), 三吒(삼타). 上宗曰(상종왈): 饗(향). 太保受同(태보수동), 降(강), 盥(관), 以異同秉璋以酢(이이동병장이초). 授宗人同(수종인동), 拜(배). 王答拜(왕답배). 太保受同(태보수동), 祭嚌宅(제제댁), 授宗人同(수종인동), 拜(배). 王答拜(왕답배). 太保降(태보강), 收(수). 諸侯出廟門俟(제후출묘문사).

강왕지고(康王之誥)

천자가 된 강왕이
제후들에게 내린 조서

1-1 우리 왕실을 잘 도와주시오

[주서周書 · 강왕지고康王之誥/서경書經]

강왕께서는 필문을 나와 응문 안뜰에 있었답니다. 태보는 서쪽 지방의 제후들을 거느리고 응문으로 들어와 왼쪽에 서고, 필공은 동쪽 지방의 제후들을 거느리고 응문으로 들어와 오른쪽에 섰는데, 모두 말갈기가 붉고 노란색을 띤 말을 늘어세워 놓고 있었습니다. 빈객으로 온 제후들은 홀과 폐백을 받쳐들고 아뢰었답니다.

"저희 호위하는 여러 신하들이 감히 토산물을 바치옵니다."

그러고는 모두 두 번 절하고 머리를 숙였습니다. 왕은 정당하게 선인들의 밝은 덕을 이어받아 왕위에 올랐기에 답례로써 절을 하셨습니다.

王出(왕출), 在應門之內(재응문지내). 太保率西方諸侯入應門左(태

보솔서방제후입응문좌), 畢公率東方諸侯入應門右(필공솔동방제후입응문
우), 皆布乘黃朱(개포승황주). 賓稱奉圭兼幣(빈칭봉규겸폐).

曰(왈): 一二臣衛(일이신위), 敢執壤奠(감집양전).

皆再拜稽首(개재배계수). 王義嗣德(왕의사덕), 答拜(답배).

태보와 예백은 모두 나와 서로 읍을 하였습니다. 그러고는 모두
가 두 번 절하고 머리를 숙이며 아뢰었답니다.

"감히 천자께 공손히 아룁니다. 황천은 큰 나라인 은나라의 명운
을 바꾸시었습니다. 그리고 오직 문왕과 무왕께서 하늘의 도를 크
게 받으시고 서쪽 땅을 구휼하여 주셨습니다. 이미 새로이 왕위에
오르셨으니 상벌을 정비하시고 공적을 세워 후세 사람들에게 은덕
을 널리 남기시옵소서. 이제 임금님께서는 모든 일을 신중히 처리
하시고 천자의 육군을 확충하시어, 우리의 덕이 높으신 선조들의
얻기도 힘든 천명을 손상치 않게 하시옵소서."

太保暨芮伯咸進(태보기예백함진), 相揖(상읍).

皆再拜稽首曰(개재배계수왈): 敢敬告天子(감경고천자), 皇天改大邦
殷之命(황천개대방은지명). 惟周文武誕受羑若(유주문무탄수유약), 克恤
西土(극휼서토). 惟新陟王畢協賞罰(유신척왕필협상벌), 戡定厥功(감정
궐공), 用敷遺後人休(용부유후인휴). 今王敬之哉(금왕경지재), 張惶六師
(장황육사), 無壞我高祖寡命(무괴아고조과명).

강왕께서 다음과 같이 말씀하셨습니다.

"여러 나라의 후복·전복·남복·위복의 제후들이여! 나 한 사람 교

는 여러분의 경계에 대해 말하리라. 옛 선군이신 문왕과 무왕께서는 널리 골고루 부유케 하시고, 허물을 꾸짖는 데는 힘쓰지 않았답니다. 지극히도 모두가 믿게 하시어 천하에 덕을 밝히셨습니다. 또한 웅비와도 같은 용사와 두 마음을 갖지 않은 신하가 나타나 우리 왕가를 잘 보호하고 다스려주었답니다. 그리하여 상제로부터 바른 명을 받은 거랍니다.

王若曰(왕약왈): 庶邦侯(서방후)·甸(전)·男(남)·衛(위), 惟予一人釗報誥(유여일인쇠보고). 昔君文武丕平富(석군문무비평부), 不務咎(불무구). 底至齊信(지지제신), 用昭明于天下(용소명우천하). 則亦有熊羆之士(즉역유웅비지사), 不二心之臣(불이심지신), 保乂王家(보예왕가). 用端命于上帝(용단명우상제).

황천은 그 도리를 일깨워줌으로써 사방의 여러 나라를 우리 주나라에 주신 거랍니다. 또 명하여 제후들을 세우고 울타리를 만들어 우리 후손들을 돌보아 주셨답니다. 이제 나의 여러 백부들이시여! 바라건대 서로 돌보시어 여러분의 선공들이 선왕들을 섬긴 것처럼 나를 섬기도록 하시오. 비록 그대들의 몸은 밖에 있으나 여러분의 마음만은 왕실에 있지 않음이 없도록 해주시오. 그럼으로써 받들어 근심하면서 이 어린 사람의 수치가 되는 일이 없도록 해주시오."

皇天用訓厥道(황천용훈궐도), 付畀四方(부비사방). 乃命建侯樹屛(내명건후수병), 在我後之人(재아후지인). 今予一二伯父(금여일이백부), 尙胥暨顧(상서기고), 綏爾先公之臣服于先王(수이선공지신복우선왕). 雖爾

身在外(수이신재외), 乃心罔不在王室(내심망부재왕실). 用奉恤厥若(용
봉휼궐약), 無遺鞠子羞(무유국자수).

여러 제후들은 모두가 명을 경청하고 서로 읍하며 밖으로 나갔
습니다. 이에 비로소 강왕께서는 관을 벗고서 상복을 도로 입었답
니다.

群公旣皆聽命(군공기개청명), 相揖(상읍), 趨出(추출). 王釋冕(왕석면),
反喪服(반상복).

필명(畢命)

강왕이 필공에게
명하여 내린 조서

1-1 강왕의 훈시

[주서周書 · 필명畢命/서경書經]

강왕 즉위 12년 6월 경오일에 초승달이 떴습니다. 3일 후인 임신일 아침에 걸어서 종주인 호경으로부터 풍땅에 이르렀습니다. 그리고 낙읍인 성주의 백성들을 위해 필공에게 명하여 동쪽 교외를 보호하고 잘 다스리게 하였답니다.

惟十有二年(유십유이년), 六月庚吾(유월경오), 朏(비). 越三日壬申(월삼일임신), 王朝步自宗周(왕조보자종주), 至于豐(지우풍). 以成周之衆(이성주지중), 命畢公保釐東郊(명필공보리동교).

강왕은 다음과 같이 말씀하셨습니다.

"오호! 스승이신 보사여! 문왕과 무왕께서는 큰 덕을 천하에 펼침으로써 은나라의 명운을 이어받을 수 있었다오. 그리고 주공께서는 선대인 성왕을 보좌하여 우리 왕가를 안정시켰고, 은나라의 우둔한 백성들을 달래어 낙읍으로 옮겨놓고 왕실과 매우 가깝게 하시니 그의 교훈을 본받아 교화되었답니다. 이미 36년이 지나다 보니 세대도 변하고 풍속도 바뀌어, 온 세상에 걱정거리가 없어 나 이 한 사람도 편안하다오.

王若曰(왕약왈): 嗚呼(오호)! 父師(보사). 惟文王武王(유문왕무왕), 敷大德于天下(부대덕우천하), 用克受殷命(용극수은명). 惟周公左右先王(유주공좌우선왕), 綏定厥家(수정궐가), 毖殷頑民(비은완민), 遷于洛邑(천우락읍), 密邇王室(밀이왕실), 式化厥訓(식화궐훈). 旣歷三紀(기력삼기), 世變風移(세변풍이), 四方無虞(사방무우), 予一人以寧(여일인이녕).

도에는 올라갈 때와 내려갈 때가 있고 정사라는 것도 풍속에 따라 변하는 법이라오. 백성들의 착함을 선한 것으로 인정해 주지 않으면 백성들을 격려해 줄 방법이 없다오. 그런데도 공께서는 덕행에 힘써 작은 일에도 힘을 쏟았고, 4대에 걸쳐 왕실을 보필하며 얼굴빛을 바로 하여 아랫사람들을 거느리니 스승님의 말을 공경하지 않는 자가 없었답니다. 아름다운 공적은 선왕보다도 많았으니, 나 이 어린 사람도 그저 소맷자락을 늘어뜨리고 성과만을 기대해 볼 뿐이랍니다."

道有升降(도유승강), 政由俗革(정유속혁), 不臧厥臧(부장궐장), 民罔攸勸(민망유권). 惟公懋德(유공무덕), 克勤小物(극근소물), 弼亮四世(필량사세), 正色率下(정색솔하), 罔不祗師言(망부지사언). 嘉績多于先王

(가적다우선왕), 予小子垂拱仰成(여소자수공앙성).

강왕께서 또다시 말씀하셨습니다.

"오호! 보사시여! 이제 나는 주공께서 하신 일을 공손한 마음으로 공에게 명하노니, 가십시오. 그리고 백성 중에 착한 사람과 악한 자를 구별하여 나타내 그들이 사는 마을을 표시하고, 선한 자는 표창하고 악한 자는 괴롭혀 그 들리는 명성을 세워주십시오. 교훈과 규범을 따르지 않거든, 그 농경지의 경계를 다르게 하듯 악한 짓은 미워하고 선한 일은 사모하게 하십시오. 도회지와 교외지역을 다시 한 번 분명히 하고 봉토를 삼가 굳건하게 지킴으로써 나라 안을 평안케 하십시오.

王曰(왕왈): 塢呼(오호)! 父師(보사), 今予祗命公以周公之事(금여지명공이주공지사), 往哉(왕재). 旌別淑慝(정별숙특), 表厥宅里(표궐댁리), 彰善癉惡(창선단악), 樹之風聲(수지풍성). 弗率訓典(불솔훈전), 殊厥井疆(수궐정강), 俾克畏慕(비극외모). 申畫郊圻(신화교기), 慎固封守(신고봉수), 以康四海(이강사해).

정치란 변치 않음을 존귀하게 여기고, 말은 구체적이면서도 간결함을 높이 평가하니 기이한 것만을 좋아해선 아니 됩니다. 상나라의 풍속은 경박하여 교묘한 말을 일삼는 자를 현인이라 하였는데, 그 남은 풍조가 아직도 사라지지 않았으니 공께서는 이 점을 유념해야 한답니다. 내가 듣기론 대대로 녹봉을 받고 있는 집안은 예법을 따르는 자는 드물다고 하였답니다. 방탕함으로써 덕을 능

멸한다고 하니, 이는 실로 천도에 어긋난 짓이지요. 교화를 해치고
화려함만을 사치하는 것은 만세토록 같은 유행이라 하였습니다.

政貴有恒(정귀유항), 辭尙體要(사상체요), 不惟好異(불유호이). 商俗
靡靡(상속미미), 利口惟賢(이구유현), 余風未殄(여풍미진), 公其念哉(공
기념재). 我聞曰(아문왈): 世祿之家(세록지가), 鮮克由禮(선극유례). 以蕩
陵德(이탕릉덕), 實悖天道(실패천도). 敝化奢麗(폐화사려), 萬世同流(만
세동류).

그런데 여기 은나라의 사대부들은 군주의 총애에만 안주한 지
오래인지라, 사치만을 일삼으면서 의로움은 없애버리고 다른 사람
들보다 아름다운 복장만을 입는답니다. 여기에 더해 교만하고 음
란함이 너무나 지나치니 장차 그 종말이 최악일 겁니다. 비록 지금
은 놓아버린 마음을 거두어들이고는 있으나 그들을 등한시했다간
큰 어려움이 닥친답니다. 부유하면서도 교훈을 따를 수 있다면 영
원히 누릴 수 있을 겁니다. 오로지 덕과 의로움만이 시절에 맞는
큰 교훈이랍니다. 옛 교훈을 따르지 않는다면 그 무엇으로 교훈을
삼겠습니까!"

茲殷庶士(자은서사), 席寵惟舊(석총유구), 怙侈滅義(호치멸의), 服美
于人(복미우인). 驕淫矜侉(교음긍과), 將由惡終(장유악종). 雖收放心(수
수방심), 閑之惟艱(한지유간). 資富能訓(자부능훈), 惟以永年(유이영년).
惟德惟義(유덕유의), 時乃大訓(시내대훈). 不由古訓(불유고훈), 于何其
訓(우하기훈).

강왕께서 계속 말씀하셨습니다.

"아아! 보사시여! 나라의 안위는 오직 이들 은나라 사람들에게 달려 있답니다. 너무 강하지도 않고 너무 부드럽지도 않게 중용으로 해야만 그들의 덕이 진실로 닦여질 겁니다. 주공은 일을 시작할 때 신중을 기했고, 군진은 그 중간을 잡아 화합하게 했습니다. 이 젠 필공께서 그 끝을 완성할 때입니다. 세 사람이 마음을 모아 도에 함께 이르게 된다면 도는 널리 퍼지고 정사는 잘 다스려져 백성들의 삶이 윤택해질 겁니다.

王曰(왕왈): 塢呼(오호)! 父師(보사)! 邦之安危(방지안위), 惟茲殷士 (유자은사). 不剛不柔(불강불유), 厥德允修(궐덕윤수). 惟周公克愼厥始 (유주공극신궐시), 惟君陳克和厥中(유군진극화궐중), 惟公克成厥終(유 공극성궐종). 三后協心(삼후협심), 同底于道(동지우도), 道洽政治(도흡정 치), 澤潤生民(택윤생민).

그뿐 아니라 왼쪽으로 옷깃을 여미는 사방의 오랑캐들도 모두가 우리 주나라에 의지하지 않을 수가 없게 될 겁니다. 그렇게 되면 나 이 어린 사람도 길이길이 많은 복을 누릴 겁니다. 필공 그대가 이곳 낙읍인 성주에 있을 때 주나라의 무궁한 기초를 다진다면, 그 대 또한 끝없는 명예로움을 듣게 될 겁니다. 후세의 자손들도 공이 이룩한 법식을 교훈 삼아 잘 다스려 나갈 겁니다. 오호! 할 수 없다고는 말하지 말고 오직 그 마음을 다하십시오. 백성이 너무 적다고 말하지 마시고 오직 그 일에 신중을 기하십시오. 선왕들께서 이루어놓은 공적을 흠모하면서도 옛날의 정치보다 더 훌륭하게 이루시오."

四夷左衽(사이좌임), 罔不咸賴(망불함뢰), 予小子永膺多福(여소자영
응다복). 公其惟時成周(공기유시성주), 建無窮之基(건무궁지기), 亦有無
窮之聞(역유무궁지문). 子孫訓其成式(자손훈기성식), 惟乂(유예). 塢呼
(오호)! 罔曰弗克(망왈불극), 惟旣厥心(유기궐심). 罔曰民寡(망왈민과),
惟愼厥事(유신궐사). 欽若先王成烈(흠약선왕성렬), 以休于前政(이휴우
전정).

군아(君牙)

대사도 벼슬자리에 오른
군아에 대한 훈시

1-1 목왕이 군아라는 사람에게 한 당부

[주서周書 · 군아君牙/서경書經]

주나라의 목왕께서 다음과 같이 말씀하셨습니다.

"오호! 군아여! 그대의 할아버지와 아버님께선 충성스럽고 절개 노 곧게 우리 왕실을 위하여 수고로움을 나하었나오. 그 이루어놓은 업적은 태상기(太常旗: 왕의 깃발로 유공자들의 이름을 명기함)에 기록되어 있답니다. 이제 어린 내가 문왕·무왕·성왕·강왕의 유업을 이어받아 나라를 지킬 수 있는 것은 선왕의 신하들이 보좌하여 사방의 여러 나라를 잘 다스려주었기 때문이랍니다. 마음이 걱정스럽고 위태롭기는 마치 호랑이 꼬리를 밟은 것과 같고, 봄철에 살얼음 판을 걷는 것과도 같답니다.

王若曰(왕약왈): 塢呼(오호)! 君牙(군아)! 惟乃祖乃父(유내조내부), 世

篤忠貞(세독충정), 服勞王家(복로왕가). 厥有成績(궐유성적), 紀于太常
(기우태상). 惟予小子嗣守文武成康遺緖(유여소자사수문무성강유서), 亦
惟先王之臣(역유선정지신), 克左右亂四方(극좌우란사방). 心之憂危(심
지우위), 若蹈虎尾(약도호미), 涉于春冰(섭우춘빙).

이제 그대에게 명하노니, 나의 날개가 되고 팔다리와 마음과 척
추가 되어 그대 집안의 옛 충성심을 이어 조상님들을 욕되게 하진
마시오. 오전(五典: 부자유친父子有親· 군신유의君臣有義· 부부유별夫婦有別·
장유유서長幼有序· 붕우유신朋友有信)의 가르침을 널리 펼치고 백성들의
규범을 제도적으로 조화롭게 해주시오. 그대 스스로 바르게 한다
면 그 누구도 바르게 하지 않을 수 없을 것이오. 백성들의 마음이
늘 바르기만 한 게 아니니 오직 그대가 중용의 미덕을 지녀야 한
다오.

今命爾予翼(금명이여익), 作股肱心膂(작고굉심려), 纘乃舊服(찬내구
복). 無忝祖考(무첨조고), 弘敷五典(홍부오전), 式和民則(식화민칙). 爾
身克正(이신극정), 罔敢弗正(망감불정). 民心罔中(민심망중), 惟爾之中
(유이지중).

여름에 무덥고 폭우가 내리면 소시민들은 원망하고 하소연하기
마련이랍니다. 겨울에 혹독한 추위가 닥치면 저 낮은 백성들은 또
한 원망하고 하소연한답니다. 그러한 그들을 다스리기란 어렵습니
다. 그 어려움을 생각해 둠으로써 그 쉬운 방법을 도모해 두면 백
성들은 이내 편안해할 겁니다.

夏暑雨(하서우), 小民惟曰怨咨(소민유왈원자). 冬祁寒(동기한), 小民亦惟曰怨咨(소민역유왈원자). 厥惟艱哉(궐유간재). 思其艱以圖其易(사기간이도기역), 民乃寧(민내녕).

아아! 크고도 밝구나! 문왕의 도모하심이! 크게 계승해야 한다네! 무왕의 업적을! 우리의 후손들을 계발하고 도우시는 데 두 분이 모두 바름으로써 결함을 없앴다네. 그대는 오직 그 교훈을 공경하고 밝힘은 물론 선왕들처럼 받들고, 문왕과 무왕의 빛나는 명을 드높여 옛사람들과 한 짝이 될 수 있도록 추진해 주시오."

嗚呼(오호)! 丕顯哉(비현재)! 文王謨(문왕모)! 丕承哉(비승재)! 武王烈(무왕렬)! 啟佑我後人(계우아후인), 咸以正罔缺(함이정망결). 爾惟敬明乃訓(이유경명내훈), 用奉若于先王(용봉약우선왕), 對揚文(대양문)·武之光命(무지광명), 追配于前人(추배우전인).

목왕께서 다음과 같이 말씀하셨습니다.

"군아여! 그대는 선인들의 올바름과 옛 법선들을 모범으로 삼으시오. 백성들이 다스려지거나 다스려지지 않는 건 여기에 달려 있다오. 그대 조상님이 수행하신 것을 따라서 그대 임금의 다스리는 법을 밝혀 주시오."

王若曰(왕약왈): 君牙(군아)! 乃惟由先正舊典時式(내유유선정구전시식), 民之治亂在茲(민지치란재자). 率乃祖考之攸行(솔내조고지유행), 昭乃辟之有乂(소내벽지유예).

경명(冏命)

목왕이 백경을
주나라의 태복정으로 임명함

1-1 떳떳한 법도로 국정을 운영하시오

[주서周書 · 경명冏命/서경書經]

주나라 목왕이 다음과 같이 말씀하셨답니다.

"백경이여! 나는 덕을 갖추지 못했는데도 선왕을 계승하여 왕위에 오르니, 두렵고 조심스러운 마음에 위태롭게 여긴 나머지 한밤중에 일어나서도 어떻게 하면 그 허물을 면할까만을 생각한다오. 그 옛날 문왕과 무왕께서는 총명하고 지혜롭고도 성스러웠고, 대소 신료들은 모두가 충성스럽고 어질었다오. 그래서인지 그 시중 하던 사람들까지도 바르지 않은 이가 없었답니다. 아침저녁으로 그들의 임금을 받들고 보필하였으며, 들고나는 일상에서도 공경하지 않음이 없었다오. 시행령을 내리고 발호함에도 훌륭하지 않음이 없었기에 공경하면서 따랐고, 많은 나라들이 모두 훌륭하게 여겼답니다.

王若曰(왕약왈): 伯冏(백경), 惟予弗克于德(유여불극우덕), 嗣先人宅丕后(사선인택비후), 怵惕惟厲(출척유려), 中夜以興(중야이흥), 思免厥愆(사면궐건). 昔在文武(석재문무), 聰明齊聖(총명제성), 小大之臣(소대지신), 咸懷忠良(함회충량). 其侍御僕從(기시어복종), 罔匪正人(망비정인), 以旦夕承弼厥辟(이단석승필궐벽), 出入起居(출입기거), 罔有不欽(망유불흠). 發號施令(발호시령), 罔有不臧(망유부장). 下民只若(하민지약), 萬邦咸休(만방함휴).

그런데 오직 나 한 사람만이 똑똑하지 못해 진실로 전후좌우에 계신 신하들의 힘을 빌려 부족함을 바로잡으려 한다오. 허물을 바로잡아 잘못을 고치고 옳지 않은 마음을 바로잡아 서인들의 공적을 잇고자 한다오. 그래서 이제 나는 그대를 나를 돕는 태복정(太僕正)에 임명하노니, 여러 종복들과 임금을 모시는 신하들을 바로잡아 그대 임금의 덕을 위하여 힘써 주고, 미치지 못한 곳까지도 자주 뒤아주시오.

惟予一人無良(유여일인무량), 實賴左右前後有位之士(실뢰좌우전후유위지사), 匡其不及(광기불급), 繩愆糾繆(승건규무), 格其非心(격기비심), 俾克紹先烈(비극소선렬). 今予命汝作大正(금여명여작대정), 正于群僕侍御之臣(정우군복시어지신), 懋乃后德(무내후덕), 交修不逮(교수불체).

그대는 신료들을 뽑을 때, 교묘하게 말을 꾸미는 자나 낯빛을 수시로 바꾸는 자, 아첨하는 자, 눈빛을 피하는 자, 한쪽으로 치우친

자, 아양 떠는 자는 등용해서는 아니 되며, 오직 착하고 훌륭한 인물만을 등용해야 합니다. 시중 드는 신하가 바르면 주군도 바르게 되고, 시중 드는 신하가 아첨을 떨면 그 임금은 자신이 성인이라고 자처하게 된답니다. 임금의 덕행도 신하에게 달려 있으며, 부덕한 것 역시 신하에게 달려 있습니다. 그대는 아첨꾼과는 가까이하지도 말며, 눈과 귀가 되는 관리를 충당하여 선왕의 관례가 아닌 것으로 임금을 인도하진 마시오.

愼簡乃僚(신간내료), 無以巧言令色(무이교언영색), 便辟側媚(편벽측미), 其惟吉士(기유길사). 僕臣正(복신정), 厥后克正(궐후극정). 僕臣諛(복신유), 厥后自聖(궐후자성). 后德惟臣(후덕유신), 不德惟臣(부덕유신). 爾無昵于憸人(이무닐우섬인), 充耳目之官(충이목지관), 迪上以非先王之典(적상이비선왕지전).

훌륭한 인재가 아닌데도 오직 재물로써 인품을 드러내려는 자들은 그 관직을 병들게 한답니다. 그렇게 되면 그대는 그대의 임금을 크나크게 공경하지 않는 것이니. 그대와 나는 죄를 짓게 될 겁니다."

非人其吉(비인기길), 惟貨其吉(유화기길), 若時瘝厥官(약시관궐관). 惟爾大弗克祗厥辟(유이대불극지궐벽), 惟予汝辜(유여여고).

목왕께서 말씀하셨습니다.

"아아! 공경하시오! 그리고 떳떳한 법도로 영원히 이 임금을 보필해 주시오."

王曰(왕왈): 嗚呼(오호), 欽哉(흠재)! 永弼乃后于彛憲(영필내후우이헌).

여형 (呂刑)

사구벼슬에 임명한
여후에게 만들게 한 벌금형

1-1 정당한 형벌을 제정하라

[주서周書 · 여형呂刑/서경書經]

여후가 사구벼슬에 임명되었을 때, 임금님은 나라를 다스린 지 백 년이 되어 늙은이가 되었으나, 크게 헤아려 형법을 제정하여 사방을 나스렸답니다.

惟呂命(유려명), 王享國百年(왕향국백년), 耄(모), 荒度作刑(황도작형), 以詰四方(이힐사방).

목왕께서 말씀하셨답니다.

"옛날에 다음과 같은 교훈이 있었답니다. 치우가 처음으로 난을 일으키니, 그 영향이 일반 평민에게까지 미치고 미쳐 도둑과 깡패가 아닌 자가 없게 되니, 올빼미처럼 의로움을 가볍게 여기며 금품을 빼앗고 반란과 난동을 일으키며 서로 약탈하고 혼란을 일삼았답니다. 묘나라 백성들은 신령함을 활용치도 않고 형벌로 제재하였으니, 그들은 다섯 가지 악한 형벌을 만들어 법이라고 하면서 죄 없는 사람들을 무참하게 죽였답니다. 그 형벌이라는 게 코 베고, 귀 베고, 불알을 까고, 얼굴에 먹물로 문신을 새기는 등의 참혹한 것이었죠.

王曰(왕왈): 若古有訓(약고유훈), 蚩尤惟始作亂(치우유시작란), 延及于平民(연급우평민), 罔不寇賊(망불구적), 鴟義奸宄(치의간귀), 奪攘矯虔(탈양교건). 苗民弗用靈(묘민불용령), 制以刑(제이형), 惟作五虐之刑曰法(유작오학지형왈법). 殺戮無辜(살육무고), 爰始淫爲劓刵椓黥(원시음위의이탁경).

이와 같이 형벌을 내리는 데 있어 죄 없는 사람도 제재하고, 변명할 여지도 주지 않았답니다. 백성들도 서로 물들었고 어수선하고도 어지러웠으며, 신의를 저버려 약속과 맹세도 뒤집어버렸답니다. 위에서 잔학한 정치로 위협하자 시달림을 받는 많은 사람들은 곳곳에서 그 무죄를 하늘에 호소했습니다. 그래서 상제가 백성들을 둘러보았는데, 덕의 향기로움보다는 형벌로 인한 피비린내만 풍겼던 겁니다.

越茲麗刑並制(월자려형병제), 罔差有辭(망차유사). 民興胥漸(민흥서점), 泯泯棼棼(민민분분), 罔中于信(망중우신), 以覆詛盟(이복저맹). 虐威庶戮(학위서륙), 方告無辜于上(방고무고우상). 上帝監民(상제감민), 罔有馨香德(망유형향덕), 刑發聞惟腥(형발문유성).

황제인 요임금은 죄도 없이 무참히 죽임을 당한 이들을 불쌍히 여기고, 위엄으로써 잔학함에 보복하고 묘족들을 절멸시켜 천하세 상에 대를 잇지 못하도록 하였답니다. 이에 중과 여라는 사람에게 명하여 하늘과 땅의 소통을 끊어버리니 신이 강림하는 일도 사라 졌습니다. 여러 제후들은 지상에서 백성들을 붙잡아 둔 채 명명백 백하게도 변변치 못한 법도를 들이대며 홀아비와 과부마저도 감싸 주지 않았답니다.

皇帝哀矜庶戮之不辜(황제애긍서륙지불고), 報虐以威(보학이위), 遏絶 苗民(알절묘민), 無世在下(무세재하). 乃命重黎(내명중려), 絶地天通(절 지천통), 罔有降格(망유강격). 群后之逮在下(군후지체재하), 明明棐常 (명명비상), 鰥寡無蓋(환과무개).

요임금께서 아래의 백성들에게 자상하게 물어보시니 홀아비와 과부들마저도 묘족에 합류하기를 사양하였답니다. 덕으로 위압하 니 두려움에 떨었고 덕으로 밝히니 모든 게 밝아졌답니다. 이에 세 사람의 제후들에게 명하여 백성들을 긍휼히 여겨 공로를 세우게 하였답니다. 백이에게는 법전을 내려주어 백성들을 잔혹한 형벌로 부터 막게 하였고, 우에게는 이름난 산과 하천을 다스리게 하였으 며, 직에게는 씨 뿌리는 파종법을 알려주어 맛좋은 곡식을 농사지 어 생산하게 하였죠. 세 사람의 제후들이 공로를 이루니 백성들은 풍족한 삶을 누리게 되었답니다.

皇帝淸問下民鰥寡有辭于苗(황제청문하민환과유사우묘). 德威惟畏(덕 위유외), 德明惟明(덕명유명). 乃命三后(내명삼후), 恤功于民(휼공우민).

伯夷降典(백이강전), 折民惟刑(절민유형), 禹平水土(우평수토), 主名山川(주명산천), 稷降播種(직강파종), 農殖嘉穀(농식가곡). 三后成功(삼후성공), 惟殷于民(유은우민).

사의 신분이었던 고요(皐陶)는 적절한 형벌을 적용하여 백성들을 통제함으로써 덕을 공경하도록 가르쳤습니다. 임금은 화락함으로 윗자리에 있고, 백성은 밝고 밝음으로 아래에서 섬기니 사방이 환히 빛나 덕에 힘쓰지 않는 자가 없게 되었답니다. 그러므로 형벌의 공정함을 세상에 밝혀 백성들을 떳떳하게 이끌어 다스린 거랍니다. 옥사를 다스리는 것은 위세를 떨기 위해서가 아니라 부유하게 살게 하려는 데 있답니다. 그러니 공경하고 두려워하여 몸에 욕될 말이 있게 해선 아니 된답니다. 오직 하늘의 덕을 본받아 스스로 큰 명을 이루게 되면 아래 백성들은 존경심으로 배향(配享: 공로가 있는 사람의 위패를 종묘에 모시는 것)하게 될 겁니다."

士制百姓于刑之中(사제백성우형지중), 以教祇德(이교지덕). 穆穆在上(목목재상), 明明在下(명명재하), 灼于四方(작우사방), 罔不惟德之勤(망불유덕지근). 故乃明于刑之中(고내명우형지중), 率乂于民棐彝(솔예우민비이). 典獄非訖于威(전옥비흘우위), 惟訖于富(유흘우부). 敬忌(경기), 罔有擇言在身(망유택언재신). 惟克天德(유극천덕), 自作元命(자작원명), 配享在下(배향재하).

목왕께서 말씀하셨습니다.

"아아! 세상의 정사를 맡고 옥사를 다스리는 이들이여! 그대들은 하늘의 목자 노릇을 하는 것이 아닌가? 이제 그대들은 무엇을 귀감으로 삼을 것인가? 한때 백이가 형벌을 행했던 방법이 아닌가? 그래서 이제 그대들은 무엇으로 징계할 것인가? 한때 묘족의 백성들은 옥사에 걸림도 살피지 않은 채 훌륭한 이들을 선택하여 다섯 가지 형벌의 적법성도 살피지 않았던 것입니다. 그러고는 온갖 위세를 부려 재물을 약탈하고 오형의 제도를 단절시키지도 않았기에 무고한 백성들은 혼란스러웠던 겁니다. 상제께선 이를 탐탁하게 여기지 않았기에 묘족에게 벌을 내린 겁니다. 묘족의 백성들은 벌에 대해 아무 말도 할 수 없었고, 결국엔 후세가 끊어져 버렸답니다."

王曰(왕왈): 嗟(차)! 四方司政典獄(사방사정전옥), 非爾惟作天牧(비이유작천목)? 今爾何監(금이하감)? 非時伯夷播刑之迪(비시백이파형지적)? 其今爾何懲(기금이하징)? 惟時苗民匪察于獄之麗(유시묘민비찰우옥지려), 罔擇吉人(망택길인), 觀于五刑之中(관우오형지중). 惟時庶威奪貨(유시서위탈화), 斷制五刑(단제오형), 以亂無辜(이란무고). 上帝不蠲(상제불견), 降咎于苗(강구우묘). 苗民無辭于罰(묘민무사우벌), 乃絶厥世(내절궐세).

목왕께서 계속 말씀하셨습니다.

"아아! 그 일을 생각해 보시오. 큰아버님과 큰형, 둘째 숙부, 막내동생, 어린 아들, 어린 손자들이여! 모두가 짐의 말을 경청해 보시오. 여러 가지 격식의 명이 있으리라. 이제 그대들은 날로 더욱 힘쓰지 않으면 안 될 게요. 그대들이 부지런하지 않다고 훈계받는 일이 없도록 하시오. 하늘은 백성들을 고르게 하는지라 나로 하여금 날마다 다스리게 하였는데, 끝나지 않는 것을 끝내는 것은 오직 사람에게 달려 있다오.

王曰(왕왈): 嗚呼(오호)! 念之哉(념지재). 伯父(백부)·伯兄(백형)·仲叔(중숙)·季弟(계제)·幼子(유자)·童孫(동손), 皆聽朕言(개청짐언), 庶有格命(서유격명). 今爾罔不由慰日勤(금이망불유위일근), 爾罔或戒不勤(이망혹계불근). 天齊于民(천제우민), 俾我一日(비아일일), 非終惟終(비종유종), 在人(재인).

그대들은 하늘의 명을 어겨서라도 숭상하고 공경함으로써 나 한 사람을 받들어주시오. 비록 두렵더라도 두려워하지 말고, 비록 훌륭하더라도 훌륭하게 여기지도 말며, 오직 다섯 가지 형벌을 공경함으로써 세 가지 덕을 이루시오. 나 한 사람에게 경사로운 일이 있게 되면 억만 백성들이 거기에 의지하면서 그 평안함이 오래 유지될 게요."

爾尙敬逆天命(이상경역천명), 以奉我一人(이봉아일인). 雖畏勿畏(수외물외), 雖休勿休(수휴물휴). 惟敬五刑(유경오형), 以成三德(이성삼덕). 一人有慶(일인유경), 兆民賴之(조민뢰지), 其寧惟永(기녕유영).

목왕께서 또 말씀하셨습니다.
"오! 가까이 오시오. 나라와 영토를 소유하고 있는 제후들이여! 그대들에게 형벌에 대해 자세히 알려주겠노라. 지금 그대들이 백성들을 편안하게 해주는 데 있어 어찌 훌륭한 사람이 아닌 이를 가려 뽑겠는가? 어찌 형벌이 아닌 그 무엇을 받들겠는가? 어찌 사실에 미치지도 않을 것을 헤아리겠는가? 송사를 위한 피고와 원고 양쪽이 함께 준비되어 있으면 재판관은 그들의 변론을 잘 들어보아야 합니다. 변론인 오사가 타당하고 믿을 만하면 다섯 가지 형벌인 오형으로 바로잡아야 합니다. 오형으로 판단하기 어려우면 죄과를 다섯 등급으로 나눈 오벌로 바로잡아야 한답니다. 오벌에 승복하지 않으면 오과로 바로잡아야 합니다. 그러나 오과의 병폐는 재판관에게 관권을 활용하거나, 재판관에게 원한이나 은혜를 갚는 것, 재판관에게 아는 이를 통해 내통하는 것, 재판관에게 뇌물을 쓰는 것, 재판관에게 친분을 이용하여 청탁하는 것 등이랍니다. 그것이 죄업인 이유는 모두에게 균등한 판결이 주어져야 하기 때문이니, 심사숙고해서 살펴야 한답니다.

王曰(왕왈): 吁(우)! 來(래), 有邦有土(유방유토), 告爾祥刑(고이상형). 在今爾安百姓(재금이안백성), 何擇(하택), 非人(비인)? 何敬(하경), 非刑(비형)? 何度(하도), 非及(비급)? 兩造具備(양조구비), 師聽五辭(사청오사). 五辭簡孚(오사간부), 正于五刑(정우오형). 五刑不簡(오형불간), 正于五罰(정우오벌). 五罰不服(오벌불복), 正于五過(정우오과). 五過之疵(오과지자), 惟官(유관), 惟反(유반), 惟內(유내), 惟貨(유화), 惟來(유래). 其罪惟均(기죄유균), 其審克之(기심극지).

오형을 적용하는 데 의문점이 있다면 사면해 주고, 오벌을 적용하는 데도 의심스러운 점이 있다면 용서를 해야 하니 그 점을 명확하게 살펴서 처리해야 한답니다. 조사한 내용이 믿을 만하고 여러 사람의 의견이 일치하면 대상자의 태도나 용모까지도 논의해 보아야 합니다. 사실을 조사할 수 없으면 형벌을 내려선 아니 되며, 언제나 엄정하고 공정한 하늘의 위엄을 갖추어야 한답니다.

五刑之疑有赦(오형지의유사), 五罰之疑有赦(오벌지의유사), 其審克之(기심극지). 簡孚有衆(간부유중), 惟貌有稽(유모유계). 無簡不聽(무간불청), 具嚴天威(구엄천위).

먹물로 얼굴에 문신을 하는 묵형을 적용하는 것이 의심스러워 사면할 때는 그 벌금이 100환이니, 그 죄의 실상을 철저히 살펴야 합니다. 코를 베는 의형이 의심스러워 용서해 줄 때는 그 벌금이 묵형의 두 배인 200환이니, 그 죄의 실상을 소상히 살펴보아야 합니다. 다리를 자르는 비형이 의심되어 사면할 때는 그 벌금이 두 배 반인 500환이니 그 죄의 실상을 철저히 살펴보아야 합니다. 불알을 까는 궁형을 적용하는 것이 의심스러워 그 죄를 사면할 때는 그 벌금을 600환이니, 그 죄의 실상을 소상히 살펴보아야 합니다. 사형을 적용하는 것이 의심스러워 사면할 때는 그 벌금은 1,000환으로 하되, 그 죄의 실상을 소상히 살펴보아야 합니다. 묵형에 속하는 죄는 1,000가지, 의형에 속하는 죄도 1,000가지, 비형에 속하는 죄는 500가지, 궁형에 속하는 죄는 300가지, 사형에 속하는 죄는 200가지, 그러니 다섯 가지 형벌에 속하는 죄는 3,000가지에 이른답니다.

墨辟疑赦(묵벽의사), 其罰百鍰(기벌백환), 閱實其罪(열실기죄). 劓辟疑赦(의벽의사), 其罪惟倍(기죄유배), 閱實其罪(열실기죄). 剕辟疑赦(비

벽의사), 其罰倍差(기벌배차), 閱實其罪(열실기죄). 宮辟疑赦(궁벽의사),
其罰六百鍰(기벌륙백환), 閱實其罪(열실기죄). 大辟疑赦(대벽의사), 其
罰千鍰(기벌천환), 閱實其罪(열실기죄). 墨罰之屬千(묵벌지속천). 劓罰
之屬千(의벌지속천), 剕罰之屬五百(비벌지속오백), 宮罰之屬三百(궁벌
지속삼백), 大辟之罰其屬二百(대벽지벌기속이백). 五刑之屬三千(오형지
속삼천).

위아래로 죄의 경중을 비교해 보고 분수없이 질서를 어지럽히는
말이 없어야 하며, 실행되지도 않을 법은 활용치도 말며, 오직 살
피고 법에 따라서 그것을 잘 살펴 판결해야 합니다. 상위의 형벌에
속하는 죄일지라도 가벼운 경범죄에 해당하면 하위법을 적용해야
하며, 하위법에 적용되는 죄일지라도 중범죄에 해당하면 상위법을
적용해야 합니다. 가볍고 무거운 여러 형벌에는 유권해석이 필요
한 것이니, 형벌이란 게 시대에 따라 경범죄나 중범죄에 적용되기
도 하며, 오직 바르지 않은 걸 바르게 하는 것이니 윤리가 있고 요
령이 있어야 합니다.

上下比罪(상하비죄), 無僭亂辭(무참란사), 勿用不行(물용불행), 惟察
惟法(유찰유법), 其審克之(기심극지). 上刑適輕(상형적경), 下服(하복),
下刑適重(하형적중), 上服(상복). 輕重諸罰有權(경중제벌유권). 刑罰世
輕世重(형벌세경세중), 惟齊非齊(유제비제), 有倫有要(유륜유요).

형벌이란 징계를 위한 것이지 사람을 죽이기 위한 것은 아니지
만 사람들은 이를 극히 병적으로 괴롭게 생각한다오. 아첨꾼에게

는 옥사의 처결을 맡기지 말고 훌륭한 사람에게 옥사의 판결을 맡겨 중정으로 판결하지 않음이 없게 해야 합니다. 변론하는 말의 차이를 잘 살펴 따르지 않는 자도 따르게 해야 한다오. 옥사를 처결함에 있어 대상자를 불쌍히 여기면서도 공경하여야 하며, 형벌의 문서를 명확하게 공개하여 서로 점을 쳐 알 수 있도록 하고 모든 게 중정에 맞아야 합니다. 형량과 벌금을 내릴 때는 신중히 살펴야 한다오. 옥사의 판결이 이루어져 믿게 하려면 어디에 내놓더라도 신의가 있어야 한답니다. 그 형량을 윗자리에 보고할 때는 모든 게 완비되어야 하며 두 가지 형벌에 해당될 때는 아울러 모두 기록해야 한다오."

罰懲非死(벌징비사), 人極于病(인극우병). 非佞折獄(비녕절옥), 惟良折獄(유량절옥), 罔非在中(망비재중). 察辭于差(찰사우차), 非從惟從(비종유종). 哀敬折獄(애경절옥), 明啟刑書胥占(명계형서서점), 咸庶中正(함서중정). 其刑其罰(기형기벌), 其審克之(기심극지). 獄成而孚(옥성이부), 輸而孚(수이부). 其刑上備(기형상비), 有並兩刑(유병량형).

목왕께서 계속해서 말씀하셨습니다.

"아아! 그것을 공경해야 합니다. 백관의 우두머리와 내 일가 여러분이여! 짐의 말에는 유의할 점이 많다오. 짐은 형벌을 신중히 하려고 덕성을 갖춘 분에게 오직 형의 판결을 맡긴답니다. 이제 하늘은 백성을 돕고자 하니 아래 백성들도 이에 걸맞게 행동해야 한답니다. 소송의 진술이 한쪽의 말일지라도 명백히 살펴야 합니다. 백성이 다스려지는 것은 송사를 맡은 사람이 쌍방의 주장을 공정하게 듣기 때문이랍니다. 혹여라도 재판에서 쌍방의 주장을 빌미로 자기만의 사사로운 이익을 취해서는 안 된답니다. 옥사의 처결에 뇌물은 보배가 되는 게 아니라 오직 죄를 짓는 일이 쌓이게 되어 여러 사람의 원망으로 앙갚음을 당할 겁니다. 언제나 오직 하늘의 벌을 두려워해야 할 겁니다. 하늘은 바르지 않음이 없으니, 오직 사람의 명운에 달린 겁니다. 하늘의 벌이 백성에게 미치지 못하면, 천하 세상에는 시행령이나 정사도 있지 않게 된답니다."

王曰(왕왈): 塢呼(오호)! 敬之哉(경지재). 官伯族姓(관백족성), 朕言多懼(짐언다구). 朕敬于刑(짐경우형), 有德惟刑(유덕유형). 今天相民(금천상민), 作配在下(작배재하). 明清于單辭(명청우단사), 民之亂(민지란), 罔不中聽獄之兩辭(망부중청옥지량사), 無或私家于獄之兩辭(무혹사가우옥지량사). 獄貨非寶(옥화비보), 惟府辜功(유부고공), 報以庶尤(보이서우). 永畏惟罰(영외유벌), 非天不中(비천부중), 惟人在命(유인재명). 天罰不極庶民(천벌불극서민), 罔有令政在于天下(망유령정재우천하).

목왕께서 계속 밀씀하셨습니다.

"아아! 뒤를 이을 세손들이여! 이제 무엇을 귀감으로 삼을 것인가? 백성 가운데 덕을 세워 공정을 행하는 것 아닌가! 바라건대 분명하게 경청하시오. 학식이 높고 사리에 밝은 사람인 철인과 같이 형벌을 집행하게 되면 끝없는 찬사가 이어질 겁니다. 재판이 오상에 합치하고 모두가 중정에 맞아 선을 얻기 때문이랍니다. 왕의 어진 백성을 받아들이는 재판관이여! 이에 자세하고 중정에 맞게 형벌을 감독하시길 바랍니다."

王曰(왕왈): 塢呼(오호)! 嗣孫(사손! 今往何監(금왕하감)? 非德于民之中(비덕우민지중), 尙明聽之哉(상명청지재)! 哲人惟刑(철인유형), 無疆之辭(무강지사), 屬于五極(속우오극), 咸中有慶(함중유경). 受王嘉師(수왕가사), 監于玆祥刑(감우자상형).

문후지명 (文侯之命)

평왕이 문후에게
백성들을 잘 다스리도록 내린 명

1-1 의화 숙부에게 도움을 요청하는 평왕

[주서周書 · 문후지명文侯之命/서경書經]

주나라의 평왕께서 다음과 같이 말씀하셨답니다.

"숙부이신 의화여! 크게 밝으신 문왕과 무왕께서는 신중하게 덕을 밝혀 그 밝힘이 하늘에까지 도달하였고 온 세상에 널리 일러졌답니다. 이리하여 상제께서는 문왕에게 그 명을 모아 내렸답니다. 또한 그 옛날 관장들도 임금을 잘 보좌하여 그 사업들을 밝게 밝혔답니다. 더구나 크고 작은 계책들을 따르지 않음이 없었다오. 그리하여 선조이신 문왕께서는 편안하게 재위에 계실 수 있었답니다.

王若曰(왕약왈): 父義和(부의화)! 丕顯文武(비현문무), 克愼明德(극신명덕), 昭升于上(소승우상), 敷聞在下(부문재하). 惟時上帝(유시상제), 集厥命于文王(집궐명우문왕). 亦惟先正克左右昭事厥辟(역유선정극좌우소

사궐벽), 越小大謀猷罔不率從(월소대모유망불솔종), 肆先祖懷在位(사선
조회재위).

　아아! 가련한 소자인 내가 왕위를 이어받긴 했으나 하늘로부터
큰 재앙을 받았답니다. 그래서 아래 백성들에겐 재물과 은택이 끊
기고, 여기에 오랑캐의 침입을 받아 나라가 곤란한 지경에 빠졌답
니다. 이렇게 된 건 우리의 일을 어사들이, 혹자는 늙고 유능한 사
람이 적당한 지위에서 복무하지 못했고, 나 또한 재능이 없었기 때
문이랍니다. 평왕은 말했답니다. 조부와 숙부들이여! 또한 짐의 몸
도 걱정해 주십시오. 아아! 그대들이 공적을 세우면 나 한 사람은
언제까지나 편안하게 왕위를 유지할 수 있을 겁니다. 의화 숙부시
여! 그대는 빛나는 조부님의 도를 밝히셨습니다. 그대는 문왕과 무
왕의 형벌을 바로잡아 왕통을 모아 잇게 하여 지금의 임금인 나를
있게 하였으며, 그 옛날 문덕 있는 사람을 추존하여 효행케 하였습
니다. 그대는 또한 수많은 업적을 닦아 나를 어려움으로부터 지켜
주었습니다. 그와 같은 그대의 공적을 나는 기쁘게 여기고 있답니
다."

　嗚呼(오호)! 閔予小子嗣(민여소자사), 造天丕愆(조천비건). 殄資澤于
下民(진자택우하민), 侵戎我國家純(침융아국가순). 即我御事(즉아어사),
罔或耆壽俊在厥服(망혹기수준재궐복), 予則罔克(여즉망극). 曰惟祖惟
父(왈유조유부)! 其伊恤朕躬(기이휼짐궁). 嗚呼(오호)! 有績予一人永綏
在位(유적여일인영수재위). 父義和(부의화)! 汝克紹乃顯祖(여극소내현
조), 汝肇刑文武(여조형문무), 用會紹乃辟(용회소내벽), 追孝于前文人

(추효우전문인). 汝多修(여다수), 扞我于艱(한아우간), 若汝予嘉(약여여가).

평왕께서 계속 말씀하셨습니다.

"의화 숙부시여! 이제 돌아가셔서 그대의 군사들을 둘러 살펴 그대의 나라를 평안케 하십시오. 이에 그대에게 검은 기장술 한 통과 붉은 활 1벌, 붉은 화살 100대, 검은 활 1벌과 검은 화살 100대, 그리고 말 네 필을 하사하겠습니다. 숙부님, 이제 가십시오. 먼 곳에 있는 자들을 회유할 수 있다면 가까이 있는 자들도 잘 다스릴 수 있을 것이니, 낮은 백성들에게 은혜를 베풀어 평안케 해주십시오. 지나치게 평안함에만 빠지진 마시고 당신의 도읍지 백성들을 잘 구휼하여 그대의 빛나는 덕을 이루시길 바랍니다."

王曰(왕왈): 父義和(부의화)! 其歸視爾師(기귀시이사), 寧爾邦(영이방). 用賚爾秬一卣鬯(용뢰이거일창유), 彤弓一(동궁일), 彤矢百(동시백), 盧弓一(노궁일), 盧矢百(노시백), 馬四匹(마사필). 父往哉(부왕재), 柔遠能邇(유원능이), 惠康小民(혜강소민), 無荒寧(무황녕). 簡恤爾都(간휼이도), 用成爾顯德(용성이현덕).

비서(費誓)

비(費)땅에서 반란의 진압에 앞서
장병들에게 한 훈시

1-1 전쟁에 돌입할 무기들을 잘 정비하라

[주서周書 · 비서費誓/서경書經]

주공의 아들이자 백금인 공은 말하였습니다.

"아! 사람들이여, 떠들지 말고 내 명을 경청하시오. 이제 저 회땅의 동이족 오랑캐와 서주땅의 서융족 오랑캐들이 함께 반란을 일으켰으니, 그대들은 그대들의 갑옷과 투구를 잘 갖추고 방패에 끈을 매어 장비들을 충분하게 하지 않으면 안 될 겁니다. 또한 활과 화살을 정비하고 창들을 버리어두고 창과 칼날을 잘 갈아두어 감히 잘못됨이 없도록 하시오.

公曰(공왈): 嗟(차)! 人無譁(인무화), 聽命(청명). 徂茲淮夷徐戎(조자회이서융), 並興(병흥). 善敹乃甲胄(선료내갑주), 敿乃干(교내간), 無敢不弔(무감부조). 備乃弓矢(비내궁시), 鍛乃戈矛(단내과모), 礪乃鋒刃(여내

봉인), 無敢不善(무감불선).

이제 마구간의 소와 말을 끌어낼 것인데 덫을 치우고 함정을 메워서 놓여난 짐승들이 상하지 않도록 하시오. 우리를 벗어난 짐승들이 상처를 입게 되면 그대들에겐 그에 상당한 형벌이 기다리고 있을 겁니다! 마소들의 암수가 발정이 나 도망치거나 남녀가 눈이 맞아 노비들이 도망치더라도 부서를 떠나 멀리까지 쫓아가서는 안 되며, 붙잡게 되면 본래 있던 곳으로 돌려보내시오. 그리하면 나는 그대들의 공을 헤아려 상을 줄 겁니다. 만일 부서를 떠나 멀리 쫓아가거나, 혹 붙잡아서도 되돌려 보내지 않으면 그대들에겐 상당한 형벌이 기다리고 있을 겁니다. 남의 물건을 빼앗거나 담을 뛰어넘어 말이나 소를 도둑질하거나 노비들을 유혹해내면 그대들에게는 그에 상당한 형벌이 있게 될 것이오.

今惟淫舍牿牛馬(금유음사곡우마), 杜乃擭(두내획), 敜乃穽(녑내정), 無敢傷牿(무감상곡). 牿之傷(곡지상), 汝則有常刑(여즉유상형)! 馬牛其風(마우기풍), 臣妾逋逃(신첩포도), 勿敢越逐(물감월축), 祗復之(지복지), 我商賚汝(아상뢰여). 乃越逐不復(내월축불복), 汝則有常刑(여즉유상형). 無敢寇攘(무감구양), 逾垣牆(유원장), 竊馬牛(절마우), 誘臣妾(유신첩), 汝則有常刑(여즉유상형).

갑술일에 나는 서융을 정벌할 것이니, 그대들은 먹을 식량을 갖추고서 감히 뒤처지지 않도록 하시오. 그대들의 준비가 부족하면 큰 형벌이 기다리고 있을 겁니다. 삼교와 삼수의 노나라 사람들이여! 언덕을 넘을 담틀을 준비하시오. 갑술일에 나는 전투를 위한 성을 축조할 것이니 감히 이바지하지 않음이 없도록 해야 합니다. 그대들의 준비가 소홀하면 온갖 형벌을 가할 것이나 죽이지는 않겠습니다. 삼교와 삼수의 노나라 사람들이여, 언덕 위에 우마에게 먹일 꼴과 건초를 부족함이 없도록 쌓아두시오. 부족할 경우엔 그대들에게 큰 형벌을 내리리라."

甲戌(갑술), 我惟征徐戎(아유정서융). 峙乃糗糧(치내구량), 無敢不逮(무감불체). 汝則有大刑(여즉유대형). 魯人三郊三遂(노인삼교삼수)! 峙乃楨干(치내정간). 甲戌(갑술), 我惟築(아유축), 無敢不供(무감불공). 汝則有無餘刑(여즉유무여형), 非殺(비살). 魯人三郊三遂(노인삼교삼수), 峙乃芻茭(치내추교), 無敢不多(무감부다). 汝則有大刑(여즉유대형).

진서(秦誓)

진나라의 목공이 정나라 정벌에
실패한 뒤 뉘우침의 맹서

1-1 노인들의 지혜로움을 본받으라

[주서周書 · 진서秦誓/서경書經]

진나라의 목공이 말씀하셨답니다.

"아! 나의 신하들이여! 떠들지 말고 나의 말을 경청하시오. 나는 그대들에게 여러 말 가운데서도 소중한 것을 맹세하며 말하겠소이다. 옛사람들은 말하기를 '백성들은 자신의 생각이 옳다고 여기는 것을 따르기 마련입니다. 다른 사람을 책망하는 게 어려운 게 아니라, 오직 그 책망을 받아들여 물 흐르듯이 따르는 게 어렵습니다'라고 하였죠. 내 마음속의 걱정은 해와 달처럼 빠르게 지나가서 다시는 돌아오지 않는다는 것이랍니다.

公曰(공왈): 嗟(차)! 我士(아사), 聽無嘩(청무화)! 予誓告汝群言之首(여서고여군언지수). 古人有言曰(고인유언왈): 民訖自若(민흘자약), 是多

盤(시다반). 責人斯無難(책인사무난), 惟受責俾如流(유수책비여류), 是
惟艱哉(시유간재). 我心之憂(아심지우), 日月逾邁(일월유매), 若弗云來
(약불운래).

옛날에 일을 꾀하던 사람들은 자신을 성공시켜주지 않는다며 꺼
렸고, 요즘 일을 꾀하는 사람들은 잠깐 동안이나마 친하다고 생각
한답니다. 비록 그렇다고는 하나 머리가 하얗게 된 노인들과 상의
한다면 과오는 없을 겁니다. 머리가 희끗희끗한 어진 신하들은 기
력이 이미 쇠퇴했지만 나는 오히려 그들과 함께하고 싶다오. 젊고
용감한 자들은 활쏘기나 말달리기에 능숙하지만 나는 오히려 함께
하고 싶지는 않다오. 술술 말을 교묘하게 꾸며 윗사람의 말을 바꾸
게 하는 자들을, 내가 더군다나 많이 거느리고 싶겠소!

惟古之謀人(유고지모인), 則曰未就予忌(즉왈미취여기), 惟今之謀人
(유금지모인), 姑將以爲親(고장이위친). 雖則云然(수즉운연), 尙猷詢茲
黃髮(상유순자황발), 則罔所愆(즉망소건). 番番良士(번번량사), 旅力旣
愆(여력기건), 我尙有之(아상유지). 仡仡勇夫(흘흘용부), 射御不違(사어
불위), 我尙不欲(아상불욕), 惟截截善諞言(유절절선편언), 俾君子易辭
(비군자역사), 我皇多有之(아황다유지)!

내 곰곰이 생각해 보니, 만약 굳건한 신하가 있어 정말로 다른 재
주가 없을지라도 그 마음이 훌륭하고 아름답다면 나는 흔쾌히 받
아들일 겁니다. 다른 사람이 지닌 재주를 마치 자기 것처럼 생각하
고, 다른 사람의 훌륭함과 지혜로움을 그 마음속으로 좋아할 뿐만

아니라 그의 입에서 나오는 것같이 한다면 이러한 사람을 받아들일 수 있답니다. 이들에게 우리의 자손과 백성들을 맡기면 또한 이로움이 있을 겁니다.

昧昧我思之(매매아사지), 如有一介臣(여유일개신), 斷斷猗無他技(단단의무타기), 其心休休焉(기심휴휴언), 其如有容(기여유용). 人之有技(인지유기), 若己有之(약기유지), 人之彦聖(인지언성), 其心好之(기심호지). 不啻若自其口出(불시약자기구출), 是能容之(시능용지). 以保我子孫黎民(이보아자손려민), 亦職有利哉(역직유리재).

다른 사람이 지니고 있는 재주를 시샘하면서 미워하고, 다른 사람의 훌륭함과 지혜로움을 멀리하고서 이루지 못하게 한다면 받아들일 수 없답니다. 이러한 자들은 우리의 자손과 백성들을 보호할 수도 없을뿐더러 또한 위태롭다 말할 것이오. 나라가 불안하고 위태로운 것은 한 사람으로 말미암은 것이며, 나라가 영화로움을 품을 수 있는 것 또한 한 사람의 경사를 높이는 데서 비롯된답니다."

人之有技(인지유기), 冒疾以惡之(모질이오지), 人之彦聖而違之(인지언성이위지), 俾不達是不能容(비부달시불능용). 以不能保我子孫黎民(이불능보아자손려민), 亦曰殆哉(역왈태재). 邦之杌隉(방지올얼), 曰由一人(왈유일인), 邦之榮懷(방지영회), 亦尙一人之慶(역상일인지경).

한자어원풀이

夷戎蠻狄(이융만적) 이란 동쪽의 오랑캐인 동이, 서쪽의 오랑캐인 서융, 남쪽의 오랑캐인 남만, 북쪽의 오랑캐인 북적을 말한 것으로 중화민족의 입장에서 동서남북의 이민족들을 미개한 오랑캐라고 지칭한 데서 유래한 것이랍니다.

오랑캐 夷(이) 는 큰 대(大)와 활 궁(弓)으로 이루어졌답니다. 大(대)는 사람이 두 팔다리를 활짝 벌리며 서 있는 모습을 정면에서 바라보아 본뜬 상형글자랍니다. 사람의 다른 모습에 비해 최대한 크게 보이는 형체라서 '크다'는 뜻으로 쓰여 왔죠. 弓(궁)에 대한 갑골문의 자형은 활의 모양을 그대로 그린 모양이며, 금문에 와서 활시위를 매지 않은 모양으로 변화하였답니다. 이는 곧 쓰지 않을 때는 활시위를 풀어 둠으로써 활의 탄력성을 높이려는 의도로 보입니다. 夷(이) 자는 언제나 활(弓)을 지니고 다니는 사람(大)들이라는 의미를 담고 있답니다.

오랑캐 戎(융) 은 창 과(戈)와 한 손에 무기를 들고 있는 '十'의 모양으로 구성되었습니다. 戈(과)는 긴 나무자루 끝에 날카로운 창과 낫과 같이 또 다른 가지가 달린 무기를 나타낸 상형글자랍니다. 이러한 창은 싸움에 쓰이는 무기를 뜻하기 때문에 다른 자형에 더해지면 '전쟁'과 같은 의미를 지니게 된답니다. 戎(융)과 비슷한 글자로 戒(계)가 있는데, 그 의미는 긴 자루의 창(戈)을 두 손으로 잡고(廾) 지키고 있음을 말하죠. 즉 두 손으로 잡고 있다는 것은 위협만 가할 뿐 찌르거나 베는 등의 살상을 가하지 않는다는 뜻이 담겨 있답니다. 그러나 한 손(十)으로 칼이나 창(戈)을 들고 있으면 곧 찌르거나 베어 살상(殺傷)한다는 의미에서 '오랑캐 戎(융)'자가 되죠. 중국 입장에 서쪽 변에 사는 무리들을 서융(西戎)이라 하였답니다.

　오랑캐 蠻(만)은 어지러울 연(䜌)과 벌레 충(虫)으로 이루어졌습니다. 䜌(연)은 상대에게 하는 말(言)이 실타래의 실(絲)처럼 끝없이 이어지니 듣는 사람의 입장에서는 '어지럽다'는 뜻이 담겨 있을 뿐만 아니라 끝없는 말로써 가르친다는 데서 '다스리다'의 뜻도 있습니다. 그러니 蠻(만) 자는 전쟁할 때 끝없이 무리 지어 어지러울 정도(䜌)로 벌레(虫)들처럼 몰려오는 남쪽 오랑캐라는 뜻으로 쓰이게 되었습니다. 옛날에 중국 사람들이 자기 나라 남쪽에 사는 족속들을 얕잡아 일컫는 말이죠.

　오랑캐 狄(적)은 큰 개 견(犭)과 불화(火)로 구성되었습니다. 犭(견)은 개의 모양을 상형한 犬(견)의 간략형으로 주로 자형의 좌변에 놓인답니다. 火(화)는 한데 모은 나뭇가지나 통나무에서 불타오르며 생긴 불꽃을 본뜬 상형글자죠. 이에 따라 狄(적)은 큰 개들(犭)처럼 말을 타고서 중원을 침략해 방화(火)를 일삼는 북쪽 이민족인 북적(北狄)을 의미하게 되었답니다.

일상과 이상을 이어주는 책 ———

일상이상

인생에 한 번은 읽어야 할
서경 書經

ⓒ 2023, 최상용

초판 1쇄 찍은날 · 2023년 11월 1일
초판 1쇄 펴낸날 · 2023년 11월 10일
펴낸이 · 김종필 | 펴낸곳 · 일상과 이상 | 출판등록 · 제300-2009-112호
주소 · 경기도 고양시 일산서구 후곡로 10 910-602
전화 · 070-7787-7931 | 팩스 · 031-911-7931
이메일 · fkafka98@gmail.com
ISBN 978-89-98453-98-5 (03140)